TRAITÉ DES PHÉNOMÈNES

ÉLECTRO-PHYSIOLOGIQUES

DES ANIMAUX

DE L'IMPRIMERIE DE CRAPELET

RUE DE VAUGIRARD, 9

TRAITÉ DES PHÉNOMÈNES

ÉLECTRO-PHYSIOLOGIQUES

DES ANIMAUX

PAR C. MATTEUCCI

SUIVI

D'ÉTUDES ANATOMIQUES

SUR LE SYSTÈME NERVEUX ET SUR L'ORGANE ÉLECTRIQUE

DE LA TORPILLE

PAR PAUL SAVI

PARIS

CHEZ FORTIN, MASSON ET Cie, LIBRAIRES

PLACE DE L'ÉCOLE-DE-MÉDECINE, 1
MÊME MAISON, CHEZ L. MICHELSEN, A LEIPSIG

1844

A MESSIEURS

ARAGO ET DE HUMBOLDT

HOMMAGE DE RESPECT

DE RECONNAISSANCE ET D'AMITIÉ

C. MATTEUCCI.

TABLE RAISONNÉE

DES MATIÈRES.

ÉTUDES ANATOMIQUES

SUR

LE SYSTÈME NERVEUX ET SUR L'ORGANE ÉLECTRIQUE

DE LA TORPILLE.

FIN DE LA TABLE DES MATIÈRES.

PREFACE.

L'accueil si bienveillant que l'Académie des Sciences a toujours fait aux travaux d'électro-physiologie dont je m'occupe depuis longtemps, m'a fait penser qu'une collection coordonnée de ces mêmes travaux ne serait peut-être pas reçue sans quelque intérêt par les savants qui se livrent à une étude particulière de cette partie de la physique et de la physiologie. C'est dans cet espoir que je la publie.

Si je me suis étendu, dans les diverses parties de cet ouvrage, sur la description peut-être trop minutieuse des instruments et de la manière de faire les expériences électro-physiologiques, je dois dire que c'est en vue de la pratique médicale. Mon but a été de mettre toute personne à même de répéter ces expériences, et d'y en ajouter de nouvelles.

On ne trouvera dans mon écrit aucune expérience que je n'aie plusieurs fois répétée et confirmée; je n'ai pu surtout manquer de revenir sur les expériences antérieurement publiées dans mes différents Mémoires. Si, dans quelques cas, je me suis aperçu que je m'étais trompé, ou bien que je n'avais pas fait une étude suffisante du sujet, j'ai eu grand soin d'y remédier, en apportant dans la rédaction du présent ouvrage tous les changements qui m'ont été indiqués par des études plus approfondies.

Dans la première partie de cette publication, je me suis occupé de l'existence de l'électricité dans les animaux. Je dois à l'amitié de mon collègue, M. Savi, d'avoir pu joindre à cette même partie un travail anatomique sur la torpille, travail très-important et qui est très-consciencieusement fait. La seconde partie contient l'étude des phénomènes que le courant électrique produit dans son passage à travers les animaux vivants ou récemment tués.

Tel est l'ensemble de cet ouvrage, fruit d'études et d'observations persévérantes. Est-il besoin de dire que je m'estimerais heureux si j'étais parvenu à faire, sur les phénomènes électro-physiologiques, une théorie assez complète pour qu'elle pût prendre place dans la science.

Pise, décembre 1843.

TRAITÉ

DES

PHÉNOMÈNES

ÉLECTRO-PHYSIOLOGIQUES

DES ANIMAUX.

PREMIÈRE PARTIE.

CHAPITRE PREMIER.

INTRODUCTION HISTORIQUE.

DE toutes les découvertes qui ont enrichi la physique dans le dernier siècle, celle de Galvani est sans contredit la plus importante en elle-même, et dans ses applications aux sciences naturelles et à l'industrie. La PILE que le génie de Volta sut tirer de la contraction musculaire excitée dans la grenouille par un arc métallique, est devenue l'instrument le plus puissant de la physique et de la chimie ; le rôle de l'électricité, dans tous les phénomènes, a tellement grandi depuis l'usage de la pile qu'on peut admettre, sans réserve, qu'il n'est pas un phénomène de la na-

1

ture inorganique ou organisée dans lequel elle n'intervienne.

Personne n'ignore comment se fit la première découverte de Galvani ; tous les traités de physique, tous les ouvrages d'électricité donnent l'histoire de cette découverte avec plus ou moins d'étendue. Aussi aurais-je pu entrer en matière sans cette introduction, si la dernière publication, faite par l'Institut de Bologne, des ouvrages et des manuscrits de Galvani, ne m'eût donné l'espoir d'ajouter quelque chose de nouveau à ce que tout le monde connaît déjà.

La collection des mémoires de Galvani, et un rapport sur ses manuscrits fait avec beaucoup de zèle et d'intelligence par M. Gherardi, forment un fort volume in-4°, imprimé avec luxe, que l'Académie des Sciences de Bologne vient de faire paraître.

J'ai pensé qu'on ne lirait pas sans quelque intérêt ce qu'il y a de plus saillant et de plus neuf dans cette publication, qui non-seulement donne l'histoire complète de la grande découverte de Galvani, mais encore nous met en mesure de juger, plus convenablement qu'on ne l'a fait jusqu'ici, le mérite et le caractère de ce savant.

Je dois prévenir le lecteur que cette introduction historique ne doit pas s'étendre aux découvertes que Volta et les physiciens qui l'ont suivi, ont faites dans l'étude de l'influence du courant électrique sur les corps aimantés, et sur tous les autres phénomènes que le courant développe dans son passage. Je n'ai, et ne puis avoir d'autre but, que d'écrire l'histoire des découvertes faites sur l'électricité animale avant moi.

Un passage d'un ouvrage de Swammerdam intitulé : *Biblia naturæ*, t. II, p. 849, sur lequel M. Duméril le premier a attiré l'attention, contient la description d'un fait qui est identique avec ceux que Galvani découvrit bien longtemps après. L'ouvrage de Swammerdam a paru vers le milieu du XVI siècle. Voici la description de l'appareil et de l'expérience que ce savant fit devant le grand-duc de Toscane en 1678. « Soit un tube de verre cylindrique
« dans l'intérieur duquel est placé un muscle, dont
« sort un nerf qu'on a enveloppé dans les contours
« d'un petit fil d'argent, de manière à pouvoir le sou-
« lever sans trop le serrer ou le blesser. On a fait
« passer ce premier fil à travers un anneau pratiqué
« à l'extrémité d'un petit support en cuivre soudé
« sur une sorte de piston ou de cloison ; mais le petit
« fil d'argent est disposé de manière à ce qu'en pas-
« sant entre le verre et le piston, le nerf puisse être
« attiré par la main et toucher ainsi le cuivre. On
« voit aussitôt le muscle se contracter. »

J'ai rapporté textuellement la traduction faite par M. Duméril du passage de Swammerdam.

Évidemment l'expérience est identique à celle de Galvani ; mais la manière dont se fit la découverte par le physicien de Bologne, suffit à prouver qu'il ignorait entièrement l'expérience que nous avons rapportée.

Sulzer, dans un ouvrage intitulé : *Théorie géné-*

rale du plaisir, 1767, rapporte une expérience qui prouve évidemment que le courant électrique capable d'exciter des sensations, peut être produit par un arc de deux métaux appliqués convenablement sur un organe des sens. Il s'agit dans cette expérience de toucher la langue avec deux pièces de métal, l'une de plomb et l'autre d'argent, et d'éprouver une sensation particulière toutes les fois que ces deux pièces viennent en contact.

Galvani, lors de sa première expérience, faite quelques années après la publication de l'ouvrage de Sulzer, ne pouvait certainement y voir aucune espèce d'analogie avec l'expérience du philosophe allemand : nous verrons tout à l'heure que ce n'est pas avec l'arc métallique que Galvani débuta dans la carrière de ses célèbres découvertes.

J'en dirai autant de l'expérience de Cotugno, que quelques historiens ont voulu regarder comme le point de départ de Galvani. Le fait de Cotugno, d'un jeune médecin qui reçut une forte commotion en touchant avec son scalpel le nerf intercostal d'une souris qui l'avait mordu et blessé au bas de la jambe, a été connu à une époque à laquelle, comme je le prouverai, Galvani avait déjà commencé l'étude des contractions excitées dans la grenouille. Il faut ajouter encore que le fait de Cotugno était, et est encore pour nous, si étrange, tellement exceptionnel, qu'il ne pouvait ni fixer l'attention d'un expérimentateur, ni engager qui que ce fût à faire des expériences pour l'étudier.

L'Institut de Bologne possède des documents irré-
cusables qui déterminent l'époque à laquelle Galvani
commença ses premières expériences sur la grenouille. En effet, on trouve dans un registre signé
par le célèbre Canterzani, secrétaire de l'Académie,
les notes suivantes relatives aux dates des mémoires
que Galvani avait communiqués : 9 avril 1772, *sur
l'irritabilité Hallérienne.* — 22 avril 1773, *sur les
mouvements musculaires des grenouilles.* — 20 jan-
vier 1774, *sur l'action de l'opium sur les nerfs des
grenouilles.*

C'est donc vingt et un ans avant la publication du
fameux commentaire *de Viribus electricitatibus,* et faite
dans l'année 1791, que Galvani avait commencé ses
expériences sur les contractions des muscles des
grenouilles ; et malgré la vive préoccupation de
Galvani pour celle à qui il était uni, il ne faut pas
croire, comme le dit Alibert dans son éloge, que les
grenouilles sur lesquelles Galvani vit les premières
contractions par l'action électrique, se trouvaient
par hasard sur sa table à côté de la machine électrique, destinées à la préparation du bouillon pour
sa Lucie. On a trouvé également parmi les manuscrits de Galvani, le cahier qui contient ses premières
expériences sur les contractions des grenouilles excitées par l'électricité qu'il appelle artificielle. Ce
cahier porte la date du 6 novembre 1780, c'est-à-dire
de onze ans avant la publication de son commentaire, et dans la première expérience il a écrit : *La
grenouille était préparée comme habituellement (alla*

solita maniera). Évidemment ce n'était pas la première fois qu'il faisait des expériences sur les grenouilles.

Pendant les années 1780 et 1783 Galvani ne cessa de s'occuper du même sujet, et c'est une chose bien remarquable, de nos jours, de voir que Galvani tarda onze ans à faire connaître ses expériences.

Le premier phénomène que Galvani décrit dans son commentaire est celui qui est critiqué par tous les historiens et qui, suivant eux, prouve qu'*il ignorait entièrement la vraie théorie des influences électriques*. On sait que Galvani observa la contraction d'une grenouille préparée à sa manière ordinaire, *de more parata*, toutes les fois qu'étant en communication avec le sol, par un corps conducteur, on tirait l'étincelle du conducteur de la machine dont la grenouille était plus ou moins rapprochée.

Cette critique des historiens de Galvani est on ne peut plus injuste. Galvani fut surpris de l'observation que nous avons décrite, et tout physicien l'aurait été à son époque : il faut ajouter qu'il étudia le phénomène avec tout le soin et toute la sagacité possibles. Du reste, dans un mémoire en latin qui est très-peu répandu, et dans lequel il s'occupe de la lumière électrique dans l'air plus ou moins raréfié, on peut voir que Galvani était bien au courant de toutes les découvertes et de toutes les théories de l'électricité. Dans son mémoire *Sur l'usage et l'activité de l'arc conducteur*, Galvani dit que la contraction de la grenouille peut très-bien s'expliquer, dans le cas dont nous avons parlé, par le coup de retour. On voit bien qu'il expliquait le phénomène comme nous le faisons encore.

Pour poursuivre ses recherches, Galvani soumet la grenouille préparée au passage de l'électricité atmosphérique, et c'est en faisant ces expériences qu'il trouva que la grenouille était le plus sensible de tous les électroscopes. On ne peut lire sans frissonner une expérience décrite dans ses cahiers, et faite le 7 avril 1786. Galvani serrait entre ses mains la tige du conducteur atmosphérique isolé dans l'instant même que la foudre éclatait dans le ciel : l'expérience de l'arc métallique était encore à faire !.....

C'est dans la troisième partie de son commentaire qu'on trouve la première expérience faite avec l'arc métallique : le cahier dans lequel elle se trouve enregistrée porte la date du 20 septembre 1786. Il est bien curieux de lire sur ce cahier écrit de la main de Galvani : *Expérience sur l'électricité des métaux.*

La grenouille préparée, suspendue par un crochet de cuivre attaché à une tige de fer qui touchait ses jambes, se contractait sans la présence de la machine électrique ou de l'électricité atmosphérique. Galvani étudia avec soin ce premier fait, dans lequel il vit que la contraction de la grenouille avait lieu lorsque les extrémités d'un arc métallique formé de deux métaux différents réunis ensemble, touchaient d'une part les nerfs, de l'autre les muscles de la grenouille. Il insiste dans deux points différents de son commentaire, sur l'avantage qu'on a dans cette expérience, à employer un arc composé de deux métaux différents au lieu d'un seul. Il découvrit également, que les contractions de la grenouille peuvent s'obtenir en réunissant avec un arc métallique deux capsules pleines d'eau, sur lesquelles la grenouille est couchée de manière à plonger avec ses nerfs lombaires dans une des capsules, et avec ses jambes dans l'autre. Enfin il trouva que le métal qui compose l'arc dans cette expérience doit être choisi parmi les métaux les moins oxydables, tels que l'or et l'argent, pour obtenir les contractions les plus grandes et les plus prolongées. Galvani décrit minutieusement toutes les circonstances qui prouvent que la contraction excitée par l'arc métallique est un phénomène électrique, et qui font voir ses rapports de dépendance avec l'âge et la vigueur de la grenouille, suivant la saison dans laquelle on fait l'expérience. Galvani vit encore que la contraction pouvait être excitée en touchant, avec les extrémités de l'arc métallique, le seul filament nerveux, mais malheureusement, ce fait n'attira pas assez son attention, et peut-être à cause de l'usage continuel qu'il faisait d'un arc homogène, ce qui l'arrêta certainement dans ses idées théoriques.

Galvani admit l'existence d'une *électricité animale*, d'un *fluide électrique nerveux*, qu'il supposa condensé dans les parties intérieures du muscle. Le nerf n'était pour lui que l'arc conducteur de la décharge de deux électricités contenues dans le muscle. L'apparente homogénéité de la structure du muscle ne le détourna pas de son hypothèse, trouvant, dit-il, quelque chose d'analogue dans la tourmaline. Il est un passage de son commentaire qui mérite d'être cité : Galvani y dit que *plusieurs des contractions obtenues avec l'arc métallique sont dues à l'arc lui-même.*

Il est difficile de s'expliquer par quelles vues théoriques Galvani fut conduit à établir la direction du *torrent électrique* de la grenouille. On voit dans les figures et dans la description qu'il en donne que, suivant lui, la direction de ce courant est du muscle au nerf dans la grenouille.

Plusieurs mémoires suivirent le commentaire dans lesquels Galvani soutint la lutte qui s'était engagée avec Volta. Le premier est intitulé : *De l'usage et de l'activité de l'arc conducteur dans les contractions des muscles.* L'usage de l'arc d'un seul métal, de l'arc composé d'eau et de charbon, de l'arc avec de l'eau seule ou avec le corps humain, de l'arc métallique à surface inégale, les contractions excitées dans la grenouille lorsque l'arc est interrompu : voilà des découvertes très-importantes qui sont contenues dans le mémoire cité, et auquel on n'a rien changé depuis. A la fin de ce mémoire, voulant expliquer l'action du courant électrique sur les contractions dans les muscles, Galvani dit qu'il n'y a qu'à admettre *que le courant détermine un changement dans les parties du nerf.*

Cinq autres mémoires sur l'électricité animale adressés à Spallanzani complètent les travaux de Galvani à ce sujet. C'est dans ces mémoires qu'il expose le fait de la contraction excitée dans la grenouille préparée, en repliant ses jambes mises en contact avec ses nerfs lombaires. La lecture de ces mémoires donne la plus haute idée du mérite de Galvani comme expérimentateur. Il commence par établir, que les contractions excitées dans cette fameuse expérience ne peuvent s'attribuer à aucun tiraillement ou irritation du nerf; qu'on est plus sûr de réussir dans l'expérience si la grenouille est mouillée auparavant avec une solution de sel marin; qu'il faut que la grenouille ait cessé d'être dans une espèce d'état tétanique, dans lequel elle est quelquefois après sa préparation, afin de la voir se contracter par le contact de ses jambes avec ses nerfs; que cette contraction s'obtient quelquefois quand on sépare les nerfs et les muscles de la jambe de leur contact; qu'on réussit également en établissant le circuit entre les nerfs et les jambes avec des morceaux de substance musculaire; et qu'enfin, en touchant les nerfs de la grenouille préparée, en deux points différents, avec un morceau de substance musculaire, prise sur un animal vivant, on éveillait des contractions dans la grenouille.

Il n'y a rien de changé aux résultats de Galvani que nous avons rapportés : les expériences qu'on a faites après lui, n'ont servi qu'à les confirmer.

Galvani étudia encore la décharge de la torpille : il employa le premier la grenouille préparée et couchée sur la torpille, pour découvrir l'instant de sa décharge, et il vit que l'indication de la grenouille se vérifiait quand même elle était posée à une distance très-grande de la torpille. C'est encore à Galvani que l'on doit les premières observations sur l'influence du cerveau et de la circulation du sang sur la décharge de la torpille.

Galvani seul, lutta contre les attaques du physicien de Côme. Aldini, Valli, etc., lui furent d'un bien faible appui. Et quand on pense que la théorie de la force électro-motrice de Volta, qu'on voulait substituer à celle de l'électricité animale de Galvani, et qu'effectivement on lui substitua presque généralement, est aujourd'hui vigoureusement attaquée et en général abandonnée, tandis que l'idée de Galvani est entrée désormais dans le domaine de la science, il faut bien croire au génie de l'auteur de la première découverte.

Volta fut le premier à répéter les expériences de Galvani, et à admettre avec lui l'existence d'une électricité animale dans les muscles. Dans une lettre, écrite par Volta au professeur Carmenati, le 3 avril 1792, il expose toutes les expériences qu'il a faites pour démontrer la sensibilité de la grenouille pour la décharge électrique. On voit clairement, d'après cette lettre, que Volta avait découvert qu'une décharge électrique très-faible peut encore exciter la contraction d'une grenouille, si elle est dirigée du nerf au muscle, tandis qu'elle ne produit pas ce phénomène si elle est dirigée dans le sens contraire.

Après avoir étudié, dans la grenouille, la sensibilité des nerfs qui excite la contraction des muscles, lorsqu'ils sont parcourus par le courant électrique,

Volta commença l'étude de l'expérience, faite par Galvani, de l'arc métallique excitant les contractions dans la grenouille préparée; on peut dire qu'il n'y a pas un phénomène de physique qui ait été étudié, sous toutes les faces, et retourné de cent façons, comme le fut, par Volta, celui de l'influence exercée sur les muscles de la grenouille par l'arc métallique.

Ce physicien commença par s'assurer que les contractions de la grenouille avaient lieu en touchant simplement, avec les extrémités de l'arc métallique, deux points du filament nerveux. Volta découvrit encore qu'on pouvait, avec l'arc métallique, produire tantôt la sensation de la lumière, tantôt une sensation de saveur, en agissant avec un arc métallique sur les nerfs de l'œil ou sur ceux de la langue, et il tira, de toutes ses expériences, cette conclusion rigoureuse : que, dans toutes les expériences de Galvani et dans les siennes, la contraction des muscles était produite par l'irritation des nerfs; que cette irritation pouvait produire tantôt des sensations, tantôt des contractions; et qu'enfin cette irritation avec l'arc métallique était due à un courant électrique, développé par cet arc. Volta imagina que, dans le contact quelconque de deux corps conducteurs hétérogènes, se développait une action, par laquelle ces deux corps se trouvaient chargés d'électricités contraires, lesquelles pouvaient se décharger à travers un troisième corps qui n'était pas doué de cette action sur les deux autres.

Lorsqu'on opposait à cette hypothèse de Volta,

qu'un arc métallique homogène, était suffisant pour exciter des contractions dans la grenouille, Volta répondait que la plus petite différence entre les deux extrémités de l'arc était assez pour développer le courant électrique, et que le courant le plus faible pouvait irriter les nerfs de la grenouille et y exciter les contractions. C'est ainsi que Volta trouvait qu'un bout de l'arc homogène réchauffé et l'autre non, un bout poli et l'autre non, étaient assez hétérogènes pour exciter le courant. En vain Galvani, Humboldt, Valli, Aldini opposaient à Volta que, sans aucun arc métallique, la grenouille se contractait en repliant sa jambe mise en contact de ses nerfs lombaires : Volta se bornait à répondre qu'il n'avait qu'à généraliser sa théorie de la force électro-motrice; il n'avait qu'à dire que les nerfs et les muscles de la grenouille agissent comme les deux métaux de l'arc, pour expliquer le fait opposé par les partisans de Galvani.

Jusqu'à ce moment, le développement de l'électricité par les deux métaux hétérogènes était encore une hypothèse de Volta. C'est dans le mois d'août 1796 que Volta obtint, au condensateur, les premiers signes de l'électricité développée dans le contact de deux métaux, et que la pile fut découverte.

L'influence de cette découverte sur toutes les sciences, et la rapidité avec laquelle elle se répandit, firent tomber dans l'oubli toute l'opposition de Galvani, et cinquante ans s'étaient écoulés, que l'on n'osait plus, même dans des articles historiques, nommer l'électricité animale.

Nous n'avons pas à suivre dans ses progrès immenses la découverte de Volta; nous ne ferons que nous arrêter un instant sur les expériences électro-physiologiques du créateur de la pile. Volta découvrit que le courant électrique, dans son passage par les organes des sens, y excite des sensations correspondantes : il trouva encore que le passage continu du courant électrique, dans une grenouille, affaiblissait son action dans le sens du courant, tandis qu'elle était encore très-forte, venant ensuite à parcourir l'animal dans le sens contraire. C'est ce phénomène très-important, qu'on a appelé par la suite les *alternatives voltianes*.

Parmi les physiciens qui ont occupé un rang distingué dans la lutte célèbre entre Galvani et Volta, on doit placer en première ligne l'illustre baron de Humboldt. Son ouvrage, intitulé : *Expériences sur le Galvanisme*, publié à Paris l'an 1799, et bien avant cette époque, en Allemagne, contient une foule d'expériences bien faites, et toujours remarquables. Personne n'avait, avant lui, appliqué l'arc de Galvani sur un aussi grand nombre d'animaux différents, et sur les diverses parties du corps de ces animaux. L'action du courant électrique, sur le mouvement propre des intestins et sur les pulsations du cœur, a été découverte par Humboldt. Ce même savant a eu le courage de se faire enlever la peau par des vésicatoires, afin d'appliquer l'arc métallique sur des

parties plus internes de son corps. Ses expériences
sur les sécrétions des plaies formées par les vésicatoires sont très-curieuses. Il éprouva sur lui-même
que l'action du courant électrique n'était pas limitée
aux seuls instants du commencement et de la fin de
son passage. Humboldt étudia avec le plus grand soin
le fait, découvert par Galvani, de la contraction obtenue dans la grenouille en repliant ses jambes en
contact de ses nerfs. De même, c'est un fait très-remarquable découvert par Humboldt, et qui a été confirmé dans ces derniers temps, que la contraction de
la grenouille préparée peut s'obtenir en touchant son
nerf, sur deux points différents, avec un morceau de
substance musculaire prise sur la grenouille vivante.

Les expériences de Valli, médecin à Pise, méritent
encore d'être signalées parmi les travaux les plus remarquables sur le galvanisme. C'est en 1792 que
Valli écrivit ses Lettres sur l'électricité animale à
MM. Desgenettes et de Lamétrie.

Valli a trouvé le premier que la contraction est
plus violente lorsque des deux métaux, ou armatures, étain et argent, par exemple, c'est l'étain qui
est appliqué aux nerfs et l'argent aux muscles; et
que de tous les métaux qui peuvent être employés
comme armatures du nerf, c'est le zinc qui conserve
le plus longuement la propriété d'exciter la contraction. Valli a vu également que la grenouille vivante,
qui n'était plus sensible au passage du courant, pouvait de nouveau reprendre cette propriété en restant
quelque temps en repos. C'est encore une obser-

vation très-remarquable, faite par Valli, que celle des contractions qui persistent, lorsqu'on ouvre le circuit, avec le courant dirigé en sens contraire de la ramification des nerfs, tandis que ce courant, également dirigé, n'est plus capable d'exciter les contractions dès l'instant où le circuit est fermé. Dans le n° 10 du procès-verbal fait par les commissaires de l'Académie chargés de répéter les expériences du physicien de Pise, se trouvent les faits qui prouvent les résultats déduits par Valli, et dont nous venons de parler. C'est également à Valli qu'on doit d'avoir trouvé, que lorsqu'une portion du nerf est devenue insensible au passage du courant, il n'y a qu'à faire passer ce même courant dans une portion du nerf plus rapproché de ses extrémités pour obtenir encore des contractions.

La vie des nerfs, dit Valli, *est donc plus inhérente à leurs extrémités qu'à leur naissance.*

Enfin nous devons encore rappeler l'observation, faite par Valli, qu'en liant l'artère d'un des membres d'une grenouille vivante, il arrive quelque temps après que le courant électrique n'est plus capable d'exciter la contraction dans ce membre.

Dans un Essai sur le Galvanisme d'Aldini, on trouve encore à citer le fait des contractions excitées dans une grenouille préparée et tenue avec la main, lorsqu'on plonge ses nerfs dans l'intérieur d'une blessure faite dans le muscle d'un animal vivant.

L'ouvrage de Fowler sur le galvanisme, dont un extrait se trouve dans la Bibliothèque britannique, mai 1796, contient des observations pleines d'intérêt et qui ont été confirmées par la suite. C'est dans cet ouvrage qu'on trouve un grand nombre d'expériences sur les sensations excitées par le passage de l'électricité dans les animaux ; sur l'influence du froid et de la chaleur ; sur l'irritabilité musculaire excitée par l'électricité ; sur la reproduction de la substance nerveuse ; sur l'action de certains poisons dans le phénomène de la contraction musculaire, etc.

Nous devons enfin mentionner un long mémoire de Lehot, lu à l'Institut le 26 frimaire an 9.

Nous rappellerons ici les conclusions principales de ce travail qui ont été confirmées par des observations plus récentes. Au premier degré de l'affaiblissement qui a lieu dans l'animal, après qu'on l'a tué, les contractions excitées par le courant électrique se manifestent, quelle que soit la direction de ce courant dans le nerf. Si la vitalité est plus affaiblie, la direction du courant qui envahit le nerf n'est plus indifférente. Quand le courant est dirigé dans le sens de la ramification du nerf, les contractions sont excitées au seul instant où le courant commence à passer. Le contraire a lieu quand le courant parcourt le nerf dans le sens contraire à sa ramification, c'est-à-dire que dans ce cas, la contraction n'a lieu que lorsqu'il cesse de passer. En étudiant ensuite la sensation qui est excitée par le courant dans l'organe du goût, Lehot parvint à cet autre résultat plus important : le courant qui parcourt le nerf dans le sens de sa ramification, excite la sensation lorsqu'il cesse de passer, tandis que cette influence n'est exercée qu'au commencement de son passage, si le nerf est parcouru dans le sens contraire de sa ramification. Les expériences de Bellingeri et celles plus récentes de Marianini, ont entièrement confirmé celles de Lehot.

Dans l'exposition rapide que nous avons faite des découvertes du galvanisme depuis son origine jusqu'à celle de la pile, nous avons dû nécessairement nous borner à parler de celles qui ont été confirmées par la suite, et qui sont spécialement liées au sujet de cet ouvrage.

Un intervalle d'environ quarante ans s'est écoulé pendant lequel le nom de l'électricité animale n'a plus été prononcé dans la science.

C'est dans un mémoire de Nobili, du 3 novembre 1827, inséré dans la Bibliothèque universelle, qu'on reprend l'étude du courant *électrique de la grenouille*. Cet habile physicien venait de donner au galvanomètre, cette grande sensibilité que nous lui connaissons maintenant ; il préparait la grenouille à la manière de Galvani, et la faisant ensuite plonger par ses deux extrémités, nerfs lombaires et jambes, dans de l'eau pure ou salée, dont deux capsules étaient pleines, Nobili commençait par réunir les deux capsules avec une mèche de coton, et il voyait la grenouille se contracter. C'est la même expérience, que Galvani, Humboldt et Valli avaient déjà faite avant lui. Nobili, après avoir ôté la mèche de coton, fermait le circuit en plongeant dans les capsules les deux extrémités de son galvanomètre, qui étaient en

platine ; il obtint ainsi de 10° à 20° et même 30°
de déviation due à un courant dirigé dans l'animal
des pieds à la tête. Nobili appela ce courant, le *courant de la grenouille* ou *courant propre* ; il découvrit
que ces signes persistaient plusieurs heures après la
préparation de l'animal, et qu'on pouvait les augmenter en disposant des grenouilles à pile les unes à
la suite des autres. Ce physicien chercha à expliquer
le courant de la grenouille en l'attribuant à un courant thermo-électrique dû au refroidissement inégal
du nerf et du muscle produit par l'évaporation.

Nous devons encore à Nobili un travail très-étendu
et fort remarquable sur les *effets électro-physiologiques de la grenouille.* Il a, dans ce mémoire, étudié mieux que tous ses devanciers les contractions
excitées dans la grenouille par le passage du courant
dans les nerfs en différentes directions, et suivant
le degré de vitalité de ces animaux. Ses idées sur
le tétanos et sur la paralysie méritent encore de fixer
l'attention des physiciens. Nous devons encore signaler parmi ceux qui se sont occupés de physiologie électrique, M. Marianini : ses mémoires sur *les
alternatives voltianes,* sur *la contraction excitée à
l'ouverture du circuit,* et sur *les sensations produites
par le passage du courant électrique* sont pleins
d'intérêt.

C'est dans une autre partie de cet ouvrage que je
donnerai l'histoire des découvertes faites avant moi,
sur les phénomènes de poissons électriques.

CHAPITRE II.

DES INSTRUMENTS EMPLOYÉS DANS LES RECHERCHES ÉLECTRO-PHYSIOLOGIQUES.

J'aurais pu supprimer cette première partie de mon ouvrage, si je n'avais eu principalement en vue de l'écrire, afin de mettre les physiologistes dans le cas d'approfondir le sujet de l'électricité animale. La physique, comme toutes les sciences naturelles, a pris, dans ces derniers temps, un tel développement, qu'il n'est plus donné à un seul homme de s'occuper à la fois des différentes parties dont elle se compose. Ce ne sera donc pas sans avantage pour le lecteur que je commencerai par le rendre familier avec les instruments employés dans les expériences de physiologie électrique. J'insisterai plus particulièrement sur le galvanomètre, qui est d'un usage plus général.

Lorsqu'un fil métallique, parcouru par un courant électrique, est rapproché d'une aiguille de boussole et parallèlement à cette aiguille, on la voit dévier de sa position, et, après un certain nombre d'oscillations, s'arrêter en faisant un certain angle avec sa position primitive. L'angle dans lequel l'aiguille s'arrête, est toujours moindre que celui résultant de son premier mouvement. Le sens de la déviation, la position relative de l'aiguille et du courant, et la grandeur de l'angle fixe de déviation, sont les éléments qui se trouvent liés dans la loi de l'action électro-magnétique découverte par Oersted. Si le fil conducteur se trouve au-dessus de l'aiguille, son pôle austral est dirigé à l'occident, lorsque le courant va du sud au nord, dans la position du fil parallèle et rapprochée de l'aiguille ; au contraire, la déviation du pôle austral est à l'orient si la direction du courant est du nord au sud. Tout se passe en sens inverse si le fil conducteur du courant est placé au-dessous de l'aiguille ; on conçoit par là très-aisément que si l'aiguille se trouve entre deux courants, l'un au-dessus, l'autre au-dessous, et toujours parallèles, elle n'éprouvera aucun mouvement, si la direction des deux courants est la même : au contraire, sa déviation sera double, et l'effet des deux courants s'ajoutera, si la direction est opposée dans les deux courants. Un courant circulaire ou polygonal, agit donc par tous ses points pour faire dévier dans le même sens l'aiguille qu'il entoure. Si au lieu d'un seul circuit ou fil rectangulaire dans lequel le courant circule, on en prend deux, parallèles entre eux, dans lesquels le courant soit également dirigé et de la même intensité, la déviation de l'aiguille doublera ; et en général la déviation augmentera avec le nombre des circuits que le courant parcourt, en conservant dans tous la même intensité. Il est inutile de dire qu'il faut que ces circuits soient séparés entre eux par une substance qui ne conduise par le courant, afin d'empêcher ce courant de sauter d'un circuit à l'autre.

La construction d'un galvanomètre est donc très-simple, et son usage est très-facile à concevoir. On prend un fil de cuivre couvert de soie, et on l'enroule plusieurs fois autour d'un châssis en bois ou en cuivre bien pur ; une aiguille aimantée est suspendue dans l'intérieur du châssis, qui est disposé dans le méridien magnétique afin que le plan de l'axe de l'aiguille soit parallèle aux différents circuits qui l'entourent. Les deux extrémités du fil sont réunies aux deux pôles ou extrémités de l'élément électro-moteur. L'aiguille se meut sur un cadran gradué, dont le zéro est dans le même plan que l'aiguille.

Pour les expériences électro-physiologiques, le galvanomètre est d'autant meilleur que son fil fait un plus grand nombre de tours autour de l'aiguille ; on en construit maintenant avec 3 000 tours. Le fil n'a qu'un sixième de millimètre de diamètre, et il est formé d'un cuivre très-pur.

Nobili a imaginé le premier l'usage du système astatique au lieu d'une seule aiguille, ce qui a beaucoup augmenté la sensibilité du galvanomètre. On prend pour cela deux aiguilles aimantées qui doivent être le plus identiques possibles sous le rapport de leurs dimensions, du degré de leur trempe, et de leur aimantation ; on fixe ces deux aiguilles dans une tige très-légère de laiton ou dans un brin de paille exactement dans le même plan et avec leurs pôles inverses en regard. L'une des aiguilles se trouve dans l'intérieur du châssis, et l'autre en dehors, au-dessus de son côté supérieur. Tout le système astatique est suspendu à un fil de cocon. Si on pouvait parvenir à faire deux aiguilles parfaitement égales dans leur degré d'aimantation, certainement le système astatique que l'on composerait avec ces deux aiguilles, serait tout à fait insensible à l'action magnétique de la terre, qui lutte toujours avec l'action du courant pour ramener l'aiguille à zéro. Le galvanomètre construit avec ce système aurait nécessairement la plus grande sensibilité possible, c'est-à-dire que le courant le plus faible produirait une déviation très-grande. Mais on conçoit aisément qu'avec un tel instrument on ne pourrait jamais comparer entre eux des courants d'une intensité différente ; le système serait en équilibre dans toutes les positions, et une fois dévié il ne reviendrait pas au zéro quand le courant aurait cessé d'agir. Et comme il faut toujours commencer une expérience en ayant l'aiguille au zéro du cadran, il faudrait chaque fois changer la position du châssis. Il faut donc laisser au système astatique une petite portion de force magnétique pour se diriger, ce qu'on fait en prenant une des aiguilles plus aimantée que l'autre. Dans les galvanomètres (*fig.* 1) d'une construction parfaite, se trouve un très-simple mécanisme avec lequel on fait faire au châssis un certain mouvement de rotation à l'aide duquel l'aiguille supérieure est toujours ramenée exactement au zéro du cadran.

On peut toujours juger de la sensibilité d'un galvanomètre par la lenteur des oscillations de son système aimanté ; le galvanomètre a déjà une sensibilité suffisante lorsque son système fait une oscillation dans une minute.

Il arrive souvent qu'on voit s'affaiblir la sensibilité d'un galvanomètre, après un certain temps ; un

courant trop fort qu'on a fait passer dans le galvanomètre, la présence de quelque barre aimantée trop
près du galvanomètre, la réaction du magnétisme
des deux aiguilles, la différence dans leurs dimensions et dans la qualité de leur acier, sont des causes
qui suffisent pour altérer le système astatique. Il est
bon de savoir rendre par soi-même sa première
sensibilité au galvanomètre. On enlève pour cela le
système du châssis et on le suspend par son fil de
cocon à un support quelconque. La première opération à exécuter est de faire osciller le système en
consultant une montre à secondes, afin de connaître
la durée d'une oscillation; en enlevant ensuite tantôt l'aiguille supérieure, tantôt celle inférieure, on
parvient facilement à juger quelle est la plus faible
des deux aiguilles; si le système persiste dans sa position, quand une des aiguilles a été enlevée, on est
certain que l'aiguille enlevée est plus faible que l'autre; au contraire, si l'aiguille qui reste se retourne
sur elle-même, il est démontré que l'aiguille enlevée
était la plus forte. On pose alors l'aiguille la plus faible sur une table, on la tient pressée avec un doigt
et on lui passe parallèlement, et en allant d'un bout
à l'autre, un petit barreau aimanté. Il ne faut
jamais s'arrêter ni revenir sur son mouvement avec
ce barreau; parvenu à la fin de la course, on soulève le barreau et on le reporte au premier point
d'où l'on était parti, et on lui fait faire une seconde
course. Le pôle de l'aiguille vis-à-vis duquel on a commencé la course du barreau, doit être du même

nom que le pôle en regard du barreau. Si on voulait affaiblir le magnétisme de l'aiguille, la dispositon des deux pôles serait précisément contraire. Après quelques courses, dont le nombre varie suivant la force du barreau, les dimensions de l'aiguille et le magnétisme qu'elle a perdu, on remet l'aiguille dans le système et on détermine la durée de l'oscillation. Si la durée est devenue plus grande, on est sûr que le système et le galvanomètre par conséquent ont gagné de la sensibilité. En fixant les aiguilles en place, il faut avoir bien soin de les mettre exactement dans le même plan. Pour réussir dans ces opérations il faut beaucoup de patience et en avoir acquis l'habitude : il n'est pas rare de passer des jours entiers à bien disposer son galvanomètre. Il arrive que l'on donne quelquefois trop de magnétisme à l'aiguille, et pour lui en ôter ensuite, on n'atteint pas toujours son but du premier coup.

M. Rumkorf, habile et intelligent constructeur, à Paris, de tous les instruments électro-magnétiques, a imaginé un petit appareil à l'aide duquel on peut donner au galvanomètre un degré différent de sensibilité, en rendant le système aimanté plus ou moins astatique. Il prend pour cela (*fig.* 2) deux petits barreaux aimantés d'environ 8 centimètres de longueur, mobiles autour d'un axe situé au centre d'un arc de cercle divisé, les pôles de noms contraires en regard : lorsque les deux barreaux sont verticaux, leur action est nulle, à une distance quelconque sur tous les points situés au-dessous. On place ce petit appareil, au-dessus du galvanomètre, sur le plan supérieur de sa cloche, de telle façon que les barreaux étant verticaux, leur ligne de jonction coïncide avec l'axe de suspension et le plan des deux aiguilles; on s'arrange de manière que les pôles des deux barreaux du *compensateur* soient en regard des pôles de nom contraire, ou, suivant le cas, des pôles du même nom de l'aiguille supérieure. En donnant plus ou moins d'écartement à ces deux barreaux, on augmente plus ou moins la sensibilité du galvanomètre.

Ordinairement le constructeur du galvanomètre a soin d'écrire sur le cadran une indication afin de connaître immédiatement par le sens de la déviation de l'aiguille la direction du courant. On trouve pour cela, marquées sur les cadrans, deux lettres A et B : ces deux mêmes lettres sont marquées à côté des deux extrémités du galvanomètre; à l'aide d'une première expérience on peut établir pour toujours que la pointe ou la tête de l'aiguille se porte vers A ou vers B, suivant que le courant entre dans le fil du galvanomètre, par l'extrémité A, ou par l'extrémité B, c'est-à-dire, suivant que le pôle positif de la pile communique avec A ou avec B. Il est inutile de dire que, si c'est un seul élément électro-moteur, zinc et cuivre par exemple, qui est réuni au fil du galvanomètre, le courant sera dirigé du cuivre au zinc dans ce fil.

Il est toujours bon, avant de commencer une série d'expériences, de s'assurer que l'indication écrite sur le galvanomètre est exacte, afin de ne pas se tromper sur la direction du courant : cette précaution est surtout nécessaire après qu'on a arrangé son système aimanté. La chose est très-facile à faire : on lie un fil de platine à un des deux bouts du fil du galvanomètre et on plonge les deux extrémités, platine et cuivre, dans de l'eau distillée ou de source. Si le galvanomètre est très-sensible, on aura une déviation assez grande, due à un courant dirigé dans le galvanomètre du platine au cuivre, et par conséquent du cuivre au platine, dans le liquide.

On sait que les déviations de l'aiguille du galvanomètre ne sont proportionnelles aux intensités des courants, que pour des angles compris entre 0° et 20° ou 30° au plus. Au delà de ce nombre, l'intensité du courant, pour produire une déviation donnée, doit être d'autant plus grande que cette déviation s'élèvera à des degrés supérieurs. Je ne m'arrêterai pas à décrire les différents procédés qui ont été donnés, pour obtenir des tables de proportionnalité. Dans les expériences que nous aurons occasion de rapporter, nous aurons difficilement des nombres plus élevés que 30° et dans tous les cas, nous nous contenterons de comparer entre elles les intensités des différents courants, mesurées par les déviations, sans remonter aux forces auxquelles elles sont dues.

Quand on fait des expériences avec le galvanomètre, il est nécessaire, d'avoir cet instrument posé sur un plan fixe. Il faut pour cela avoir fixé dans le

mur, un plan de marbre ou de bois. Il faut encore
avoir soin de ne pas s'approcher du galvanomètre
avec des morceaux de fer ou d'acier.

Un autre instrument, qui peut être très-avantageusement employé dans les recherches électro-physiologiques, nous est offert par la grenouille convenablement préparée. Il faut pour cela commencer
par préparer la grenouille, choisie parmi les plus
vivaces, comme le faisait Galvani : on coupe la grenouille à peu près aux deux tiers de son corps et
précisément au-dessous de ses pattes supérieures,
on jette la tête avec toutes les entrailles, et on arrache la peau aux deux tiers de la grenouille, qu'on a
conservés. On a ainsi un morceau de moelle épinière,
avec le bassin, et les deux membres inférieurs. Enfin,
en introduisant les ciseaux entre les nerfs lombaires
et le bassin, et en coupant celui-ci en deux endroits, on finit par avoir la grenouille, qu'on appelle ordinairement *préparée à la manière de Galvani* (*fig.* 3). Pour employer la grenouille à l'étude
du courant électrique, il faut faire passer le courant
dans le seul filament nerveux de la grenouille. On
coupe pour cela à moitié la grenouille préparée à la
manière de Galvani, et avec une préparation trèsfacile on parvient à enlever sur une demi-grenouille
l'os et les muscles de la cuisse en conservant intact
son nerf. De cette manière on finit par avoir une
jambe de grenouille à laquelle est attaché un long
filament nerveux, composé de la portion lombaire
du bassin, et de la portion crurale de la cuisse. Il n'y

a plus qu'à introduire cette jambe dans un tube de verre verni, pour avoir un instrument très-sensible au passage du courant électrique. Pour employer cette espèce de galvanoscope (*fig. 4*), on prend le tube de verre par le bout opposé à celui par lequel on a introduit la jambe de la grenouille, et on fait toucher le filament nerveux, qui tombe en dehors du tube, avec les deux points de l'élément électro-moteur qu'on veut étudier. Si le filament nerveux est en effet parcouru par un courant électrique, on voit à l'instant la jambe se contracter. Si on pouvait craindre que le contact direct du nerf avec les points de l'élément électro-moteur irritât le nerf, indépendamment du courant électrique, il n'y aurait qu'à ajouter sur les deux points de l'élément électro-moteur deux bandes de papier mouillées d'eau, et à fermer ensuite le circuit en touchant les deux bandes avec le filament nerveux.

La grenouille employée de cette manière, que j'appellerai désormais *grenouille galvanoscopique*, est certainement l'appareil le plus sensible que nous possédions, si l'on vient à le renouveler de temps en temps. Ce même instrument est encore très-exact dans ses indications, si on a soin de bien dépouiller le nerf et de fermer le circuit avec le seul nerf sans jamais y comprendre aucune portion de muscle de la jambe. La grenouille galvanoscopique, non-seulement nous indique l'existence du courant électrique, mais encore, avec un très-grand degré de probabilité, elle peut nous servir à déterminer la direction de ce courant. Quand la grenouille est un peu affaiblie, on voit presque constamment se contracter la jambe, quand le circuit est fermé, et ce membre rester immobile, quand ce circuit est ouvert, si le courant est dirigé dans le nerf du nerf vers la jambe. Lorsque ces phénomènes marcheront en sens contraire, c'est que le courant sera dirigé de la jambe vers le nerf. Il n'y a donc qu'à fermer le circuit avec le nerf de la grenouille galvanoscopique, et à l'ouvrir un instant après pour établir dans lequel des deux instants la contraction a lieu. Pour confirmer l'indication d'une première expérience, on renverse la position du nerf de la grenouille galvanoscopique; si la première indication était exacte, la jambe devrait se contracter dans ce second cas, quand elle restait tranquille dans le premier.

Il peut arriver dans les expériences électro-physiologiques de vouloir rechercher l'existence de l'électricité de tension. Je ne dirai que deux mots de l'électroscope qui peut être employé le plus utilement. C'est une cloche de verre (*fig. 6*) vernie dans toute la partie supérieure, munie d'un trou à son centre par lequel on introduit une tige de laiton fixée au trou avec du mastic. Le bout de cette tige qui sort de la cloche est terminé par une petite boule de laiton : sur l'autre bout on colle une feuille d'or trèsétroite, et longue de cinq à six centimètres. La cloche qui est ouverte à sa base pose sur un plan en bois dans lequel sont fixées perpendiculairement, et vis-à-vis l'une de l'autre, deux piles sèches disposées de manière à communiquer à la base et à avoir leurs pôles de nom contraire tournés en haut. La feuille d'or se trouve ainsi suspendue entre les deux pôles contraires et reste en équilibre par l'action égale et contraire qu'elle en souffre. A peine cette feuille se trouve électrisée, qu'elle se porte vers le pôle d'une des deux piles qui a l'électricité contraire à la sienne. Cet électroscope est d'une sensibilité extrême et très-facile à manier. Il n'y a qu'à regarder sur laquelle des deux piles la feuille d'or est portée pour savoir immédiatement la nature de son électricité.

Si on voulait un électroscope encore plus sensible, il n'y aurait qu'à réunir à la boule de l'électroscope que j'ai décrit, un condensateur de Volta.

Enfin, il arrive que dans des expériences d'électro-physiologie, on a recours à un courant électrique d'une certaine intensité et d'une force constante. La pile qu'il faut employer pour cela se composerait de lames de zinc et de cuivre comme à l'ordinaire. La lame de cuivre doit plonger dans une solution de sulfate de cuivre contenue dans un bocal de verre. On fait plonger dans ce liquide une espèce de sac en peau qu'on remplit d'une solution de sel marin ou d'eau acidulée avec de l'acide sulfurique. La lame de zinc plonge dans ce sac, et il est bon de l'employer après l'avoir amalgamée, ce qu'on obtient facilement en la frottant avec un peu de mercure et d'eau acidulée.

Pour s'assurer de la constance du courant obtenu avec cette pile, il est bon d'avoir une *boussole de tan-*

gente. Cet appareil (*fig.* 7) se compose d'un grand cercle de quatre à cinq décimètres de diamètre formé par un ruban de cuivre de cinq millimètres de largeur et de deux millimètres dé'paisseur. Ce ruban est revêtu de soie, et ses extrémités repliées convenablement plongent chacune séparément dans un godet contenant du mercure. Au centre de ce cercle, se trouve suspendue une aiguille aimentée et très-petite qui tourne sur un cadran : enfin ce cercle est placé avec son plan dans le méridien magnétique. L'intensité du courant est mesurée par la tengente de l'angle de déviation.

CHAPITRE III.

DE LA MÉTHODE QU'IL FAUT SUIVRE EN APPLIQUANT LE GALVANOMÈTRE A L'ÉTUDE DES PHÉNOMÈNES ÉLECTRO-PHYSIOLOGIQUES.

Toutes les fois qu'on veut se servir du galvanomètre, on attache les deux extrémités du fil métallique qui est enroulé autour du châssis, aux deux points de l'élément électro-moteur quelconque, entre lesquels la décharge de deux électricités doit se faire. Ainsi, dans le cas le plus simple de la couple voltaïque, on réunit l'un des métaux de la couple à une des extrémités du galvanomètre et l'autre métal à l'autre extrémité. On plonge dans un liquide conducteur quelconque les deux métaux, et la déviation de l'aiguille a lieu immédiatement. Cette déviation qui se fait d'abord par un mouvement d'impulsion, pousse l'aiguille jusqu'à faire un angle plus grand que celui dans lequel l'aiguille s'arrête définitivement après quelques oscillations. Dans un grand nombre de phénomènes, on est obligé de prendre la première déviation de l'aiguille pour mesurer en quelque manière l'intensité du courant, et pour la comparer ensuite à l'intensité d'autres courants, également mesurés par leur déviation primitive.

Lorsque le courant est développé par l'action chimique de deux solutions, il faut disposer l'expérience d'une manière particulière. Je suppose qu'on veuille découvrir si l'action chimique d'un acide sur un alcali produit un courant électrique. On prend pour cela deux capsules en platine (*fig.* 8) remplies d'eau distillée dont chacune communique avec les extrémités d'un galvanomètre à long fil. A l'aide d'une mèche de coton imbibée de la même eau, on fait communiquer les deux capsules; je suppose que l'aiguille reste à zéro au moment où l'on introduit la mèche de coton, et qu'on fait ainsi communiquer les deux liquides. Dans le cas contraire, l'aiguille ne tardera pas à retourner à zéro. Si alors on touche le milieu, ou à peu près, de la mèche avec deux tubes de verre qui ont été plongés, l'un dans une solution acide, et l'autre dans une solution alcaline, on verra l'aiguille dévier, indiquant ainsi qu'un courant électrique se produit dirigé dans la mèche de coton de l'alcali à l'acide. Si les deux gouttes, l'une d'acide et l'autre d'alcali, déposées sur la mèche, ne sont pas tout à fait à côté l'une de l'autre, la déviation tardera quelques instants à paraître, puis augmentera petit à petit jusqu'au point où elle serait arrivée dans le premier cas.

En décrivant cette expérience, nous avons dit qu'il pouvait se faire, qu'en introduisant la mèche de coton entre les deux capsules, quelque mouvement dans l'aiguille eût lieu et qu'on devait attendre, en ce cas, que l'aiguille fût revenue au zéro. Ces mouvements dans l'aiguille, qui indiquent toujours le passage d'un courant électrique, sont de la même nature que ceux qu'on observe lorsqu'on plonge dans l'eau les deux lames de platine qui sont attachées aux deux extrémités du galvanomètre. Il est en effet très-rare qu'en faisant cette expérience, tout en employant des lames de platine, identiques le plus possible, il n'y ait pas quelque signe de courant électrique. Nous avons dit encore, que si, après avoir fermé le circuit avec la mèche de coton, on attend quelques instants, on verra l'aiguille revenir à zéro. On voit par là que si on prépare la mèche de coton avec les deux gouttes, acide et alcaline, avant de commencer l'expérience, et qu'ensuite l'expérience soit faite en touchant dans le même temps, les deux capsules de platine avec les extrémités du galvanomètre, et en les faisant communiquer ensemble avec la mèche, la déviation qu'on obtiendra sera due à un effet composé, en partie du courant développé par l'action chimique de l'acide et de l'alcali et en partie du courant qui est développé par les seules lames de platine plongées dans le liquide des capsules. Ces deux courants pourront tantôt s'ajouter, tantôt se détruire. Il résulte de là, que, dans l'usage du galvanomètre, il faut toujours se mettre à l'abri du courant qui est développé par ses deux extrémités, indépendamment de celui de l'élément électro-moteur qu'on se propose d'étudier ; sans cela, on obtiendra des résultats erronés qui proviendront de la manière d'expérimenter.

Dans toutes les expériences électro-physiologiques, on touche, avec les extrémités du galvanomètre, des parties animales qui sont composées de corps solides et de solutions salines plus ou moins neutres. Ces solutions peuvent agir chimiquement et d'une manière inégale sur les extrémités métalliques du galvanomètre. Douées d'une certaine faculté conductrice de l'électricité, ces mêmes solutions peuvent conduire le courant électrique, que nous avons vu se développer, par les extrémités mêmes du galvanomètre, indépendamment de l'action chimique du liquide dans lequel elles sont plongées. Une expérience électro-physiologique ne sera donc jamais exacte, si on ne s'est pas assuré d'avance qu'aucun des courants dont nous venons de parler, ne peut se produire et apparaître au galvanomètre.

La première condition qu'il faut satisfaire pour atteindre ce but, c'est de former les extrémités du galvanomètre avec le même métal. On doit encore choisir, parmi tous les métaux, celui qui est le moins sujet à être attaqué par l'eau ou par les solutions salines ; car sans cela, quand même les extrémités du galvanomètre seraient du même métal, on obtiendrait toujours des courants très-forts, et d'autant plus, que la conductibilité du liquide serait plus grande.

C'est ce qui arrive avec des lames d'argent, ou de cuivre, ou de fer. Avec un galvanomètre très-sensible, on a des courants très-forts, en plongeant des lames semblables de ces métaux dans de l'eau à peine salée, et même dans de l'eau distillée. Il suffit qu'une des deux lames soit un peu plus polie que l'autre, que l'une soit plus chaude que l'autre, que l'une soit plongée après l'autre, pour avoir dans tous ces cas, des déviations très-grandes, et qu'il est presque impossible de faire cesser entièrement.

Le métal qu'il faut choisir, pour composer les extrémités du galvanomètre, est donc le platine. On prend pour cela deux lames de platine, larges de 5 ou 6 millimètres, qu'on fixe chacune dans un manche de bois ou d'os (*fig.* 9). On soude à ces deux lames les extrémités du fil du galvanomètre, et ensuite on couvre tout le manche et la lame d'une couche de vernis de cire à cacheter, de manière à ne laisser découverte que l'extrémité de cette lame, dans une longueur de 5 ou 6 millimètres. On a ainsi pour extrémités du galvanomètre, deux lames de platine d'une surface égale. Il ne faut pas croire pour cela n'avoir plus rien à craindre dans l'expérience. En effet, si on plonge ces deux lames, telles que je les ai décrites, dans de l'eau à peine salée, ou même distillée, on obtiendra toujours, avec un galvanomètre très-sensible, des déviations qui sont quelquefois de 10° à 15°, à 20°. Il est très-difficile d'assigner d'avance la direction de ce courant, d'autant plus que nous n'en connaissons pas parfaitement, et dans tous les cas, l'origine. Les courants ainsi obtenus, seraient beaucoup plus forts si on employait, pour liquide, de l'eau salée ou de l'eau acidulée. Nous connaissons un certain nombre de circonstances, dans lesquelles on peut prévoir la direction du courant, obtenue en opérant de la manière décrite précédemment. Ce sont ces circonstances qu'il faut étudier avec beaucoup de soin.

Je suppose que j'ai plongé les deux lames de platine du galvanomètre dans l'eau distillée, et que j'ai attendu quelques minutes; après ce temps, l'aiguille est ordinairement revenue à zéro. Alors, je retire une des lames du liquide, je la laisse ainsi pendant quelques secondes, et puis je la replonge de nouveau avec l'autre qui n'a pas bougé. On est sûr de voir l'aiguille dévier, et la déviation sera proportionnelle à la sensibilité du galvanomètre, et, avec le même instrument, elle variera avec la conductibilité du liquide, avec la durée de la séparation des deux lames, et avec leur étendue. Ce courant a une direction constante, c'est-à-dire qu'il va toujours dans le liquide de la lame qui a été retirée à celle qui est toujours restée dans le liquide. Le courant obtenu dans l'expérience que j'ai décrite, sera encore plus fort, si on essuie, avec un corps quelconque, la lame qu'on a retirée du liquide, et plus encore si on la chauffe : sa direction ne varie pas. J'ai tenté cette expérience, en employant au lieu d'eau distillée, des solutions dans l'eau de sulfate de cuivre, de potasse, d'ammoniaque, de l'eau acidulée avec de l'acide sulfurique ou de l'acide nitrique, ou de l'eau à laquelle j'avais ajouté du sérum de sang ou de lait. Dans tous ces cas, le courant obtenu a été dirigé dans le même sens, c'est-à-dire de la lame retirée du liquide à l'autre.

Il faut donc, dans toutes les expériences électro-physiologiques, suivre exactement les règles suivantes : Il faut employer, pour les extrémités du galvanomètre, deux lames de platine, d'une étendue égale de surface, et constamment la même, et toucher dans le même temps, avec ces deux lames, les parties animales dans lesquelles on cherche le courant électrique. Toutes ces règles sont très-faciles à suivre, avec un peu d'habitude, en employant les deux lames préparées comme je les ai décrites. On tient les deux manches avec les mains, et l'on acquiert facilement l'habitude de les porter dans le même temps, en contact d'un corps quelconque.

Revenons encore au phénomène dont nous sommes partis, c'est-à-dire à celui du courant qu'on obtient en plongeant dans de l'eau, les deux lames du galvanomètre, faites de platine, et préparées comme je l'ai dit. Si avant de plonger ces deux lames en même temps dans l'eau, on mouille une de ces lames dans une solution acide, et si ensuite on la plonge dans l'eau avec l'autre lame, on est sûr d'avoir une déviation qui sera de 30° ou 40°, suivant la sensibilité du galvanomètre et la densité de la solution acide. L'expérience réussit en employant, pour aciduler l'eau, l'acide acétique, qui est un des plus faibles que l'on connaisse en chimie. En employant l'acide sulfurique, l'acide phosphorique, l'acide hydrochlorique, j'ai toujours trouvé la même direction dans le courant. Le courant va, dans le liquide, de la lame plongée dans l'acide à l'autre lame. Il ne faut pas confondre cette manière d'opérer avec celle décrite dans les mémoires de MM. Becquerel et Nobili, qui donnent des résultats différents. En employant, au lieu d'eau acidulée, pour mouiller une des deux lames du galvanomètre, une solution de potasse ou d'ammoniaque, on a encore un courant très-fort, et dirigé comme le précédent, c'est-à-dire de la lame mouillée dans l'alcali à l'autre. Je ferai observer, que si les solutions acides employées dans ces expériences, sont un tant soit peu concentrées, on tombe dans des anomalies très-grandes dans la direction du courant qu'on obtient. La seule manière d'arriver à des résultats les plus constants possibles, c'est de s'assurer d'avance qu'il n'y a aucun courant en plongeant les deux lames dans l'eau.

Un liquide, que j'avais intérêt d'essayer dans ces expériences, au lieu de l'eau acidulée ou de l'eau alcaline, c'était le sang ou son sérum.

J'ai pris du sang humain, dont la coagulation avait été empêchée en l'agitant aussitôt tiré de la veine. J'ai commencé par bien m'assurer que les deux lames du galvanomètre, plongées en même temps dans l'eau distillée, ne me donnaient aucun courant; nous verrons par la suite comment on parvient à le savoir. Ensuite j'ai retiré les deux lames de l'eau, et au même instant, j'en ai plongé une dans le sang et l'autre dans de l'eau semblable à celle dans laquelle étaient les deux lames. Quelques secondes après, je retire ces deux lames, l'une du sang et l'autre de l'eau, et je les plonge ensemble dans l'eau. A l'instant j'obtiens au galvanomètre une déviation remarquable, due à un courant qui va dans le liquide de la lame mouillée de sang à l'autre lame. J'ai voulu varier l'expérience, afin de me mettre, autant que possible, dans les mêmes conditions où l'on peut se trouver en faisant les expériences de l'électricité animale. J'ai pris, pour cela, une mèche de coton longue de 5 à 6 centimètres que j'ai imbibée, pour une moitié d'eau distillée, et pour l'autre moitié, de sang tiré d'un pigeon et qui avait été agité pour en empêcher la coagulation. J'ai employé la mèche, ainsi préparée, à établir un arc de communication entre deux capsules, une desquelles était pleine d'eau distillée, l'autre du même sang de pigeon. Enfin j'ai fermé le circuit avec les deux lames du galvanomètre, qui ne donnaient aucun courant étant plongées dans l'eau. J'ai obtenu un courant qui a été de 12", dans mon galvanomètre, toujours dirigé dans la mèche du sang à l'eau. J'ai continué pendant trois jours à renouveler de temps en temps les expériences, toujours avec le même liquide : le courant n'a varié ni de direction ni d'intensité, au moins d'une manière bien sensible. Si j'employais de l'eau acidulée avec de l'acide sulfurique au lieu d'eau pure, le courant allait de l'eau acidulée au sang dans la mèche, c'est-à-dire en sens contraire du courant, obtenu entre le sang et l'eau. Le contraire a lieu avec de l'eau alcaline au lieu de l'eau acidulée, c'est-à-dire que le courant va du sang à l'eau alcaline, comme il allait du sang à l'eau.

Les résultats que nous venons de rapporter nous prouvent qu'il faut user de grandes précautions lorsqu'on fait des expériences sur les animaux avec un galvanomètre très-sensible, et ils nous expliquent encore une foule de conclusions erronées tirées d'expériences mal faites.

Nous sommes maintenant dans le cas d'indiquer encore une autre règle qu'il est bien nécessaire de suivre, quand on ne veut pas être trompé dans la manière de faire des expériences. Cette règle est tracée par les expériences mêmes que nous avons rapportées. Il faut toujours commencer par laisser les deux lames de platine du galvanomètre plongées ensemble dans un liquide. Il doit être de la même nature que celui dans lequel elles seront plongées lorsqu'on fait l'expérience. Et si cette expérience ne permet pas que les deux liquides soient identiques, il faut au moins tâcher qu'ils se ressemblent le plus possible, dans la composition et dans le degré de conductibilité. Quand les deux lames du galvanomètre sont ainsi plongées dans le liquide, on ne peut commencer une expérience, sans que l'aiguille soit à zéro, et avant de la commencer on doit les soulever deux ou trois fois pour les replonger tout de suite : l'aiguille ne doit pas bouger.

Je suppose maintenant qu'une première expérience ait été faite, et qu'on veuille passer à une seconde; nous avons encore à prendre des précautions qu'il ne faut pas négliger.

Lorsqu'un courant électrique quelconque a été transmis dans un liquide par deux lames du même métal, il arrive qu'en fermant ensuite le circuit avec ces deux lames, laissées dans leur liquide ou portées dans un autre, il arrive, dis-je, qu'un courant électrique se produit, dirigé dans le liquide en sens contraire au précédent, c'est-à-dire que la lame qui communiquait au pôle positif devient celle dans laquelle le courant entre en venant du liquide. C'est ce courant, découvert par Ritter, que nous appelons *courant secondaire*. Le métal qui produit mieux que tous les autres ce phénomène, c'est le platine.

Il résulte de là, qu'en passant d'une expérience à l'autre, il faut bien s'assurer d'avance que le courant secondaire soit fini, ce qui arrive en laissant les deux lames plongées dans un même liquide pour un certain temps.

Il est utile, dans les recherches de physiologie électrique, de pouvoir comparer entre elles les intensités de deux courants, produits par deux électromoteurs différents. Pour faire comprendre plus aisément la méthode qu'on doit suivre dans ce but, je suppose avoir (*fig.* 10) deux couples voltaïques A et B : l'une de ces couples est formée d'une lame de zinc et d'une lame de platine, tandis que l'autre se compose d'une lame d'argent et d'une de platine. Si l'on veut maintenant connaître la différence d'intensité des courants développés par ces deux couples différentes, on les oppose l'une à l'autre. On prend, pour cela, trois capsules égales qu'on remplit du même liquide. On réunit deux à deux ces capsules avec les deux couples, de manière que dans la couple du milieu plongent la lame d'argent et celle de zinc : de cette manière, dans les deux capsules extrêmes, se trouvent les deux lames de platine. L'expérience réussit également si on renverse la position des deux couples, de manière que dans celle du milieu se trouvent la lame de platine et le zinc, et l'argent dans les capsules extrêmes. Les choses étant ainsi disposées, on fait plonger les extrémités en platine du galvanomètre dans le liquide des capsules extrêmes. Deux courants circulent dans le galvanomètre, mais comme ils sont dirigés en sens contraire, la déviation qu'on obtiendra ne peut être due qu'à la différence des deux courants, et on aura ainsi la comparaison de leur intensité. La déviation obtenue en opérant de cette manière est due au courant qu'on appelle *différentiel*.

Il est bon, enfin, de rappeler dans ce Chapitre les lois des courants dérivés. Je suppose avoir une masse liquide parcourue par un courant : si on vient à plonger dans ce liquide les deux lames du galvanomètre, on obtient une certaine déviation due à un courant qu'on a appelé *dérivé*. Je rapporterai ici

les lois de ce phénomène, telles que je les ai dé-
duites par l'expérience dans un de mes mémoires.
Le courant dérivé est dirigé dans le galvanomètre,
de manière que la lame par laquelle le courant
entre dans le fil de l'instrument, est toujours celle
qui est la plus rapprochée du pôle positif du courant qui parcourt le liquide. Si ce courant est pris
d'une force constante, on trouve que le courant dérivé est d'autant plus grand que les deux lames
du galvanomètre plongées dans le liquide sont à
une plus grande distance entre elles. Ce courant
dérivé, varie encore avec l'étendue des lames du
galvanomètre, qui est plongée dans le liquide. Si on
fait passer le courant à travers un canal liquide composé de deux liquides, d'une conductibilité différente, séparés entre eux par une membrane, on
trouvera un courant dérivé différent; toutes les
autres circonstances étant égales, en plongeant les
lames ou dans l'un ou dans l'autre des liquides, les
intensités de deux courants dérivés obtenues dans
les deux liquides seront exactement en raison inverse du pouvoir conducteur de ces deux liquides.
Le courant dérivé le plus fort se trouvera par conséquent dans le liquide moins conducteur.

Quand la section de la masse liquide parcourue
par le courant est très-étendue, en comparaison de
la surface des deux pôles de la pile, on trouve que
les courants dérivés obtenus en plongeant les deux
lames du galvanomètre en différents endroits de cette
masse varient d'intensité dans les différents points,

de manière à montrer que le courant de la pile
rayonne par les deux pôles en se répandant dans tout le
liquide. Ce rayonnement du courant est d'autant plus
grand que le liquide est moins bon conducteur. Dans
ce cas, on trouve encore quelques traces d'un courant
dérivé derrière les pôles de la pile, dirigé toujours de
manière à entrer dans le galvanomètre par la lame
qui est la plus rapprochée du pôle positif. Ces courants dérivés, qu'on trouve derrière les pôles, s'étendent à une distance de ces pôles, qui est toujours
très-petite, et on ne les trouve jamais que dans des
masses liquides, très-étendues dans tous les sens,
douées d'un pouvoir conducteur très-faible, et dans
lesquelles le courant est transmis par des pôles dont
la surface est très-petite en comparaison de la section du liquide.

Ces lois des courants dérivés nous mettent à
même de distinguer leur existence de celle d'un
courant obtenu en faisant communiquer les lames
du galvanomètre avec les parties mêmes de l'électro-
moteur. En effet, si l'on trouve, en plongeant ces
lames dans un liquide, que l'intensité du courant
augmente à mesure qu'on tient les lames plongées
à une distance plus grande, on peut en déduire certainement, s'il n'y a rien de changé dans l'expérience, qu'il s'agit d'un courant dérivé.

CHAPITRE IV.

DU POUVOIR CONDUCTEUR POUR LE COURANT ÉLECTRIQUE DES DIFFÉRENTES PARTIES DES ANIMAUX.

Tous les physiciens qui ont étudié la conductibilité des différents corps solides et liquides pour
l'électricité, savent combien ces recherches sont difficiles. La difficulté est d'autant plus grande pour
les substances animales qu'elles ne peuvent se conserver pendant longtemps ni se réduire aux dimensions convenables et voulues par l'expérience.
On ne pouvait tenter l'étude de la conductibilité des
substances animales, qu'en se fondant sur une des
lois du courant dérivé que nous avons exposées
dans le Chapitre précédent; c'est que l'intensité de
deux courants dérivés dans deux corps différents
est toujours en raison inverse de leur pouvoir conducteur, en supposant que ces deux corps soient
d'ailleurs dans les mêmes conditions. J'ai fixé sur
un bouchon de liége, avec de la cire à cacheter,
un fil de platine de 2 millimètres de diamètre; ce
fil était couvert de vernis sur toute sa surface,
excepté une portion de 2 millimètres, à une de ses
extrémités. J'ai préparé un autre fil semblable,
également fixé sur un bouchon de liége. J'ai réuni
ces deux bouchons à l'aide d'un tube de verre
introduit dans un trou fait dans les bouchons
mêmes (*fig.* 11). Les deux fils de platine étaient
soudés aux deux extrémités du galvanomètre. Il est

clair, qu'en plongeant les extrémités découvertes des deux fils de platine dans un liquide parcouru par un courant électrique, on doit obtenir un courant dérivé dans le galvanomètre. Cette disposition me permettait d'obtenir des courants dérivés, d'une intensité différente, en variant la distance des deux fils.

Voici maintenant comment j'ai tenté l'expérience qui devait me conduire à déterminer, de la manière la moins inexacte possible, la conductibilité relative de certaines substances animales. J'ai pris sur un lapin récemment tué un morceau assez long du nerf sciatique, une couche de substance cérébrale et un morceau de muscle enlevé de la cuisse. J'ai réduit ces trois substances en tranches de la même épaisseur, autant qu'il est possible de le faire, et je les ai placées, l'une à la suite de l'autre, sur un plan isolant. Enfin, j'ai fait passer par cette chaîne de substances animales un courant de douze couples à force constante. Quand l'expérience était ainsi préparée, je touchais avec les extrémités en platine de l'appareil que nous avons décrit (*fig.* 11) tantôt l'une, tantôt l'autre des substances animales. Les deux fils étaient toujours tenus à la même distance. J'ai noté les déviations produites par les courants dérivés obtenus sur les trois substances nommées. J'ai encore tenté l'expérience en faisant varier la distance des deux fils, de manière à obtenir un courant dérivé de la même intensité, en opérant sur ces trois substances. Ces deux procédés m'ont conduit aux mêmes résultats : le courant dérivé, obtenu à une distance constante entre les deux fils, est toujours plus grand quand on les plonge dans la substance cérébrale ou nerveuse, que lorsqu'on les plonge dans la substance musculaire. De même, pour obtenir le même courant dérivé, il faut que les deux fils plongés dans le muscle, soient à une distance plus grande que celle à laquelle ils doivent l'être dans la substance cérébrale ou nerveuse. Il me semble qu'on peut prendre la conductibilité du muscle, quatre fois plus grande que celle des substances nerveuse et cérébrale, qui ne diffèrent pas sensiblement entre elles de conductibilité.

J'ai trouvé dans le plus grand nombre des expériences, que le nerf conduit un peu mieux que la substance cérébrale.

Je décrirai encore une expérience qui, en même temps qu'elle s'accorde avec les résultats auxquels nous sommes arrivés sur la conductibilité de différentes substances animales, sert aussi à prouver toute la fausseté de certains principes de physiologie électrique qu'on s'était trop empressé d'adopter. J'ai fait passer un courant électrique, obtenu par une pile de cent à cent cinquante éléments, sur un lapin récemment tué, et auquel la peau avait été enlevée. Ce courant a été transmis, en touchant avec les deux pôles de la pile, tantôt deux points du système nerveux, tels que la moelle épinière et le nerf crural, tantôt le cerveau et l'un de ces nerfs, tantôt enfin la moelle épinière et les muscles de la jambe, ou bien les muscles seulement. Les deux pôles de la pile étant placés sur ces différentes parties de l'animal, à la plus grande distance possible, j'ai appliqué sur différents points du corps du lapin l'appareil des courants dérivés que nous avons décrits, afin d'étudier la distribution du courant de la pile dans ces parties. Quelle que fût la partie de l'animal ainsi expérimentée, muscles, viscères, système nerveux, etc., j'ai trouvé que le courant s'était distribué dans toutes, et suivant ces mêmes lois que nous avons exposées dans le chapitre précédent, en tenant toujours compte de la conductibilité différente de ces parties, de leur position relative, et de la distance des extrémités de la pile. Dans deux de ces expériences, j'ai obtenu un résultat qui me semble de quelque importance, si on parvient à le confirmer dans toute sa généralité. J'ai découvert, sur un lapin récemment tué et écorché, la moelle épinière aux premières vertèbres du cou et un de ses nerfs cruraux. Ensuite, j'ai coupé en travers, et en plusieurs points, les muscles qui couvrent les côtes; j'ai appliqué les deux pôles d'une pile de cent couples, chargés avec de l'eau légèrement acidulée, l'un sur la moelle épinière, l'autre sur le nerf crural; un galvanomètre entrait dans le circuit de la pile pour m'indiquer le moment où son courant était devenu à peu près constant. Alors, je plongeais dans deux blessures faites sur les muscles dorsaux, les lames de platine qui étaient attachées aux extrémités d'un bon galvanomètre : j'avais à l'instant une certaine déviation due à un courant dérivé. Voici le fait qui mérite d'être signalé : avec un courant introduit dans deux points du système nerveux, et ayant toujours la même intensité, j'ai trouvé que l'intensité du courant dérivé était différente, suivant la marche du courant dans le système nerveux relativement à sa ramification. Ce courant dérivé est quelquefois double, et toujours plus fort, lorsque le courant de la pile va de la moelle épinière au nerf crural, que lorsqu'il est dirigé en sens contraire. Il est inutile de dire qu'il faut faire cette expérience en plongeant les lames toujours à la même distance entre elles, toujours de la même quantité, toujours en contact des mêmes points. Il m'a semblé que la différence de deux courants dérivés était plus forte dans les premiers instants après la mort de l'animal. J'ajouterai que, en prolongeant les expériences sur le même lapin, après que le courant a cessé d'exciter les contractions, on voit la différence de deux courants dérivés disparaître entièrement. En essayant d'expliquer ce fait par les lois du courant dérivé que nous connaissons, il me semble qu'on devrait conclure que le courant électrique qui marche de la moelle épinière aux nerfs est moins éparpillé dans la masse animale, est mieux conduit, que lorsqu'il est dirigé des nerfs à la moelle. Ce serait là un sujet très-important, et qui mériterait une étude plus sérieuse que celle que j'en ai pu faire ; il est surtout très-difficile de s'expliquer pourquoi cette dispersion devient moins différente dans les deux cas, à mesure que la vitalité du système nerveux se fait moindre.

Dans ces mêmes expériences, j'ai toujours vu qu'après avoir fermé le circuit dans le système nerveux, il fallait attendre, pour arriver à une déviation à peu près fixe, un temps qui était beaucoup plus long lorsque le courant marchait de la moelle épinière aux nerfs, que lorsqu'il allait en sens contraire.

Je suis, loin de regarder ces résultats comme bien constants et généraux, et je n'ai eu d'autre but, en les publiant, que d'indiquer dans quelle voie il faut en continuer l'étude.

CHAPITRE V.

DE L'EXISTENCE DU COURANT ÉLECTRIQUE MUSCULAIRE DANS LES ANIMAUX VIVANTS OU RÉCEMMENT TUÉS.

Il y a une expérience très-simple et très-facile à faire, qui prouve l'existence d'un courant électrique, développé en réunissant, avec un corps conducteur, des points différents d'une masse musculaire appartenant à un animal vivant, ou récemment tué. On prend pour cela, la grenouille préparée que j'ai appelée grenouille galvanoscopique (*fig. 4*); ensuite on coupe d'une manière quelconque le muscle d'un animal vivant, et on introduit, dans la blessure, le nerf de la grenouille galvanoscopique. En se bornant à cela, il arrive souvent que la grenouille se contracte. Si l'on fait l'expérience avec soin, on découvre facilement, qu'afin de réussir il faut toucher, avec deux points différents de filament nerveux, deux points différents de la masse musculaire. C'est ainsi qu'en touchant avec le bout du nerf de la grenouille galvanoscopique, le fond de la blessure, et avec un autre point du même filament les bords de la blessure, ou la surface du muscle, la grenouille se contracte constamment. Ceci prouve évidemment que c'est bien un courant électrique qui circule dans le nerf, puisqu'il faut former un arc dans lequel ce même nerf est compris. Que cette contraction de la grenouille soit excitée par un courant électrique dû aux points différents du muscle de l'animal vivant, c'est encore bien prouvé, quand on voit que quel que soit le liquide ou le corps conducteur avec lequel on touche deux points de nerf, on n'excite jamais de contractions.

J'ai cru de quelque intérêt de m'assurer que le sang tiré d'un animal vivant n'était, pas plus qu'un autre liquide conducteur, doué de cette propriété. J'ai versé sur une lame de verre une grosse goutte de sang tiré d'un pigeon vivant. Avec le filament nerveux de la grenouille galvanoscopique, j'ai touché, sur deux points différents, la goutte de sang, et la grenouille la plus sensible ne m'a jamais donné le moindre signe de contraction.

Il est inutile de dire qu'en employant des solutions salines ou acides, et surtout les alcalines pour mouiller les nerfs d'une grenouille préparée, les contractions les plus vives y sont excitées. Ces corps agissent chimiquement sur la composition de la substance nerveuse.

Cette manière de prouver le développement d'un courant électrique dans la substance musculaire, ne doit pas se confondre avec celle qu'Aldini employait dans ses expériences, en tenant la grenouille préparée avec la main, et en touchant avec les extrémités du nerf lombaire de la grenouille l'intérieur d'un muscle blessé sur un animal vivant. Les contractions que ce physicien observait dans quelques cas, étaient évidemment dues au *courant propre* que nous verrons appartenir à la grenouille, et qui peut circuler dans le même temps par la grenouille, par le corps de l'observateur, par le sol et par l'animal touché. En effet, Aldini dit, t. 1er, p. 17 de son *Essai sur le Galvanisme*, en rendant compte de la seule expérience dans laquelle il s'était isolé, qu'il n'obtint plus les contractions de la grenouille.

Au contraire, dans l'expérience que j'ai décrite, la jambe de la grenouille galvanoscopique est toujours isolée, et on n'emploie jamais pour fermer le circuit que deux points différents de son filament nerveux.

L'expérience réussit, quel que soit le muscle et quel que soit l'animal dont le muscle est touché. On obtient également des contractions dans la grenouille galvanoscopique en agissant sur des muscles séparés de l'animal depuis quelque temps. J'ai vu des muscles pris sur des grenouilles, sur des poissons, sur des anguilles, prolonger pendant plusieurs heures les signes de leur courant. Quand même ces muscles ont cessé de se contracter, en stimulant d'une manière quelconque le nerf qui y est ramifié, ils peuvent encore agir sur la grenouille galvanoscopique. Une fois que les signes du courant musculaire ont cessé, on ne parvient plus à les obtenir tout en mouillant les lèvres de la blessure du muscle avec de l'eau pure ou légèrement salée. Quelquefois on réussit en renouvelant la blessure, mais cela ne dure pas longtemps.

J'ai également observé, sur un animal à sang chaud, un phénomène de la même nature que ceux que j'ai décrits. J'ai coupé les deux cuisses d'un vieux et robuste lapin ; j'ai promptement préparé une portion assez longue du nerf crural de ces deux cuisses et mis les muscles à découvert. En soulevant ce nerf avec un tube de verre et en le faisant ensuite tomber sur la surface du muscle de la jambe, j'ai vu le membre entier se contracter. J'ai réussi avec les deux cuisses ; le phénomène a été reproduit pendant deux ou trois minutes.

Afin de mettre hors de toute espèce de doute l'existence du courant électrique développé dans le muscle d'un animal vivant ou récemment tué, il fallait employer le galvanomètre, en suivant toutes les précautions que j'ai décrites dans le second Chapitre.

Il fallait pour cela plonger les deux lames de platine dans un même liquide, en communication avec les parties différentes du muscle, et dans le même temps trouver le moyen d'augmenter l'intensité du courant musculaire. Voici de quelle manière on peut faire l'expérience qui prouve l'existence du courant musculaire, indépendamment de toute cause étrangère introduite par l'expérience.

J'ai fait creuser sur une planche en bois (*fig.* 12),
assez épaisse, à des distances différentes, plusieurs
petites cavités : j'ai couvert d'une couche de vernis
toute la planche et ses petites cavités. On pourrait
employer également de petites capsules enfoncées dans
l'épaisseur de la planche. L'expérience est très-facile
à faire avec une telle disposition. Je suppose qu'on
ait placé la planche tout près du support du galvanomètre, dont les deux extrémités en platine sont préparées de la manière que j'ai décrite. Ces deux lames du
galvanomètre doivent être depuis longtemps plongées
dans l'eau qui devra être distillée, si le galvanomètre
est très-sensible. Avec un galvanomètre moins sensible
il faut employer de l'eau légèrement salée. Avant de
commencer l'expérience, il faut toujours attendre
que le galvanomètre soit arrêté au zéro, et il doit y
rester tout en soulevant les deux lames du liquide
et en les replongeant après toutes les deux dans le
même temps.

On prépare alors cinq ou six grenouilles, et un plus
grand nombre encore, si l'on veut obtenir des déviations très-grandes ; on coupe à moitié ces grenouilles préparées à la manière de Galvani, et ensuite
on enlève toutes les jambes, en ayant soin de faire
la désarticulation le mieux possible, de manière à ne
pas blesser la masse musculaire.

Enfin on coupe les cuisses à moitié, et l'on obtient
ainsi un certain nombre de demi-cuisses (*fig.* 13).
Il faut maintenant commencer par poser sur la planche que j'ai décrite une de ces demi-cuisses, de

manière qu'elle soit couchée sur les bords d'une des petites cavités creusées sur la planche. Alors, à la suite de cette première demi-cuisse, on dispose toutes les autres, toujours de manière que chaque demi-cuisse touche la suivante et qu'on ait tourné du même côté la face interne obtenue en coupant la cuisse à moitié. On aura ainsi à la fin de cette série, une de ces demi-cuisses, qui devra être comme la première, couchée sur les bords d'une autre cavité de la planche. On voit (*fig.* 13) la disposition de cette pile de demi-cuisses. On voit que dans chaque point du contact des deux demi-cuisses voisines, c'est d'une part l'intérieur du muscle, et de l'autre la surface, qui se touchent ensemble; de même il arrive, par cette disposition, qu'une des extrémités (B) de la pile est formée par l'intérieur du muscle, tandis que l'autre (A) est formée par la surface d'un muscle. On verse dans les deux cavités, avec une pipette, de l'eau, ou bien une solution semblable à celle dans laquelle sont plongées les deux lames du galvanomètre. On soulève ces deux lames du liquide, et on les porte ensemble sans qu'elles se touchent dans le liquide d'une des deux cavités de la pile musculaire. Si, après cette opération, l'aiguille reste à zéro, on doit soulever de nouveau les deux lames, et ensuite les replonger en même temps dans les deux cavités extrêmes de la pile, de manière à fermer le circuit. A l'instant la déviation de l'aiguille a lieu, et l'on s'aperçoit bientôt que cette déviation varie suivant le nombre des demi-cuisses, ou des éléments de la pile. C'est ainsi que j'obtiens à mon galvanomètre, 15°, 20°, 30°, 40°, 60°, etc., selon le nombre des demi-cuisses, et en supposant d'avoir employé des grenouilles également vivaces; j'obtiens 3° ou 4° avec deux éléments, 6° à 8° avec quatre éléments, 10° à 12°, avec six éléments, et ainsi de suite.

Le courant est toujours dirigé dans la pile de la partie interne du muscle à la surface. Les nombres que j'ai donnés sont obtenus en employant de l'eau distillée pour le liquide des cavités extrêmes, et pour y tenir plongées les deux lames du galvanomètre. Ces nombres deviennent beaucoup plus faibles, si l'on tient les lames du galvanomètre qui sont plongées dans les cavités extrêmes, éloignées des parties musculaires de la pile. Il faut que l'épaisseur de la couche liquide entre les lames et les extrémités musculaires de la pile soit la plus petite possible. Si l'on emploie au lieu d'eau distillée, cette même eau, après y avoir ajouté quelques gouttes d'acide sulfurique, les déviations, avec le même nombre d'éléments, augmentent considérablement; c'est ainsi que huit demi-cuisses qui me donnent 15° avec l'eau distillée, en donnent 50 avec la solution acide.

Avec une solution légèrement alcaline, ce même nombre d'éléments me donne 35°; c'est à peu près le même nombre que j'obtiens avec de l'eau légèrement salée. La direction du courant est dans tous les cas la même, et les différences observées doivent évi-

demment être rapportées à la différence de conductibilité des liquides employés.

En laissant le circuit fermé, l'aiguille du galvanomètre se fixe à une déviation de 5°, 6°, 10°, 12°, selon
le cas, et dans une certaine proportion avec la première déviation. L'aiguille continue à descendre, en
tenant toujours le circuit fermé, et ce n'est qu'après
un certain temps qu'elle revient à zéro.

Je crois inutile de dire que j'ai répété ces expériences quelques centaines de fois, et que les résultats
ont été constamment les mêmes.

Nous exposerons dans le Chapitre suivant les lois
du courant électrique musculaire, et on verra alors
suivant quelles circonstances l'intensité de ce courant varie.

Rien n'est plus facile que de s'assurer de l'existence de ce courant dans toutes les masses musculaires prises sur différents animaux à sang chaud
ou froid récemment tués. Il n'y a pour cela qu'à disposer l'expérience comme nous venons de la décrire, avec les demi-cuisses de grenouilles. J'ai pris
une anguille d'eau douce vivante, je lui ai arraché
la peau, et je l'ai ensuite coupée en morceaux longs
de trois ou quatre centimètres. Pour n'employer que
des masses uniquement musculaires, j'ai choisi,
pour composer la pile, les morceaux de la moitié
de l'anguille du côté de la queue. La disposition
des éléments est la même que celle des demi-
cuisses de grenouilles, c'est-à-dire que la surface

musculaire d'un des éléments doit toucher la face interne de l'élément à côté; les deux extrémités de la pile (*fig.* 14) seront d'une part l'intérieur du muscle, de l'autre la surface. Une fois cette pile étendue sur la planche, il n'y a plus qu'à plonger les deux lames du galvanomètre dans les cavités extrêmes. En fermant le circuit d'une pile de cinq éléments, j'ai obtenu 28° de déviation; avec deux éléments, j'avais 10° dirigés toujours dans le même sens, c'est-à-dire de l'intérieur du muscle à la surface dans la pile. J'ai pris des tanches vivantes, et après leur avoir arraché la peau, j'ai coupé de longues tranches musculaires le long du dos, en ayant soin de n'en pas déchirer la surface. Ensuite j'ai coupé ces tranches en morceaux, que j'ai disposés en pile, exactement de la même manière qu'avec les muscles des grenouilles et des anguilles. Une pile de quatre éléments de muscles de tanche, m'a donné 12°, et une de deux éléments m'a donné 5° ou 6°. La direction du courant était toujours de l'intérieur du muscle à la surface dans la pile.

J'ai tué des pigeons, et avec des tranches des muscles pectoraux convenablement coupés, j'ai formé une pile de huit éléments. Cette pile m'a donné 14°, et le courant a toujours été dirigé de l'intérieur du muscle à la surface dans la pile. Deux éléments m'ont donné de 2° à 3°, et quatre éléments de 6° à 7°, constamment dans le même sens. Des cuisses de pigeon, convenablement préparées et disposées en pile, m'ont toujours donné ce même résultat.

J'ai encore composé une pile, avec des morceaux musculaires obtenus en coupant à moitié des cœurs de pigeons; le courant obtenu a toujours été dirigé de l'intérieur du muscle à la surface dans la pile, et son intensité a été toujours proportionnelle au nombre des éléments.

Je crois inutile de prolonger ici la description d'un plus grand nombre d'expériences faites avec des muscles de bœuf, de brebis, de poulet et d'autres animaux à sang chaud.

Toutes ces expériences, sans exception aucune, conduisent à conclure que toutes les fois que l'intérieur d'un muscle d'un animal quelconque récemment tué, est, à l'aide d'un corps conducteur, mis en contact avec la surface de ce muscle, il s'établit un courant électrique qui est toujours dirigé dans le muscle de son intérieur à la surface. Ce courant, dont l'intensité est variable avec des muscles de différents animaux, augmente proportionnellement au nombre des éléments musculaires qui sont disposés en pile.

Je m'arrête un instant sur ce résultat fondamental. Le courant obtenu dans les circonstances dont j'ai parlé, peut-il être dû à une circonstance indépendante de l'action, quelle qu'elle soit, entre la surface du muscle et son intérieur?

Certainement, si l'expérience est bien faite et si l'on opère de la manière que j'ai décrite, on ne peut pas attribuer les signes du courant obtenu aux lames du galvanomètre. On se rappelle, qu'avant de fermer le circuit de la pile musculaire, il faut plonger dans le même temps, les deux lames du galvanomètre dans une des deux cavités extrêmes de cette pile. Si dans cette expérience préliminaire l'aiguille reste à zéro, certainement le courant qu'on obtient après, en fermant le circuit de la pile, ne pourra pas être rapporté à une action quelconque de deux lames. Et quand même on voudrait admettre cette hypothèse, on ne pourrait pas expliquer la constance de la direction du courant et l'augmentation de son intensité avec le nombre des éléments.

Dans le Chapitre III, j'ai montré qu'un courant électrique très-sensible se développe lorsqu'on fait communiquer ensemble du sang et de l'eau, par un liquide conducteur : ce courant est dirigé dans l'arc liquide du sang à l'eau. On pourrait dire que les conditions de cette expérience se trouvent reproduites dans les piles musculaires : en effet, dans une des deux capsules extrêmes de ces piles, il y a le contact entre l'eau et l'intérieur du muscle, qui est mouillé de sang. On pourrait ajouter que les signes augmentent avec le nombre des éléments, quoique le contact entre le sang et l'eau n'ait lieu que dans un seul point; parce que la surface du muscle peut être considérée comme mouillée d'un liquide analogue à l'eau. Cette objection tombe d'elle-même si l'on réfléchit que la direction du courant que l'on obtiendrait dans cette hypothèse, devrait être exactement opposée à celle du courant qu'on trouve réellement. En effet, dans les piles musculaires, le courant est dirigé de l'intérieur du muscle à sa surface dans la pile, tandis que dans l'hypothèse que nous nous sommes faite, il devrait aller dans le sens opposé.

Je rappellerai ici que j'ai employé dans les expériences citées, au lieu d'eau distillée, pour remplir les capsules extrêmes, de l'eau légèrement salée, de l'eau acidulée, de l'eau alcaline. Le courant obtenu a été toujours dirigé dans le même sens et l'intensité seulement a varié. Si la cause de ce courant était l'action chimique du sang et du liquide des capsules, sa direction aurait dû changer nécessairement avec les différents liquides.

J'ajouterai enfin, que le courant qu'on obtient par l'action chimique du sang et de l'eau, persiste sans changer d'intensité, ce qui n'a jamais lieu pour le courant musculaire, qui s'éteint en général très-rapidement.

On pourrait encore opposer, que dans le liquide de la capsule, dans lequel l'intérieur du muscle est plongé, il y a du sang qui le dissout, tandis que cela n'a pas lieu pour le liquide de l'autre capsule dans laquelle la surface du muscle est plongée. On pourrait dire à la suite de cette hypothèse que le courant musculaire n'est autre chose que le courant qu'on obtient en réunissant avec un arc liquide une capsule pleine de sang, à une capsule remplie d'eau.

En effet, la direction du courant musculaire s'accorderait très-bien dans cette hypothèse.

Pourtant il est très-aisé de répondre que l'augmentation du courant musculaire est tout à fait inexplicable dans cette hypothèse, puisque l'action du sang et de l'eau n'est toujours que dans un seul point, quel que soit le nombre des éléments.

Et du reste comment expliquer dans cette hypothèse la direction constante du courant en employant des liquides différents, acides, alcalins, salins, dans les cavités extrêmes de la pile musculaire? comment expliquer qu'en renversant la disposition des éléments, la direction du courant est à l'instant renversée, tout en conservant la même intensité qu'auparavant?

L'importance de la conclusion que j'ai tirée de mes expériences pourra me servir d'excuse pour avoir voulu pousser à bout les objections qu'on aurait pu y faire en les interprétant différemment.

A défaut de toutes les expériences que j'ai décrites et faites avec le galvanomètre, il y a une expérience que tout le monde peut faire très-facilement, et qui tranche toutes les difficultés. Cette expérience se fait en employant la grenouille galvanoscopique, au lieu du galvanomètre. Je dispose sur la planche dont j'ai déjà parlé, ou sur tout autre plan isolant, une pile des demi-cuisses de grenouilles d'un certain nombre d'éléments. J'ajoute à chacune des deux extrémités de cette pile une bande de papier mouillé. Il faut disposer ces bandes de manière que leurs extrémités libres se trouvent à une distance de 2 ou de 3 centimètres. Si alors on ferme le circuit avec le filament nerveux de la grenouille galvanoscopique (*fig.* 4, 5), en touchant avec deux points de son nerf les deux extrémités des deux bandes, on verra la grenouille se contracter. Si on attend que la grenouille s'affaiblisse, l'indication de la grenouille suffira à montrer la direction du courant. On peut faire l'expérience de manière que l'usage du galvanomètre devient insuffisant, tandis que la grenouille galvanoscopique persiste encore dans ses indications. Si on fait l'expérience que je viens de décrire, en employant des bandes de papier de la longueur de 8 à 10 centimètres et si l'on touche avec les lames du galvanomètre les extrémités de ces bandes, l'instrument reste muet, quoique la pile se compose de plusieurs éléments. Au contraire, en fermant le circuit avec le nerf de la grenouille galvanoscopique, en touchant dans les mêmes points des bandes sur lesquels on avait porté auparavant les lames du galvanomètre, la contraction ne manque jamais. On voit encore, en employant des bandes plus ou moins longues, qu'il faut un plus grand nombre d'éléments pour faire contracter la grenouille. Ces expériences me semblent tout aussi simples que convaincantes.

Comment le courant musculaire s'affaiblit-il en tenant le circuit fermé?

Lorsqu'on ferme le circuit d'une pile musculaire la déviation de l'aiguille est due d'abord, comme avec toutes sortes de courants, à un mouvement d'impulsion, lequel étant fini, l'aiguille revient sur elle-même, oscille, et enfin s'arrête à un certain angle. Elle continue ensuite à descendre plus lentement jusqu'à zéro. Nous verrons par la suite la relation qu'il y a entre l'intensité du courant musculaire et sa durée d'une part, et la vitalité du muscle de l'autre.

Mais indépendamment de cela, l'intensité du courant musculaire à circuit fermé, doit s'affaiblir à cause du courant secondaire qui se développe sur les lames du galvanomètre, et qui circule en sens contraire à celui de la pile. En effet, on n'a qu'à détruire le circuit, en retirant les deux lames des cavités extrêmes de la pile, et à replonger ces deux lames dans un même liquide semblable à celui des cavités de la pile ; on obtiendra une déviation en sens contraire à celle montrée par la pile, et à peu près du même nombre de degrés. Si l'on attend que ce courant secondaire soit fini, en fermant de nouveau le circuit de la pile, on aura un courant à peine plus faible que celui obtenu d'abord.

Il était important d'étudier le courant musculaire dans les muscles des animaux vivants.

Voici la première expérience que j'ai faite dans ce but : Je blesse le muscle de la poitrine ou de la cuisse, sur un animal vivant, après avoir découvert la surface de ce muscle. Je touche alors dans le même temps, avec les deux lames du galvanomètre, l'intérieur de la blessure et la surface du muscle blessé. J'observe un courant qui est de 20", 30°, 40°, etc., dirigé dans le muscle de l'intérieur à la surface. J'ai fait cette expérience, et toujours avec les mêmes résultats, sur des lapins, sur des moutons, sur des pigeons, etc. Les signes de ce courant s'affaiblissent après deux ou trois immersions dans la même blessure. Parfois, après quelques immersions, la déviation est nulle, et il n'est pas rare d'observer une déviation en sens contraire. Il était donc à désirer que l'on parvînt à des résultats constants, en recourant à la même méthode, employée avec les muscles des animaux récemment tués. Une telle recherche était d'autant plus nécessaire, qu'on pouvait voir, dans l'expérience décrite, l'imitation de celle dont nous avons parlé en faisant voir que le contact du sang et de l'eau développe un courant électrique, qui est dirigé du sang à l'eau dans le liquide. Quoique on eût pu toujours répondre avantageusement à cette objection, par la durée très-longue du courant développé par le contact du sang et de l'eau, j'ai voulu m'assurer directement de l'existence du courant musculaire dans les animaux vivants; voici l'expérience. Je prends des grenouilles vivantes, et je commence par leur couper les jambes, en faisant la désarticulation le mieux possible, et après, je leur arrache la peau des cuisses. Je fixe les grenouilles ainsi préparées sur la planche vernie, avec de petits clous passant à travers les pattes supérieures. Enfin je coupe à chaque grenouille une de ses deux cuisses à moitié. Si on a bien suivi la disposition des piles musculaires des animaux récemment tués, on pourra entendre très-aisément comment il faut faire pour composer une pile avec ces grenouilles vivantes, clouées sur la planche. Le contact des deux éléments voisins, a lieu entre la surface de la cuisse intacte d'une part, et le muscle blessé de l'autre. La pile se termine, comme à l'ordinaire, dans deux cavités de la planche, lesquelles sont remplies d'eau. Je ne rapporterai qu'une seule des nombreuses expériences que j'ai ainsi tentées. Une pile de quatre éléments m'a donné un courant de 12°, dirigé toujours dans la pile, de l'intérieur du muscle à sa surface.

Concluons donc, que dans les muscles des animaux vivants ou récemment tués, on trouve un courant électrique, lorsque le circuit est fermé, entre l'intérieur du muscle et sa surface. Ce courant varie d'intensité dans les divers animaux; il cesse quelque temps après la mort, et il est toujours dirigé dans le muscle, de l'intérieur à sa surface, ou plus généralement, de l'intérieur du muscle à un corps conducteur quelconque, qui communique avec sa surface.

CHAPITRE VI.

DES LOIS DU COURANT ÉLECTRIQUE MUSCULAIRE.

Après avoir démontré, d'une manière incontestable, l'existence du courant musculaire dans tous les animaux vivants ou récemment tués, il faut maintenant en étudier les lois. Quelles sont les circonstances suivant lesquelles varie l'intensité de ce courant?

Avant tout, il est bon de dire de quelle manière il faut procéder dans la recherche de ces lois.

J'ai parlé, dans le Chapitre III, de la comparaison de deux sources d'électricité; il faut opposer les deux sources, de manière à faire marcher dans le fil du galvanomètre les deux courants en sens inverse; la différence d'intensité de ces deux courants est montrée par le courant *différentiel* qui produit la déviation dans le sens du courant le plus fort. Pour appliquer ce principe à l'étude des circonstances qui font varier l'intensité du courant musculaire, il faut commencer par préparer deux piles, composées du même nombre d'éléments musculaires. Les deux piles AB, et B′ A′ sont opposées l'une à l'autre (*fig.* 13), et leurs extrémités, qui sont, dans ce cas, de la même nature, plongent dans deux cavités de la planche. Le circuit est fermé avec le galvanomètre, en plongeant ses deux lames dans le liquide des deux cavités extrêmes. Les éléments qui composent une de ces deux piles ne doivent différer des éléments de l'autre, que par la circonstance dont on veut étudier l'influence sur le courant musculaire. Il est évident que si cette influence existe, en augmentant ou en affaiblissant le courant, elle sera immédiatement dévoilée par un courant différentiel, dans le sens de la pile la plus forte. L'avantage de cette méthode est clair, et j'ose dire que ce n'est qu'avec son secours qu'on peut parvenir à des résultats constants.

En comparant deux de ces piles, l'une après l'autre, on ne serait jamais sûr d'agir avec des éléments semblables, indépendamment de la circonstance que l'on a introduite dans tous les éléments d'une des deux piles. Au contraire, en prenant au hasard un certain nombre de grenouilles ou d'autres animaux, en choisissant les mêmes muscles, pour les modifier, et en laissant d'autres intacts, on peut être sûr que le courant différentiel des deux piles opposées, sera bien l'effet de la nouvelle circonstance à laquelle ont été soumis tous les éléments d'une des piles.

De cette manière, la différence entre la vivacité des grenouilles ou des autres animaux soumis à l'expérience, due à leur sexe, à leur âge, n'a plus d'influence sur les résultats. Dans tous les cas où cela m'a été possible, j'ai poussé ma méthode à toute la perfection permise dans ces sortes d'expériences, en séparant d'abord chaque grenouille à moitié, et en modifiant tous les muscles d'un de ces groupes.

Dans toutes les expériences, dont j'exposerai les résultats, j'ai commencé par rechercher le courant différentiel, et ensuite j'ai déterminé séparément le courant des deux piles opposées. Je n'ai jamais noté que des courants différentiels de 5° au moins, et j'ai toujours employé de l'eau de source, pour liquide des cavités extrêmes de la pile. En employant des liquides plus conducteurs, les déviations deviennent trop grandes, et les plus petites différences entre les courants des deux piles, deviennent considérables.

Toutes ces précautions que j'ai décrites, peut-être avec trop de soin, conduiront à des résultats constants.

Le premier fait qu'on découvre, en étudiant le courant musculaire sur des muscles appartenant à des animaux différents, est celui de la durée différente de ce courant.

Je suppose qu'on prépare rapidement, et au moyen
de plusieurs individus, un même nombre d'éléments
musculaires appartenant à des grenouilles, à des
pigeons et à des lapins. Il faut ensuite préparer trois
piles, composées d'un même nombre d'éléments,
dans chacune desquelles il n'y ait que des muscles du
même animal. J'essaie ces trois piles séparément,
l'une après l'autre, et en perdant le moins de temps
possible, tantôt en commençant par la pile formée
avec les muscles des lapins, tantôt par celle des muscles de pigeon ou par l'autre. Les déviations données
par chacune de ces trois piles, qui sont égales quant
au nombre des éléments, sont très-différentes entre
elles : la moindre est celle dont les éléments sont tirés
de l'animal le plus élevé dans l'échelle. Voici une des
expériences, faite avec trois piles, chacune de huit
éléments : la pile du muscle de lapin donnait $8°$,
celle du pigeon $14°$, celle des grenouilles $22°$.

Il est inutile de dire que ces déviations sont beaucoup plus grandes si l'on emploie de l'eau légèrement
salée dans les cavités extrêmes, au lieu d'eau distillée ou de source. Quinze minutes après la première
expérience, on trouve une déviation de $4°$ pour la
première pile, de $10°$ pour la seconde, et de $16°$ pour
la troisième. Une heure après, les signes du courant
électrique ont totalement disparu avec les muscles
de lapin, on a à peine $2°$ ou $3°$ avec les muscles de
pigeon, et $8°$ à $10°$ sont encore donnés par les muscles

de la grenouille. Si je laisse passer vingt-quatre heures, à peine je trouverai 2° ou 3″ dans la pile des grenouilles. Dans tous les cas, la direction du courant ne varie jamais.

Lorsqu'une fois les signes du courant électrique musculaire ont disparu, on a beau mouiller les muscles avec de l'eau pure ou légèrement salée, ces signes ne disparaissent plus.

En comparant entre elles deux piles du même nombre d'éléments, formées l'une, avec des morceaux d'anguille, et l'autre avec des demi-cuisses de grenouilles, j'ai obtenu de la première des signes qui persistaient plus longtemps.

Mais quelle est l'intensité primitive du courant musculaire dans les différents animaux? Quelle est cette intensité dans l'animal vivant? Malheureusement on ne peut pas répondre d'une manière directe par la voie de l'expérience à cette question. Si l'on voulait prendre pour définitifs les résultats qu'on obtient en faisant une blessure sur le muscle découvert d'un animal vivant, et en enfonçant une des lames du galvanomètre dans l'intérieur de la blessure, tandis que l'autre est posée sur la surface du muscle blessé, on devrait conclure que l'intensité du courant électrique musculaire augmente avec le rang occupé par l'animal dans l'échelle des êtres. En effet, dans ces expériences, qui donnent le courant dû à un seul élément, on trouve 30″ à 40″, par la première immersion des lames dans les deux parties internes et externes du muscle d'un mouton ou d'un lapin, tandis que l'on a à peine 5° à 6°, en opérant également sur les muscles d'une grenouille. Mais nous ne pouvons pas oublier que cette manière d'opérer ne mérite pas une entière confiance. Toutefois, il me semble qu'en nous arrêtant au résultat incontestable de la durée différente après la mort, du courant musculaire dans les différents animaux, on est amené à une conclusion analogue à la précédente.

En effet, nous avons vu que le courant musculaire s'affaiblit après la mort d'autant plus que les animaux sont élevés dans l'échelle, et que cet effet est plus marqué dans les premiers instants après la mort. Il est donc permis de supposer que ce courant est au moins d'une égale intensité pour tous les animaux. Nous exposerons, par la suite, les faits qui nous conduisent à conclure que l'intensité du courant musculaire dans l'animal vivant augmente avec son rang dans l'échelle.

J'ai voulu étudier l'influence qu'a la masse du muscle sur l'intensité de son courant. J'ai comparé pour cela deux piles opposées l'une à l'autre : une de ces piles avait tous ses éléments formés d'une seule demi-cuisse de grenouille, tandis que les éléments dans le même nombre de l'autre pile étaient formés chacun de deux ou de trois demi-cuisses posées l'une sur l'autre. Je n'ai jamais obtenu des signes bien distincts d'un courant différentiel. J'avouerai pourtant que ces signes, quoique très-faibles, ont été toujours dans le sens de la pile dont les éléments étaient d'une masse double ou triple de celle des éléments de l'autre pile. J'ai obtenu le même résultat en faisant deux piles avec des muscles pris sur un lapin, et en les opposant l'une à l'autre. Les éléments d'une de ces piles étaient formés avec de larges tranches musculaires, et les éléments de l'autre se composaient de petits morceaux de ces mêmes muscles.

On doit être surpris d'un tel résultat, qui est tout à fait différent de celui obtenu avec les piles formées de plaques métalliques. La différence est toutefois moins grande, si on compare la pile musculaire à une pile composée de deux masses liquides, l'une acide, l'autre alcaline, qui réagissent à travers une membrane quelconque.

L'influence de la température sur l'intensité du courant musculaire mérite d'être signalée. Si on fait les expériences que nous avons déjà décrites, aux différentes époques de l'année, on s'aperçoit facilement, en opérant sur des grenouilles qui ont été depuis longtemps exposées au froid, que les signes de leur courant musculaire sont beaucoup plus faibles qu'à l'ordinaire. Je me rappelle très-bien que, dans le mois de novembre 1842, le thermomètre fut à Paris, pendant plusieurs jours, à zéro et au-dessous de zéro. Des grenouilles, achetées à la Halle dans ce temps, ne me donnaient presque plus aucun signe de courant musculaire, tandis que j'en avais comme à l'ordinaire, en opérant sur des grenouilles qui étaient conservées dans une chambre chaude, au Jardin des Plantes.

Du reste, l'expérience est très-facile à faire, en

mettant quelques grenouilles dans un bocal de verre, entouré de glace et rempli d'eau. L'expérience réussit encore mieux, si l'on jette sur la glace une poignée de sel marin. Quelques minutes après, il n'y a plus de mouvement dans les grenouilles, et on pourrait les croire mortes; cela arrive en effet, si on continue à les laisser dans le milieu froid. En les retirant, après quinze ou vingt minutes de refroidissement, on peut encore les sauver, en les mettant dans de l'eau légèrement chaude. J'ai préparé une pile de dix éléments, composés de demi-cuisses de grenouilles qu'on avait tenues dans l'eau froide au-dessous de zéro pendant trente minutes; j'ai opposé à cette pile une pile semblable, faite avec des demi-cuisses de grenouilles qu'on n'avait pas refroidies. Le courant différentiel de ces deux piles opposées, était de 35° à 40° dans le sens des grenouilles non refroidies. La pile des grenouilles refroidies, donnait 15° à 16° et l'autre 45°. Lorsque les grenouilles n'ont pas été soumises pendant un assez long espace de temps à l'action du froid, leur courant musculaire n'est pas sensiblement différent de celui des grenouilles qui n'ont subi aucune action du froid. J'ai vérifié également, sur une pile formée avec des muscles de tanches, l'influence exercée par le refroidissement musculaire.

Une pile de quatre éléments, formée avec des muscles pris sur une tanche qu'on avait tenue pour quelque temps à zéro, a donné 5°, tandis que j'en avais 12 d'une pile du même nombre d'éléments appartenant à une tanche qu'on avait gardée dans de l'eau à 12°.

Sur les animaux à sang chaud, l'influence du froid sur le courant musculaire apparaît moins grande que sur les animaux à sang froid. J'ai vérifié cela sur un pigeon que j'avais tenu dans un milieu froid, à 2° ou 3° au-dessous de zéro, pendant l'espace d'une demi-heure. Une pile formée avec les muscles de ce pigeon, n'était pas plus faible qu'une pareille pile composée avec les muscles d'un pigeon semblable, et qu'on n'avait pas refroidi.

Je dois encore rapporter ici un fait que j'ai eu occasion d'observer en étudiant l'action du froid sur le courant musculaire. J'ai commencé par refroidir brusquement un certain nombre de grenouilles que j'ai retirées après quelques minutes du milieu froid, pour les passer ensuite dans de l'eau à + 15°. Les grenouilles ont tout à fait repris leurs mouvements, et on aurait pu les juger plus vivaces qu'auparavant. Une pile composée avec les demi-cuisses de ces grenouilles, m'a toujours donné un courant plus fort que celui produit par une pile du même nombre d'éléments formés avec des demi-cuisses de grenouilles qui n'ont été soumises à aucun changement de température.

Il faut donc que l'action du froid se prolonge sur les grenouilles pendant un temps suffisamment long, afin d'affaiblir l'intensité du courant musculaire. Cette action du froid est d'autant moins grande que l'animal appartient à un rang moins élevé dans l'échelle.

Dans les grandes chaleurs de l'été, les grenouilles sont en général moins robustes que dans toutes les autres saisons. Les muscles de ces grenouilles sont blanchâtres, sans consistance, et on trouve ordinairement entre leur peau et leurs muscles, une espèce d'épanchement séreux. On a beau préparer rapidement ces grenouilles, on ne les voit jamais prises de ces convulsions tétaniques qu'on observe si souvent sur les grenouilles qui sont robustes. Les signes du courant musculaire sont bien plus faibles dans ces grenouilles, que j'appellerai malades. En général, en faisant un très-grand nombre d'expériences et en préparant quelques dizaines de grenouilles en un jour, on est à même de constater que le courant musculaire est d'autant plus fort que les muscles de ces grenouilles sont plus rouges et plus consistants.

J'exposerai maintenant les résultats obtenus en étudiant l'influence du système nerveux sur le courant musculaire. Je me borne à rapporter ici quelques-unes des expériences, car, quoique très-variées et répétées plusieurs fois, elles m'ont toujours conduit aux mêmes résultats. J'ai préparé vingt grenouilles, que j'ai ensuite coupées à moitié en rassemblant en deux groupes les deux moitiés de chaque grenouille. J'ai enlevé avec le plus grand soin tous les gros filaments nerveux des muscles d'un des deux groupes, et après j'ai composé deux piles de dix éléments opposées chacune l'une à l'autre. Dans une de ces piles tous les muscles avaient

leurs nerfs, tandis que les muscles de l'autre pile
en étaient privés. Je n'ai jamais obtenu aucun signe
de courant différentiel supérieur à trois ou quatre
degrés avec des piles ainsi préparées. J'ai vérifié
ce même résultat sur les muscles des cuisses de
pigeon.

Le courant musculaire ne varie donc ni dans
sa direction, ni dans son intensité lorsqu'on altère
l'intégrité du système nerveux moteur et sensorial.

L'expérience suivante prouvera cette conséquence
encore plus évidemment. J'ai introduit dans la
moelle épinière de six grenouilles, et précisément
dans les dernières vertèbres, un fer rouge; les six
grenouilles ont immédiatement perdu tous les mouvements et toute la sensibilité de leurs membres
inférieurs. J'ai laissé ces six grenouilles avec six autres qu'on n'avait pas touchées, dans un grand bocal
de verre, à la température de $+ 8°$ à $10°$. Après quatre
jours, les six grenouilles auxquelles on avait brûlé la
moelle épinière, n'avaient rien gagné dans leurs
membres inférieurs. J'ai préparé rapidement les
douze grenouilles et j'ai composé deux piles, chacune de douze éléments (1); une de ces piles était
composée de muscles appartenant aux grenouilles

____

(1) Avec douze grenouilles, on peut certainement préparer qua-
rante-huit demi-cuisses, mais il vaut toujours mieux ne faire les expériences qu'avec les demi-cuisses prises du côté des jambes. Les
demi-cuisses du côté du bassin ne présentent jamais la surface du
muscle aussi nette que celle des demi-cuisses du côté des jambes.

paralysées, et l'autre de muscles pris sur les grenouilles qui n'avaient rien souffert. En opposant ces deux piles, j'ai trouvé un courant différentiel de 16° à 18°, dans le sens de la pile composée avec les muscles des grenouilles paralysées. Cette pile donnait un courant de 50° à 55°, et l'autre un courant de 42° à 45°. Les muscles des grenouilles auxquelles la moelle épinière avait été brûlée étaient très-sensiblement plus rouges que les muscles des grenouilles ordinaires.

L'intégrité du système nerveux moteur et sensorial d'un muscle est donc tout à fait sans influence sur l'intensité du courant musculaire et sur sa direction.

J'ai préparé une solution aqueuse d'extrait d'opium et une autre d'extrait alcoolique de noix vomique. Pour dissoudre les alcaloïdes en plus grande quantité, j'ai ajouté à l'eau quelques gouttes d'acide hydrochlorique. J'ai introduit dans l'estomac d'un certain nombre de grenouilles de dix à douze gouttes d'une de ces deux solutions. Dans différentes expériences, j'ai employé tantôt l'une de ces solutions, tantôt l'autre. Quelque temps après, les grenouilles commencent à s'assoupir, on les voit fixées dans une certaine position, et il n'est pas rare que plusieurs d'entre elles entrent en contraction au plus léger mouvement qu'on fait autour d'elles. J'ai composé deux piles de demi-cuisses de grenouilles et je les ai opposées l'une à l'autre. Les éléments d'une de ces piles étaient pris sur des grenouilles ordinaires, et les éléments de l'autre étaient formés avec des muscles de grenouilles assoupies par les narcotiques. Malgré un très-grand nombre d'expériences, je n'ai jamais réussi à obtenir des signes constants et assez forts d'un courant différentiel. Je dois donc conclure que l'influence des poisons narcotiques est à peu près nulle sur l'intensité du courant musculaire; j'ai même, dans un seul cas, observé, et d'une manière bien distincte, que l'action du poison narcotique en très-faible dose, avait augmenté les signes du courant musculaire. Il est inutile de dire qu'en prolongeant pour longtemps l'action de ces poisons, et en les employant à de très-fortes doses, de manière à tuer les grenouilles, on peut alors trouver quelque diminution dans l'intensité du courant musculaire : c'est comme si l'on employait les grenouilles mortes depuis un certain temps. En opérant sur des muscles de pigeon, soumis au même traitement que les grenouilles, je suis parvenu aux mêmes conclusions.

J'ai mis sous une cloche de verre un certain nombre de grenouilles : la cloche était disposée de manière à ce que l'on pût y introduire un courant d'acide carbonique. Les grenouilles commencent par sauter, ouvrent la bouche, et après quinze ou vingt minutes, elles restent sans mouvement et l'on dirait qu'elles sont mortes. Effectivement, si on ne les retire pas de l'acide carbonique, on ne parvient plus à les sauver.

J'ai préparé rapidement des grenouilles au moment même où elles restaient sans mouvement, et dans le même temps, un aide préparait des grenouilles qu'on avait laissées dans l'état normal. De cette manière, j'ai pu comparer deux piles formées l'une avec des grenouilles à l'état ordinaire, l'autre avec des grenouilles qu'on avait tenues dans l'acide carbonique. Je ne rapporterai pas ici les nombres obtenus dans six expériences que j'ai tentées dans ce but : le résultat a toujours été le même. Le courant musculaire des grenouilles assoupies dans l'acide carbonique a la même intensité et la même direction qu'a ce courant dans les grenouilles ordinaires. J'ai vérifié ce résultat avec les muscles d'un pigeon tué dans l'acide carbonique : on avait eu soin de tuer l'autre pigeon qui n'avait pas subi ce traitement, au moment même où l'on s'apercevait de la mort de celui qui était dans l'acide carbonique.

Avec le même appareil, j'ai pu soumettre des animaux à l'action de l'acide hydro-cyanique, de l'hydrogène arséniqué et de l'hydrogène sulfuré.

M. Piria, mon collègue et ami, a bien voulu m'aider dans ces expériences; je le prie de recevoir ici mes remercîments publics. En faisant ces expériences avec des grenouilles, j'avais soin de tuer des grenouilles ordinaires au moment même où je voyais chanceler celles qui étaient soumises à l'action des poisons gazeux. J'ai trouvé que le courant musculaire des grenouilles empoisonnées avec l'acide hydrocyanique ou avec l'hydrogène arséniqué, avait la même direction et à peu près la même intensité que le courant musculaire des grenouilles auxquelles on n'avait pas fait subir l'action de ces poisons.

J'ai dit que l'intensité des deux courants musculaires était à peu près la même, ayant toujours observé un très-petit courant différentiel dans le sens des grenouilles qu'on n'avait pas empoisonnées : j'ai vérifié sur les pigeons ces mêmes faits.

L'influence de l'hydrogène sulfuré sur l'intensité du courant musculaire est au contraire plus remarquable et mérite d'être signalée. Il est inutile de dire que j'ai opéré avec ce gaz comme avec les autres. J'ai opposé deux piles dont chacune était de douze éléments, formés de demi-cuisses de grenouilles. Douze de ces demi-cuisses appartenaient à des grenouilles ordinaires, et les douze autres de la seconde pile appartenaient à des grenouilles tuées dans l'hydrogène sulfuré. Le courant différentiel de ces deux piles opposées, a été de 26° dans le sens des grenouilles ordinaires : la pile de ces grenouilles donnait 30°, et l'autre des grenouilles tuées dans l'hydrogène sulfuré donnait 5° à 6°, qui étaient toujours dans le sens du courant musculaire. Dans une autre expérience, avec deux piles dont chacune était formée de huit éléments, j'ai obtenu 15° de courant différentiel dans le sens de la pile des grenouilles ordinaires.

Dans une troisième expérience, avec deux piles chacune de sept éléments, j'ai obtenu 12° de courant différentiel, et toujours dans le sens de la pile composée de grenouilles qui n'avaient pas subi l'action de l'hydrogène sulfuré. J'ai déterminé le courant de ces deux piles séparément, quinze minutes après leur préparation : la pile des grenouilles ordinaires m'a donné encore 15°, tandis que l'autre a produit une déviation à peine sensible.

En opérant sur des pigeons, je suis parvenu à des résultats tout à fait semblables. J'ai mis un pigeon sous une cloche dans laquelle j'ai fait entrer un peu d'hydrogène sulfuré ; l'animal est mort presque instantanément, et dans le même temps j'ai tué un autre pigeon ; j'ai préparé rapidement ces deux pigeons de manière à former des piles musculaires que j'opposais l'une à l'autre, en opérant suivant la méthode que j'ai décrite bien des fois. J'ai obtenu dans tous les cas un courant différentiel très-sensible. Avec deux piles, chacune de sept éléments, j'ai obtenu successivement 15°, 10°, 8° de courant différentiel dans le sens du pigeon qui n'avait pas subi l'action de l'hydrogène sulfuré.

Nous pouvons résumer dans les termes suivants les résultats principaux rapportés dans ce chapitre : l'intensité du courant électrique musculaire varie pour les animaux à sang froid proportionnellement à la température du milieu dans lequel ils ont vécu pendant un certain temps : la durée de ce courant après la mort est d'autant moindre, que l'animal est plus élevé dans l'échelle des êtres : l'intensité du courant musculaire varie avec le degré de nutrition du muscle, et il est toujours plus fort dans les muscles qui sont engorgés de sang et enflammés : ce courant est tout à fait indépendant de l'intégrité du système nerveux moteur et sensorial, et de l'activité de ce système; l'influence des poisons narcotiques est nulle ou très-faible sur ce courant : parmi les différents poisons gazeux, l'hydrogène sulfuré seulement agit d'une manière remarquable pour affaiblir l'intensité du courant musculaire : la direction du courant musculaire est constante dans tous les cas.

CHAPITRE VII.

DU COURANT PROPRE DE LA GRENOUILLE.

Dans l'introduction historique de cet ouvrage, j'ai parlé de la découverte faite par Galvani, et poursuivie par Humboldt et Valli, de la contraction observée dans une grenouille préparée de la manière ordinaire, en repliant sa jambe sur les nerfs lombaires.

Nobili est le premier physicien qui, cinquante ans après la découverte de Galvani, a étudié le phénomène avec le galvanomètre.

Nobili prépare la grenouille à la manière de Galvani, et la place ensuite (*fig.* 15), avec ses nerfs lombaires, plongés dans une capsule, et avec ses jambes dans une autre capsule. On remplit ces deux capsules d'eau, et en y plongeant les deux lames du galvanomètre, on obtient ainsi le circuit fermé. Je crois inutile de reproduire ici la description minutieuse de toutes les précautions qu'il faut suivre dans cette opération, pour opérer à l'abri de toute erreur. Ces précautions ont été développées avec la plus grande étendue dans le premier Chapitre de cet ouvrage.

En faisant une expérience à la manière de Nobili, on obtient une déviation dans l'aiguille du galvanomètre, qui est de 5°, 10°, 15°, et même davantage, suivant la sensibilité de l'instrument, la conductibilité du liquide employé dans les capsules, l'épaisseur de la couche liquide interposée entre les parties animales et les lames, et enfin suivant l'activité propre de la grenouille : ce courant est toujours dirigé des jambes au nerf, ou bien des pieds à la tête dans l'animal.

Si la grenouille est robuste et a été préparée rapidement, on voit dans le même temps où le circuit est fermé avec le galvanomètre, ses membres se contracter. Pour augmenter les signes de ce courant, qu'on a appelé propre, il n'y a qu'à disposer plusieurs grenouilles à pile. Cette disposition est très-facile à concevoir : on prépare à la manière de Galvani plusieurs grenouilles, et on les place les unes à la suite des autres, sur un plan isolant (*fig.* 16). Un taffetas verni est tout ce qu'il y a de mieux dans ce cas; en effet, lorsqu'une expérience est finie, on renverse le taffetas, et on est sûr d'avoir de nouveau un plan isolant. On obtient la disposition à pile en faisant toucher les nerfs de chaque grenouille avec les jambes de la grenouille suivante. Les deux extrémités de cette pile doivent plonger dans deux capsules qu'on remplit d'eau distillée ou très-légèrement salée. On peut aussi composer cette pile, tout à fait comme celle *à*

couronne de Volta, en employant une série de capsules ou de petits verres, dans chacun desquels on
fait plonger les jambes et les nerfs des deux grenouilles
voisines. Avec des piles semblables, on obtient des
déviations de 20°, 30°, 40°, 60°, etc., proportionnellement au nombre des éléments, et suivant toutes
les autres circonstances que nous avons déjà établies.
En employant, au lieu d'eau distillée, une solution
légèrement salée pour remplir les capsules de la pile,
on obtient avec le même nombre d'éléments des déviations beaucoup plus grandes. On a le même résultat avec de l'eau légèrement alcaline. Les déviations sont encore plus grandes, si le liquide des capsules est légèrement acidulé.

Dans tous les cas, quel que soit le liquide employé dans les capsules, la direction du courant
propre est toujours la même, c'est-à-dire que ce courant est toujours dirigé des pieds à la tête dans la
grenouille. En même temps qu'on obtient la déviation
dans l'aiguille, on voit toutes les grenouilles se contracter; ces contractions ne sont autre chose que le
phénomène observé la première fois par Galvani.
Toutes les fois que la grenouille est robuste et rapidement préparée, on la voit se contracter, quel que
soit l'arc conducteur avec lequel on réunit les nerfs
et les muscles de la grenouille. C'est ainsi que la
grenouille se contracte, en employant pour arc entre
ses nerfs et ses muscles, une mèche de coton ou une
bande de papier imbibée d'eau; on peut également
employer une masse d'eau, en tenant la grenouille

avec la main, et en la faisant toucher sur la surface de l'eau avec ses nerfs, et avec ses jambes au même moment. On la voit encore se contracter, si on la tient avec la main par ses nerfs ou par ses jambes, et en la plongeant ainsi dans de l'eau par ses jambes ou par ses nerfs. Dans ce cas, le circuit est établi entre le liquide, le sol, et le corps de l'observateur. En effet, la contraction de la grenouille manque, si la grenouille est soutenue par un corps isolant, ou si le liquide touché est contenu dans un récipient isolé. Enfin, la contraction propre (1) de la grenouille peut s'obtenir avec un fil métallique quelconque, à l'aide duquel on ferme le circuit entre ses nerfs et ses muscles.

Galvani avait raison de regarder ce fait comme la preuve de l'existence d'un courant électrique propre de la grenouille, et indépendant de toutes les hétérogénéités que Volta voulait voir dans les deux extrémités de l'arc métallique. Lorsque la contraction propre a lieu en même temps que la déviation produite par le courant propre, il faut admettre que c'est le fil du galvanomètre qui forme le circuit.

Pour voir les contractions propres dans les grenouilles disposées à pile, il faut nécessairement enlever tout le bassin de ces grenouilles, et quand on les dispose dans la pile à couronne, il ne faut pas

---

(1) J'appellerai désormais contraction propre celle qui est produite par le courant qu'on est convenu de nommer courant propre de la grenouille.

que tous les nerfs lombaires soient entièrement
plongés dans le liquide. Sans ces précautions, le courant propre circule sans parcourir les nerfs lombaires,
et par conséquent, les contractions propres manquent
ou sont très-faibles.

Il est très-facile d'employer la grenouille galvanoscopique à la découverte du courant propre d'une pile
de grenouilles; il n'y a qu'à réunir les deux capsules
extrêmes avec le filament nerveux de la grenouille
galvanoscopique. Lorsque cette grenouille est un peu
affaiblie, on parvient très-facilement à déterminer la
direction du courant propre, par la méthode que
nous avons déjà indiquée, en décrivant l'usage de la
grenouille galvanoscopique. L'existence du courant
propre de la grenouille est très-facile à prouver dans
l'animal vivant, soit avec le galvanomètre, soit avec
la grenouille galvanoscopique, soit enfin avec les contractions propres. J'arrache la peau aux jambes d'une
grenouille vivante, et je la coupe longitudinalement
dans la région du bassin, de manière à découvrir ses
nerfs lombaires. En repliant les jambes de cette grenouille en contact de ses nerfs lombaires, on voit à
l'instant des contractions propres.

C'est toujours l'expérience de Galvani, mais faite
sur la grenouille vivante. Sur cette même grenouille,
on peut découvrir le courant propre, en employant
la grenouille galvanoscopique. Il suffit de fermer le
circuit entre ses nerfs lombaires et les jambes, avec
le filament nerveux de la grenouille galvanoscopique.
Je décrirai plus minutieusement l'expérience que j'ai

faite pour obtenir au galvanomètre les signes du courant propre de la grenouille. Je fixe sur une planche un certain nombre de grenouilles vivantes, préparées comme celle que nous venons de décrire. Ces grenouilles sont fixées avec de petits clous passés à travers leurs pattes supérieures. Avec un peu de patience, il est facile d'obtenir le contact entre les nerfs et les jambes des deux grenouilles qui sont à côté l'une de l'autre. Les extrémités de cette pile se prolongent dans deux cavités de la planche, avec deux bandes de papier imbibées d'eau, qui touchent d'une part les parties de la grenouille, et de l'autre, le liquide des deux cavités extrêmes de la pile. Pour préparer facilement les grenouilles dans cette expérience, il vaut mieux enlever entièrement tous les muscles et les os du bassin; de cette façon, le corps de la grenouille ne tient plus à ses membres inférieurs que par les nerfs lombaires.

Les signes du courant propre de la grenouille se prolongent plus ou moins, suivant le degré de vitalité de l'animal. La contraction propre cesse ordinairement après dix ou quinze minutes, et il est rare de trouver des grenouilles chez lesquelles on observe le phénomène, une demi-heure après les avoir préparées.

Quand les contractions propres ont commencé à disparaître, on peut l'obtenir encore, en découvrant une portion de nerfs, qui est cachée dans le muscle, et en touchant cette portion qu'on vient de découvrir avec la jambe. Il faut toujours que la nouvelle portion du nerf soit prise vers l'extrémité du nerf.

La cessation des contractions propres, est due évidemment à l'affaiblissement de l'excitabilité du nerf.

En effet, au galvanomètre les signes du courant propre persistent longuement.

J'ai vu des piles de huit à dix grenouilles qui donnent au commencement 30° à 40°, produire cette même déviation, si l'on répète l'expérience dix ou quinze minutes après. Ces mêmes piles donnent encore une déviation très-sensible, après plusieurs heures, et il faut quelquefois, suivant la saison et le degré de vitalité des grenouilles, d'un jour à un jour et demi pour n'avoir plus aucun signe du courant propre. Quelquefois, on parvient alors à augmenter ces signes de quelques degrés, en mouillant les grenouilles dans de l'eau.

Lorsqu'on tient fermé le circuit d'une pile de grenouilles, l'aiguille poussée à une première déviation commence ensuite à osciller, et à la fin, elle s'arrête à une déviation qui, quoique toujours dans le même sens, est beaucoup plus petite que la première.

De cette déviation où elle s'est fixée, l'aiguille continue lentement à descendre, et ce n'est qu'après plusieurs heures qu'elle est ramenée au zéro. Cette diminution est en partie due au courant secondaire, qui se développe sur les lames de platine du galvanomètre, et qui circule en sens contraire du courant propre de la grenouille. En effet, si on retire ces deux lames des capsules extrêmes de la pile, et si on les plonge immédiatement ensemble dans une des capsules, on voit l'aiguille dévier en sens contraire, et d'un nombre de degrés à peu près égal à celui obtenu d'abord par la pile des grenouilles. Quand ces lames ont cessé de donner le courant secondaire, si l'on ferme de nouveau le circuit avec la pile des grenouilles, on obtient une déviation qui est à peu près aussi grande que la première. Il faut laisser passer quelques minutes, comme je l'ai déjà dit, pour s'apercevoir de l'affaiblissement du courant propre.

Quelles sont les lois du courant propre de la grenouille ?

M. Nobili avait observé, qu'en disposant des grenouilles de manière que les nerfs de l'une touchassent les nerfs de l'autre, et qu'il en fût de même pour les muscles, il n'y avait de contraction dans aucune des deux grenouilles ; cela arrivait, selon M. Nobili, parce que, dans ce cas, les éléments électro-moteurs sont opposés. J'ai répété cette expérience, et je l'ai variée de bien des manières. On obtient toujours les contractions, pourvu qu'on touche simultanément des parties non symétriques des deux grenouilles.

Voici un moyen facile d'avoir la preuve de ce principe : qu'on écorche une grenouille bien vivace, et qu'on lui coupe, comme à l'ordinaire, l'épine avec les os et les muscles du bassin ; en outre, qu'on coupe encore l'os iliaque qui réunit les deux cuisses, et que l'on sépare ainsi la grenouille en deux moitiés, lesquelles restent jointes par les deux nerfs spinaux réunis organiquement, dans le morceau de la moelle épinière (*fig.* 17). En disposant cette grenouille sur le plan isolateur, et en tenant bien séparées les deux cuisses et les nerfs étendus, il est très-facile d'observer, qu'en touchant avec une jambe l'autre cuisse, les contractions ont toujours lieu, tandis qu'elles manquent en touchant les jambes entre elles. On peut aussi les obtenir en touchant des parties diverses des jambes mêmes avec un arc de coton ou de papier imbibé de liquide salé. On obtient ces contractions encore plus fortes dans une des jambes en repliant les nerfs de l'autre, de manière que le morceau de la moelle épinière vienne à toucher les muscles de la cuisse. À la suite de cette disposition on a, avec une grenouille très-vivace, des contractions en touchant une jambe avec l'autre.

On observe souvent la contraction, dans un des membres lorsqu'on ferme le circuit, et dans l'autre lorsqu'on ouvre le circuit.

Si l'on se sert du galvanomètre pour avoir le courant de la grenouille ainsi préparée, en touchant avec une lame la jambe et avec l'autre la cuisse, on a le signe du courant de l'intensité ordinaire et dirigé toujours de la jambe à la cuisse, et de celle-ci par les nerfs à l'autre cuisse. Ces mêmes phénomènes de contractions et de courants au galvanomètre, on les obtient encore en séparant la grenouille entièrement à moitié, et en plaçant ses deux nerfs spinaux l'un sur l'autre, ou bien en les mettant en contact avec un morceau de papier humide, ou en les faisant plonger dans le liquide d'un petit verre.

Il arrive, dans ces expériences, si la grenouille est vivace et si l'on s'en sert aussitôt qu'elle est préparée, qu'en touchant les muscles d'une cuisse avec ceux de l'autre jambe, on éveille dans les deux membres des contractions, aussi bien en ouvrant qu'en fermant le circuit. Mais dans une grenouille qui n'est pas si vivace, ou en l'employant quelques instants après l'avoir préparée, le seul membre dont on touche les muscles de la cuisse, se contractent en fermant le circuit, tandis que l'autre membre reste tranquille. En ouvrant le circuit, le contraire a lieu, c'est-à-dire que la contraction arrive dans le seul membre de la jambe qui était en contact avec les muscles de l'autre cuisse. Ces résultats sont constants, pourvu qu'on ait soin, lorsqu'on place un membre sur l'autre, de ne pas replier le filament nerveux sur les muscles de la cuisse dans lequel il est ramifié. Il est également nécessaire de placer la grenouille sur un plan bien isolant. Ces faits sont une conséquence de l'action du courant à exciter les contractions, que nous verrons varier suivant la direction dans laquelle il se propage dans le nerf. A la suite de ces expériences, il me semblait exact de conclure que chacun des membres d'une grenouille pouvait être considéré comme un élément électro-moteur complet. Il résultait de là, que, dans la grenouille préparée de la manière dont j'ai parlé, et employée dans les diverses expériences, les contractions manquaient en touchant des parties symétriques, parce que les deux courants des deux membres circulaient avec une égale intensité et en direction contraire.

Après avoir coupé par moitié une grenouille préparée de la manière ordinaire, je dispose les deux membres de manière que le nerf de l'un et la patte de l'autre plongent dans le liquide d'un petit verre, et l'autre patte et l'autre nerf dans un petit verre semblable; on obtient de très-fortes contractions dans les deux membres, à l'instant où l'on introduit le second de ceux-ci. En plongeant alors les extrémités du galvanomètre dans les deux petits verres, on n'a jamais aucun signe de courant. Dans ce cas, les courants des deux membres circulent ensemble, également dirigés par les deux membres, et quand même des parties de ce courant prendraient la voie du galvanomètre, il est facile de voir qu'ils y circuleraient en sens contraire et ne produiraient pour cela aucune déviation. Si, au contraire, la disposition des deux membres est telle que dans un même verre plongent les deux nerfs, et dans l'autre les deux jambes, il est facile de voir que les deux portions du courant, qui ne circulent pas par l'arc animal, entrent dans les extrémités du galvanomètre et y circulent dans le même sens. C'est la somme de ces deux portions qui produit le courant de la grenouille, laquelle somme est mesurée par le galvanomètre. Il est naturel d'admettre qu'une portion seulement du courant d'un des membres, prend la voie du galvanomètre, tandis que l'autre portion doit circuler dans l'autre membre, comme elle le ferait pour un arc liquide quelconque.

On peut se demander maintenant si les effets au galvanomètre augmenteront, en disposant un plus grand nombre de grenouilles, dans le même sens et dans les deux petits verres, c'est-à-dire, avec tous leurs nerfs dans un verre et avec toutes les jambes dans un autre.

J'ai tenté cette expérience de bien des manières, en entassant jusqu'à dix ou douze grenouilles l'une sur l'autre, et le courant que j'en ai obtenu ne fut pas plus intense que celui d'une seule grenouille.

Les très-petites différences observées dans ces expériences très-variées, furent quelquefois en faveur d'une seule grenouille, et quelquefois en faveur du grand nombre de grenouilles entassées; mais dans tous les cas, la différence était évidemment due à la diverse vivacité des grenouilles employées : si la seule grenouille était plus vivace que chacune des grenouilles qui étaient entassées, son courant était plus fort.

Après cela, il était nécessaire d'expérimenter sur la grenouille entière, et sur la moitié de la grenouille; je n'ai épargné aucune expérience pour résoudre cette question. J'ai coupé pour cela quatre ou six grenouilles par moitié, préparées de la manière ordinaire, et en même temps je fis préparer quatre ou six autres grenouilles que j'ai conservées en entier;

ensuite, sur le même plan isolateur, j'ai formé les deux piles, l'une de demi-grenouilles (*fig.* 18) et l'autre de grenouilles entières (*fig.* 16), et, comme d'habitude, je les opposai l'une à l'autre en faisant toucher ensemble les extrémités semblables de ces deux piles. J'ai répété vingt fois au moins cette expérience, en laissant tantôt aux demi-grenouilles l'épine intacte, tantôt la seule moitié de l'épine, ou en conservant le bassin, tantôt à celles partagées, tantôt à celles entières. Dans tous ces cas, en touchant les extrémités semblables des deux piles réunies et opposées avec les lames du galvanomètre, je n'ai jamais obtenu des signes bien distincts d'un courant différentiel.

Au lieu du galvanomètre, j'ai aussi employé la grenouille préparée de la manière que j'ai déjà décrite, c'est-à-dire en réunissant les deux extrémités de deux piles avec un seul trait du filament nerveux; les contractions ont été toujours à peine sensibles, et dans un cas elles ont manqué complétement. Les petits signes de courant différentiel furent quelquefois dans le sens des grenouilles entières et quelquefois dans celui des demi-grenouilles. En attendant, chacune des deux piles donnait séparément un courant de 15° à 20° et même de 25°. Il suffisait d'ajouter à une des piles un seul élément de plus, pour avoir le courant différentiel bien distinct et comme si l'élément ajouté était le seul. J'ai aussi tenté cette expérience d'une manière différente : j'ai préparé deux piles de grenouilles entières, de six chacune, et je les ai disposées sur le plan isolateur, opposées l'une à l'autre. J'écarte l'une des jambes à chacune des six grenouilles d'une des deux piles, de manière à ne laisser qu'une seule jambe en contact avec l'épine de la grenouille qui suit, et j'obtiens ainsi une pile de demi-grenouilles. En remettant la jambe sur la moelle pour chaque grenouille, j'ai de nouveau la pile entière. En opérant de cette manière, je n'ai aperçu aucune différence sensible et bien distincte. Je dois cependant ajouter que la petite différence observée a toujours été dans le même sens. Ainsi, si d'une pile de six grenouilles entières, qui me donnent 16°, j'en fais une de demi-grenouilles, en éloignant de chacune une de ses jambes du contact de l'épine de la grenouille suivante, le courant diminue de 2°, et remettant comme auparavant les jambes, la déviation revient comme auparavant. Sur une seule grenouille on n'aperçoit pas cette petite différence. D'après les expériences énoncées, je pense que l'on doit conclure, 1°. que l'élément électro-moteur complet du courant de la grenouille est formé par un de ses membres, c'est-à-dire d'une jambe, de la cuisse, de son nerf spinal et d'un morceau d'épine ; 2°. que par chacun des membres de la grenouille circule le courant de l'autre membre, toutes les fois qu'en laissant intacte la grenouille, on fait communiquer ensemble et d'une manière quelconque, les deux extrémités ou jambes de la même grenouille ; 3°. que dans l'expérience par laquelle on découvre au galvanomètre ce courant de la grenouille, on n'a jamais dans le fil de cet instrument d'autre courant que celui qui résulte de la somme des deux portions des courants des deux membres qui ne se déchargent pas de membre à membre (1).

Je dois dire à ce propos que j'ai reconnu des phénomènes analogues en opérant sur des courants développés dans des circuits tout à fait humides par action chimique. J'ai pris pour cela des mèches de coton ou des bandes de papier imbibées dans de l'eau salée, et je les ai plongées par une de leurs extrémités dans une solution de potasse, et par l'autre dans une solution d'acide nitrique; puis j'ai disposé ces mèches comme dans l'expérience ordinaire de la grenouille, en les mettant à la place de l'animal.

J'avoue que le sujet mériterait une étude plus longue; néanmoins le petit nombre d'expériences tentées s'accordent à établir qu'en se servant de deux, trois, ou d'un plus grand nombre de ces mèches, on n'obtient pas un courant plus intense que par une seule. Et je ferai remarquer que je n'ai pas négligé de faire ces expériences, soit avec les gre

----

(1) Pour concevoir comment une demi-grenouille produit au galvanomètre un courant égal à celui de la grenouille entière, on peut supposer que *cinq* exprime le courant de la demi-grenouille, et qu'unie à l'autre demie et en contact avec les lames du galvanomètre, son courant circule à moitié par le fil de l'instrument, et à moitié par l'autre demi-grenouille, considérée comme un arc conducteur. On peut supposer tout autre nombre au lieu de cinq.

7

nouilles, soit avec les mèches ou arcs humides, en les tenant, dans le cas où je les entassais, isolées l'une de l'autre, avec un morceau de taffetas ciré, pour le trait qui n'est pas plongé dans le liquide ; précaution qui, du reste, semble inutile.

Quelles sont les parties de la grenouille qui sont absolument nécessaires à la production de son courant? quelles sont les circonstances anatomiques et physiologiques par lesquelles l'intensité de ce courant varie? Nous avons toujours dit que, pour obtenir le courant de la grenouille, il faut faire communiquer les deux extrémités du galvanomètre avec le liquide des deux petits verres réunis ensemble par une grenouille préparée et disposée de la manière ordinaire, c'est-à-dire avec un morceau de la moelle épinière et du nerf dans un verre, et avec les jambes dans l'autre, les deux cuisses étant horizontales. Il est facile de s'assurer que le contact direct du nerf et du muscle de la jambe n'est pas nécessaire pour avoir les signes du courant propre et les contractions propres. En effet, si l'on prépare une grenouille en lui enlevant la peau tout entière, et si après on lui coupe les os et les muscles du bassin, de manière à avoir son thorax tenant aux membres inférieurs par les nerfs lombaires, on aura les contractions propres en repliant la jambe en contact des yeux, des muscles de la tête ou du dos. — De même, en pliant cette grenouille avec la tête dans une capsule et avec les jambes dans une autre, et en réunissant les deux capsules avec le galvanomètre, on obtient la déviation ordinaire due à un courant des pieds à la tête dans l'animal.

Afin d'étudier l'influence des différentes parties de la grenouille dans ce phénomène, j'ai commencé par enlever tout à fait les deux nerfs spinaux et le morceau de moelle épinière, en laissant cependant les os et les muscles du bassin, et j'ai tenté le courant de la grenouille, ainsi préparée, en faisant plonger dans les deux verres, d'une part le bassin et de l'autre la jambe. Le courant de la grenouille était dirigé comme dans la grenouille préparée à la Galvani, et était même plus fort. J'ai préparé deux piles de six grenouilles chacune, et je les ai opposées l'une à l'autre : les grenouilles d'une des piles étaient intactes et préparées de la manière ordinaire, et les grenouilles de l'autre étaient sans moelle épinière et sans nerfs spinaux, et elles avaient au contraire les os et le muscle du bassin.

Le courant différentiel, quoique petit, était constamment dirigé par la pile composée des grenouilles qui étaient sans nerfs spinaux et qui, au contraire, avaient le bassin intact. J'ai préparé et opposé deux autres piles de six grenouilles chacune. Dans l'une étaient des grenouilles préparées de la manière ordinaire ; dans l'autre les grenouilles avaient les os et les muscles du bassin, mais elles manquaient de la moelle épinière, des nerfs spinaux et même de tous les nerfs cruraux visibles. Avec cette disposition, j'ai obtenu un faible courant différentiel, toujours dirigé par la pile des grenouilles qui étaient sans moelle épinière et sans nerfs. J'ai encore formé deux autres piles, une de six grenouilles préparées par la méthode ordinaire, et l'autre également de six grenouilles qui manquaient tout a fait de moelle épinière, de nerfs et de tous les os et muscles du bassin. Dans ce cas encore, le petit courant différentiel appartenait à la pile de grenouilles qui étaient réduites aux cuisses et aux jambes seules. J'obtins aussi ce même résultat en faisant une pile de six grenouilles auxquelles j'avais ôté la moelle épinière, les nerfs spinaux, les os et les muscles du bassin, et de plus tous les filaments visibles des nerfs ramifiés dans les muscles de la cuisse.

Ces expériences portent évidemment à conclure : 1°. que le courant propre de la grenouille persiste dans sa direction et dans son intensité sans la moelle épinière, sans les nerfs spinaux et cruraux, et quoiqu'elle soit privée de tous les filaments nerveux visibles de la masse musculaire de la cuisse; 2°. l'élément électromoteur de ce courant se réduit aux muscles de la jambe et de la cuisse unis organiquement; 3°. quand on laisse à la grenouille préparée à la manière ordinaire sa moelle épinière, ses nerfs et ses ramifications dans les muscles, ces parties nerveuses agissent dans la production du courant, comme le fait la substance musculaire de la cuisse.

Tandis qu'il est difficile d'obtenir les contractions en mettant en contact le nerf et le muscle d'une grenouille préparée depuis quinze à vingt minutes,

on obtient toujours, et même après plusieurs heures,
une déviation suffisamment visible dans l'aiguille
du galvanomètre, en faisant l'expérience que j'ai
décrite plusieurs fois. La diminution de ce courant
est rapide dans les premières minutes : ainsi, huit
à dix minutes après que la grenouille a été préparée, la déviation est réduite à moitié ; une pile
de six grenouilles qui donnait dès le commencement 16°, après cinquante minutes se réduisit à 6° ;
cette même pile, après vingt-quatre heures, indi-
quait une déviation de deux à trois degrés. En
mouillant dans de l'eau légèrement salée les grenouilles préparées depuis longtemps, on obtient une
augmentation à peine sensible dans le courant. La
durée des signes du courant de la grenouille est variable, selon la manière dont on l'a préparée. J'ai essayé de préparer les grenouilles en laissant intact le
système cérébro-spinal, et j'ai composé une pile de
grenouilles en faisant poser la masse cérébrale d'un
élément sur les muscles de la jambe de l'élément
suivant. Cette pile donnait son courant dans le même
sens que celui qu'on a avec des grenouilles préparées à la manière ordinaire. Je me suis seulement
aperçu qu'en comparant depuis le commencement
cette pile avec une pile du même nombre de grenouilles préparées à l'ordinaire, ces signes étaient
d'abord un peu plus faibles que ceux de cette seconde pile, et qu'ensuite ils persistaient plus longtemps.

Il est encore constant que les signes du courant

donnés par une grenouille chez laquelle le système cérébro-spinal est intact, si l'on attend qu'ils s'affaiblissent, peuvent augmenter pour quelques instants par suite de l'ablation de la moelle épinière.

Il ne faut pas rapporter cet effet à la moindre longueur de l'arc que le courant doit parcourir; et, en effet, il subsiste avec la seule irritation de la moelle épinière, sans qu'on en détache un morceau. De même des courants obtenus avec les seules jambes ou avec les morceaux des cuisses coupées persistent moins que ceux obtenus avec les grenouilles entières.

J'ai voulu essayer si, en tenant les grenouilles préparées au contact de différents gaz, on trouvait des différences dans l'intensité du courant propre. Après avoir préparé rapidement douze grenouilles, j'en ai introduit six dans une cloche remplie de gaz acide carbonique. Après quinze minutes, j'ai préparé deux piles opposées l'une à l'autre, dont une était composée de grenouilles qui avaient été exposées à l'air, et l'autre, de celles qui avaient été dans l'acide carbonique : je n'ai obtenu aucun courant différentiel. Dans d'autres expériences, il m'est arrivé de rencontrer que tandis qu'au galvanomètre les signes du courant de la grenouille ne varient pas, après qu'elle est restée dans l'acide carbonique, les contractions dues au courant propre s'affaiblissent beaucoup, et quelquefois elles disparaissent tout à fait. Je crois que cet effet doit être attribué à l'influence du gaz acide carbonique sur la sensibilité du nerf, puisque j'ai vu ces grenouilles, qui, pour être restées plongées dans une atmosphère d'acide carbonique, ne donnaient pas de contractions aussitôt ôtées, les donner de nouveau après avoir été exposées à l'air pendant quelques secondes, ou après avoir été lavées.

J'ai essayé ces expériences en employant, au lieu d'acide carbonique, le gaz oxygène, et je n'ai trouvé aucune différence entre ce gaz et l'air atmosphérique.

Je dois noter aussi que j'ai réussi à diminuer, et même à éteindre tout à fait les signes du courant dans la grenouille, en la préparant et la tenant pendant quelques minutes dans de l'eau presque bouillante.

Si l'on prend la moitié d'une grenouille préparée de la manière ordinaire et composée d'une jambe, de la cuisse, de son nerf et d'un morceau de moelle épinière, et si l'on plie la cuisse de cette demi-grenouille en contact de la jambe, on n'obtient jamais les contractions en touchant les nerfs et les muscles de la jambe. Pourvu que la jambe soit écartée un peu de la cuisse, les contractions se montrent de suite, en touchant avec le nerf les mêmes parties qu'on avait auparavant touchées inutilement. Ce même phénomène peut aussi être observé avec le galvanomètre. Si l'on plonge la jambe et la cuisse d'une demi-grenouille dans un petit verre, et le morceau de moelle épinière avec une portion du filet nerveux dans l'autre verre, on a avec cette disposition une déviation de l'aiguille à peine sensible.

On considérerait à tort ce résultat comme contraire à ceux très-exacts de Galvani et de M. Humboldt, à savoir que les contractions dues au courant de la grenouille sont d'autant plus fortes que le point du nerf touché par la jambe est loin de son insertion dans les muscles de la cuisse. Dans les expériences de Galvani et de M. Humboldt, le filament nerveux est parcouru par le courant, et il est naturel que les contractions éveillées soient d'autant plus fortes que la longueur de ce filament nerveux parcouru est plus grande.

Il me restait, pour compléter l'étude du courant de la grenouille, à déterminer l'influence qu'ont dans ces phénomènes les muscles de la cuisse, ceux de la jambe, ses tendons, etc.

Pour cela, j'ai commencé par composer une pile des jambes seules, que j'ai disposée à l'ordinaire sur le plan isolateur, en mettant en contact avec les tendons de la jambe les extrémités de ces mêmes jambes, dans le point où elles ont été coupées.

J'ai été surpris d'obtenir d'une pile composée seulement avec les jambes, et comparée avec une autre pile du même nombre de grenouilles entières ou demies, un courant qui n'est pas moindre que celui produit par le même nombre de grenouilles entières. La direction du courant de cette pile de jambes seules était toujours des extrémités vers la tête dans la jambe.

J'ai ensuite essayé les cuisses seules, qui étaient tantôt munies du filet nerveux et tantôt en étaient privées. Dans ces deux cas, des piles de six jusqu'à douze cuisses m'ont donné des signes assez faibles et à peine sensibles de courant. Il est juste que je fasse remarquer que ce petit signe était, comme à l'ordinaire, dirigé dans la cuisse des extrémités à la tête.

J'ai tenté d'enlever, autant qu'il est possible, la surface tendineuse de la jambe, et j'ai, avec des grenouilles ainsi préparées, construit les mêmes piles, soit avec les jambes seules, soit avec des demi-grenouilles, ou bien avec des grenouilles entières. Le courant obtenu fut toujours dans le sens ordinaire du courant de la grenouille, et sensiblement plus intense que celui qu'on a dans les mêmes circonstances en laissant intact le tendon de la jambe.

Ces faits, que j'ai répétés et variés de bien des manières, et qui m'ont toujours donné les mêmes résultats, conduisent à établir : que le courant propre peut s'obtenir par la seule jambe de la grenouille.

Me voici enfin arrivé au point où je dois m'occuper de résoudre la question de savoir si le courant *propre* de la grenouille, tel qu'il est manifesté par le galvanomètre, a la même origine que les contractions dans la fameuse expérience de Galvani.

Afin d'établir l'origine commune de ces deux phénomènes, il convenait de montrer que les différentes circonstances qui modifient un de ces phénomènes agissent également sur l'autre. Il est certain que dans toutes les expériences dans lesquelles un arc, ou liquide , ou métallique, est établi entre le nerf et les muscles de la jambe d'une grenouille vivace , et récemment préparée, il y a contraction, et que cette contraction s'obtient quelquefois à l'instant où le circuit est interrompu. Si cet arc métallique est le circuit du galvanomètre, il y a en même temps contraction dans la grenouille et déviation dans l'aiguille de l'instrument. Lorsqu'on dispose sur un plan isolateur plusieurs grenouilles en pile, on voit augmenter les signes du courant au galvanomètre. Sans rapporter ici tous les résultats qui démontrent , d'une manière incontestable , cette augmentation du courant de la grenouille par la disposition en piles, je me bornerai à en citer un : une grenouille préparée, touchée avec les lames du galvanomètre sur les nerfs spinaux et sur les muscles de la jambe, m'a donné 6°; deux grenouilles, 8°; trois, 13°; quatre , 18°; cinq, 20° ; six , 24°.

Les contractions *propres* augmentent également par la réunion de deux grenouilles en pile. On observe très-bien ce phénomène en établissant le circuit avec un morceau de papier ou de coton imbibé de liquide. Plus le nombre des grenouilles qui composent la pile est grand, plus les contractions propres sont fortes, et plus il est facile de les obtenir dans le moment où l'on interrompt le circuit. On rencontre souvent des grenouilles dont les muscles sont blanchâtres et imbibés d'un liquide séreux. Avec ces grenouilles, il est rare d'avoir les contractions propres, et de même les signes du courant au galvanomètre sont très-faibles.

Afin d'être bien certain de ce résultat, j'ai construit deux piles de grenouilles que j'ai opposées l'une à l'autre. Les six grenouilles d'une de ces piles étaient choisies dans l'état que j'ai décrit ; celles de l'autre pile étaient robustes et à l'état ordinaire. J'ai eu toujours un courant différentiel très-marqué, et produit par la seconde pile.

J'ai dit qu'en enlevant aux muscles de la jambe toute la surface tendineuse dont ils sont couverts, et en construisant une pile avec des grenouilles ainsi préparées, on obtenait le courant dans le sens ordinaire, et d'une intensité plus forte, en supposant qu'il soit comparé avec une pile construite d'un nombre égal de grenouilles intactes. Il était important de comparer cet effet avec celui qui est produit par la même opération sur les contractions propres.

Selon Galvani et M. Humboldt, les contractions deviendraient plus faibles en enlevant les tendons aux muscles de la jambe. J'ai tenté bien des expériences pour établir avec exactitude l'effet de la présence du tendon. J'ai pris pour cela une grenouille, je l'ai préparée de la manière ordinaire, et je me suis assuré qu'il y avait des contractions propres, quelle que fût celle des deux jambes qui était repliée sur le morceau d'épine ou sur les nerfs spinaux. Ces comparaisons réussissaient encore mieux en y employant des morceaux de papier ou un cordon de coton imbibé dans de l'eau salée, pour faire arc entre le nerf et la jambe, et obtenir les contractions. En opérant

de cette manière, on est plus sûr de toucher également
ment les mêmes parties. Après m'être assuré de l'existence des contractions avec les deux jambes d'une
grenouille, j'ai tâché d'enlever avec un rasoir toute
la surface tendineuse qui recouvre les muscles d'une
des jambes.

J'avais aussi l'habitude de couper les extrémités
ou les pates pour être certain que toute la partie tendineuse était enlevée. La grenouille ainsi préparée,
j'ai renouvelé l'expérience, soit en me servant de
l'arc de coton imbibé, soit en touchant directement
les nerfs et les muscles de la jambe. J'ai fait l'expérience sur les deux jambes avec le même résultat, en
les touchant successivement l'une après l'autre. Avec
cette manière d'opérer, j'ai agi sur un grand nombre
d'individus, et j'ai obtenu pour résultat constant, que
les contractions propres subsistent également avec
les jambes intactes comme avec les jambes qui manquent de surface tendineuse. La différence qui s'obtient constamment par l'opération susdite, est que les
signes des contractions propres obtenues avec les
jambes sans tendons s'éteignent beaucoup plus tôt
que cela n'arrive en les laissant intactes. Pareille différence est aussi constatée par le galvanomètre. Je
dois aussi ajouter qu'en opérant sur des grenouilles
très-faibles, et sur quelques autres qui ne donnent
les contractions qu'avec une seule jambe, et ne la
donnent pas avec l'autre, il m'est arrivé bien des fois
d'obtenir les contractions aussitôt après avoir enlevé
le tendon de la jambe et avoir mis les muscles décou-

verts au contact du nerf. Ces signes ne continuent que pendant très-peu de temps.

En plongeant une grenouille dans une solution de sel marin avant de la soumettre à l'expérience, on augmente les signes de son courant au galvanomètre.

Galvani avait déjà observé qu'avec cette immersion on rend les contractions propres plus fortes, et l'on parvient à les obtenir avec des grenouilles qui, naturellement, ne les montraient pas.

J'ai toujours vérifié ces résultats.

J'ai tout à fait enlevé le cœur à des grenouilles, j'en ai fait couler le sang, et après quelque temps je les ai préparées de la manière ordinaire. Les contractions propres étaient très-faibles dans ces grenouilles, et quelquefois elles manquaient tout à fait; aussi les signes du courant propre au galvanomètre sont dans ces grenouilles plus faibles qu'ils ne le sont dans des grenouilles préparées à la manière ordinaire.

J'ai préparé des grenouilles prises de convulsions excitées par l'extrait de noix vomique introduit dans l'estomac. Avec ces grenouilles on a les signes du courant au galvanomètre, mais plus faibles qu'à l'ordinaire; les contractions propres sont également plus rares et plus difficiles à obtenir. J'ai toujours observé que les contractions propres manquent ou sont beaucoup plus rares si l'on opère sur la grenouille prise dans cet état tétanique où elle se trouve quelquefois aussitôt après avoir été préparée.

Galvani avait déjà observé ce phénomène.

J'ai introduit une grosse et robuste grenouille dans le gaz hydrogène sulfuré, et je l'ai retirée lorsqu'elle donnait à peine quelques signes de vie. Préparée dans cet état, elle n'a pas donné les contractions propres, et les signes au galvanomètre ont été à peine sensibles. Je ferai observer que cette grenouille se contractait encore sous le courant d'un couple de zinc et platine. J'ai confirmé ce résultat en opérant avec des piles de grenouilles que j'ai tuées dans l'hydrogène sulfuré.

J'ai pratiqué sur six grenouilles une blessure dans les muscles de leurs cuisses; j'ai laissé ces grenouilles en repos pendant trente heures, et je les ai alors préparées. Les muscles de la cuisse étaient rouges et remplis de sang : un médecin les aurait dits engorgés. Toutes ces grenouilles me donnèrent, au galvanomètre, des signes plus forts qu'à l'ordinaire, et des contractions propres plus vives. Pour bien confirmer ce résultat, j'ai construit deux piles, une de six grenouilles ordinaires, l'autre de six grenouilles qui avaient leurs membres engorgés de sang. Les douze grenouilles avaient été tenues dans le même récipient, et préparées en même temps. J'ai obtenu des deux piles un courant différentiel de $3°$ à $4°$ dans le sens des grenouilles dont les muscles étaient engorgés de sang. En cherchant séparément le courant de chacune des deux piles, j'ai trouvé la même différence. Pour obtenir ces résultats, que j'ai confirmés par d'autres expériences, il faut que l'incision soit telle qu'elle ne puisse pas priver l'animal de sang. On doit aussi avoir soin de ne pas mettre les grenouilles blessées dans l'eau; car, dans ce cas, on ne réussit pas à obtenir l'engorgement. Pour prouver que les contractions propres varient dans ces grenouilles, comme les signes de leur courant au galvanomètre, je rapporterai que dans une expérience comparative faite avec quatre grenouilles à l'état naturel, et avec quatre dont les muscles étaient rouges, j'ai observé que toutes ces dernières montraient des contractions propres, tandis qu'une seule des quatre autres les donnait. J'ai vu aussi plusieurs fois des grenouilles dont une des cuisses était engorgée de sang, donner des contractions avec cette seule cuisse.

Il me reste à parler de l'influence du froid sur le courant propre de la grenouille. J'ai préparé sur une grenouille vivante les nerfs lombaires, et, après avoir enlevé la peau de ses jambes, j'ai pu, en les repliant sur les nerfs, obtenir les contractions propres. Avec le galvanomètre, j'ai également obtenu la déviation ordinaire; j'ai entouré cette grenouille de glace, et, après quelques minutes, je n'avais plus les contractions propres, et la déviation était devenue bien moindre. En retirant la grenouille de la glace et en la mettant dans de l'eau de $+ 15°$ à $+ 20°$, j'obtenais de nouveau les contractions propres et les signes au galvanomètre. On peut reproduire plusieurs fois sur les mêmes individus cette même observation. J'ai étudié également l'action du froid sur le courant propre, en composant des piles avec un certain nombre de grenouilles refroidies pendant un certain temps. Voici les résultats d'une des expériences que j'ai tentées sur ce sujet : deux piles composées chacune de dix jambes de grenouilles, ont été opposées l'une à l'autre, et m'ont donné 15° de courant différentiel. Les dix jambes qui composaient une de ces piles avaient été prises sur des grenouilles qu'on avait laissées pendant une heure dans l'eau froide à + 2°; les jambes de l'autre pile, qui donnait le courant différentiel, appartenaient à des grenouilles ordinaires.

Enfin, j'achèverai l'exposition de ces recherches sur le courant propre de la grenouille, en faisant remarquer que les contractions propres obtenues sur l'animal vivant ne persistent pas très-longtemps, quoique l'animal soit encore bien vivant. On voit ces contractions propres reparaître, en renouvelant l'expérience après l'avoir tué et préparé de la manière ordinaire. J'ai vu très-souvent des grenouilles qui ne donnaient pas de contractions propres étant vivantes, et qui les donnaient lorsqu'on les avait tuées et préparées de la manière ordinaire. J'ai vu également sur des grenouilles tuées, qu'étant devenues incapables de montrer les contractions propres, on leur rendait encore pour quelques secondes cette propriété, en leur coupant la moelle épinière ou en l'irritant d'une manière quelconque.

CHAPITRE VIII.

DE LA FONCTION DU SYSTÈME NERVEUX DANS LE COURANT ÉLECTRIQUE MUSCULAIRE ET DANS LE COURANT PROPRE DE LA GRENOUILLE.

En exposant les expériences qui prouvent l'existence du courant électrique musculaire et celle du courant propre de la grenouille, nous avons vu que ces deux courants persistaient également lorsqu'on avait coupé, et même depuis quelque temps, la moelle épinière et les nerfs des animaux soumis à l'expérience. Nous avons vu également que le courant propre de la grenouille avait la même direction et la même intensité lorsque les nerfs lombaires entraient dans le circuit, et qu'ils agissaient comme la partie supérieure de la cuisse dans laquelle ces nerfs pénétraient. La fonction du système nerveux, dans ces courants, paraissait bien différente de celle qu'on avait toujours supposée : en effet, cette fonction semble se réduire à celle d'un corps conducteur du courant développé dans la partie du muscle de laquelle il est le plus rapproché. Il importait de bien établir cette conséquence.

J'ai préparé rapidement quatre jambes de grenouilles, auxquelles j'ai laissé attaché un long filament nerveux, composé de toute la partie lombaire et de la partie crurale qui est cachée dans la cuisse. Avec ces quatre jambes j'ai composé la pile, en posant le filament nerveux sur l'extrémité de la jambe de chaque élément. Cette pile (*fig.* 19) m'a donné 4° à 5° dans le sens du courant propre, c'est-à-dire d'un courant dirigé des pieds à la tête dans la grenouille. Ensuite j'ai replié les filaments nerveux sur chaque jambe, et j'ai de nouveau composé la pile, en faisant toucher directement entre chaque élément l'extrémité supérieure de la jambe sur l'extrémité inférieure. Le courant propre que j'ai obtenu a été de 10° à 12°. On voit clairement dans cette expérience que le filament nerveux a agi tout à fait comme la partie supérieure de la jambe, ou bien comme l'aurait fait la cuisse si on avait opéré sur la demi-grenouille. La présence du nerf n'a produit que l'affaiblissement du courant, ce qui est bien naturel, si on réfléchit à la mauvaise conductibilité de la substance nerveuse, à la plus grande longueur du circuit, à son petit diamètre, etc. J'ai préparé huit cuisses de grenouilles, en désarticulant de mon mieux les jambes, et je leur ai laissé le nerf lombaire; ensuite j'ai coupé ces cuisses presque à moitié, en ayant bien soin de conserver le filament nerveux; de cette manière, j'obtenais une demi-cuisse, qui était celle du côté de la jambe, et qui était réunie à un long filament nerveux; avec huit éléments pareils j'ai composé ma pile, en posant chaque filament nerveux sur la surface musculaire de chaque demi-cuisse. Cette pile (*fig.* 20) m'a donné 12° de courant musculaire, qui était dans ce cas dirigé de l'intérieur du muscle au nerf dans l'animal, ou bien du nerf à la surface du muscle. Dans cette expérience, le filament nerveux agit comme l'intérieur du muscle dans lequel il se ramifie.

Cette même expérience réussit très-bien avec les jambes de pigeon ou de lapin. Il faut découvrir dans ces jambes le filament nerveux ou le nerf crural qui est caché dans le muscle. On compose alors la pile en faisant tomber dans chaque élément le nerf avec la surface du muscle, au lieu de faire toucher l'intérieur du muscle avec sa surface. Des piles ainsi formées donnent le même courant musculaire, seulement ce courant est, dans tous les cas, plus faible quand le filament nerveux entre dans le circuit.

On voit donc que, soit dans le courant propre de la grenouille, soit dans le courant musculaire, la direction du courant est tout à fait indépendante de la présence du nerf, qui n'agit que comme mauvais conducteur, représentant l'état électrique de la partie du muscle qui en est le plus rapproché.

Voici d'autres expériences qui établiront encore mieux cette même conséquence. Je suppose avoir préparé des cuisses de grenouilles comme je viens de le dire, c'est-à-dire sans jambes et avec leurs nerfs lombaires. Je coupe ces cuisses à moitié en enlevant la demi-cuisse inférieure, au lieu d'enlever la supérieure, comme on l'avait fait dans l'expérience précédente. Je compose la pile avec ces éléments en faisant toucher le nerf avec l'intérieur du muscle. Cette pile (*fig.* 21) me donne le courant musculaire, dirigé toujours de l'intérieur du muscle à la surface, c'est-à-dire de l'intérieur du muscle au nerf dans ce cas.

Voici donc la même direction dans le courant musculaire, relativement aux parties mêmes, intérieur et surface, du muscle : quant au nerf pourtant, la direction du courant vient à être renversée.

Je suppose que l'on répète toutes les expériences que j'ai décrites, en mettant au lieu du filament nerveux une petite bande de papier imbibée d'eau : on trouve, comme j'ai toujours trouvé, que la direction du courant est restée toujours la même, en employant le conducteur humide au lieu du nerf.

C'est ici que je rapporterai une expérience dont le résultat découle nécessairement de ceux que nous avons déjà déduits.

Je suppose qu'on ait préparé des demi-grenouilles et qu'on ait coupé et enlevé à ces demi-grenouilles la demi-cuisse supérieure. De cette manière, chaque élément se trouve composé de la jambe réunie à sa demi-cuisse. Une pile (*fig.* 22) composée avec ces éléments qui se touchent entre eux par la partie inférieure de la jambe et par l'intérieur du muscle de la demi-cuisse, donne un courant qui est dirigé dans le sens du courant propre de la grenouille, mais qui est beaucoup plus faible que celui qui serait donné par une pile composée d'un nombre égal de demi-grenouilles entières.

Ce résultat est une conséquence nécessaire de l'existence dans le même animal, la grenouille, du courant propre et du courant musculaire : rappelons-nous que la jambe seule de la grenouille donne le courant propre, et n'oublions pas que le courant musculaire donné par la demi-cuisse est dirigé toujours de l'intérieur du muscle à la surface dans l'animal. Il en ressort par conséquent que dans la pile précédemment décrite (*fig.* 22), il doit y avoir deux courants circulant en sens contraire, qui devront nécessairement s'affaiblir réciproquement. Et puisque dans cette même disposition on obtient un courant dirigé dans le sens du courant propre, il faut conclure que ce courant est dans les membres de la grenouille plus intense que le courant musculaire. J'ai fait cette même expérience en laissant le filament nerveux lombaire et en partie le crural réunis à la demi-cuisse et à la jambe. J'ai composé la pile en faisant toucher ensemble le nerf et l'extrémité de la jambe. Le courant que j'ai obtenu, quoique encore plus faible que celui de l'expérience précédente, a été toujours dans le sens du courant propre. En mettant au lieu du nerf une bande de papier imbibé d'eau, la direction du courant n'a pas changé.

La fonction du nerf se trouve donc, par ces expériences, bien nettement établie : son rôle est toujours celui d'un corps faiblement conducteur, qui représente l'état électrique de la partie du muscle dont il est le plus rapproché.

Je rapporterai enfin une autre expérience qui confirmera ce résultat. J'ai préparé des demi-cuisses de grenouilles qui étaient réunies à leurs nerfs lombaires. J'avais désarticulé les jambes le mieux possible pour avoir le moins d'intérieur du muscle découvert; j'avais fait de même pour la partie supérieure de la cuisse en enlevant le bassin. Mais pour ceux qui ont un peu présente l'anatomie de la grenouille, il est facile de concevoir que, en enlevant le bassin, il est impossible de ne pas avoir à la partie supérieure de la cuisse une petite portion de l'intérieur du muscle mis à nu. Une pile composée avec ces éléments, dans lesquels le nerf est posé sur la surface du muscle de la partie inférieure de la cuisse, m'a donné des signes très-faibles de courant électrique, et il a fallu employer de quinze à vingt éléments réunis pour parvenir à un résultat bien constant. Le courant qu'on obtient ainsi est toujours dirigé comme le courant musculaire de la partie supérieure de la cuisse à la partie inférieure, c'est-à-dire de l'intérieur du muscle à sa surface. L'intérieur du muscle est dans ce cas représenté par la petite portion intérieure du muscle qui est mis à nu en coupant le bassin. Le nerf entrant dans le circuit, on le voit fonctionner comme la partie intérieure du muscle avec laquelle il est en contact. Si l'on coupe ces cuisses à la moitié, de manière à enlever les demi-cuisses inférieures, on pourra composer avec les demi-cuisses qui restent réunies aux nerfs lombaires deux piles différentes. Nous avons déjà parlé dans ce Chapitre d'une de ces deux piles : c'est celle qui est obtenue en plaçant le nerf en contact avec l'intérieur de la cuisse coupée par moitié. La pile (*fig.* 21) ainsi formée donne le courant musculaire dirigé dans l'animal, de l'intérieur du muscle au nerf lombaire, si ce nerf entre dans le

circuit. Mais on peut encore disposer la pile différemment, en posant le filament nerveux sur la surface musculaire de la demi-cuisse. Dans cette disposition (*fig.* 23), l'intérieur du muscle n'intervient
plus, et le courant bien plus faible que le précédent qu'on obtient est dirigé comme si la cuisse
entière était dans le circuit, c'est-à-dire de la partie
supérieure de la demi-cuisse ou du nerf lombaire à
la surface du muscle dans l'animal. Nous avons déjà
dit que ce courant musculaire était dû à la petite
portion du muscle qui était mis à nu en coupant le
bassin.

Le courant obtenu dans la pile (*fig.* 21) est donc
un courant différentiel qui circule dans le sens de
celui des deux courants musculaires qui est dû à la
plus grande portion de l'intérieur du muscle mis à
découvert et faisant partie du circuit.

C'est à cette occasion que je dois parler des expériences faites par MM. Pacinotti et Puccinotti. Ces
deux savants faisaient leurs expériences en plongeant
les deux lames du galvanomètre l'une dans les muscles, l'autre dans le cerveau d'un animal vivant. En
faisant cette expérience sur un grand nombre d'animaux, ces observateurs ont obtenu une déviation
assez grande dans l'aiguille de leur galvanomètre
due à un courant constamment dirigé du cerveau
aux muscles de l'animal. Ils ont trouvé que ce courant n'avait pas la même intensité dans tous les
animaux, et qu'en tenant le circuit fermé, il y avait,
dans quelques cas très-rares, une augmentation dans

le courant, et que cela avait lieu lorsque l'animal était pris par des contractions très-fortes. J'avoue que, quand j'ai pensé à répéter ces expériences, j'aurais voulu trouver une méthode plus convenable et plus à l'abri de toute objection que celle employée par les deux observateurs pisans.

En effet, toutes les fois qu'on introduit la lame métallique dans le cerveau, il s'ensuit une grande hémorrhagie, et la lame du cerveau se trouve ainsi mouillée de sang. Il y a plus, la lame du cerveau est toujours plongée après l'autre dans le but de conserver l'animal vivant pour le moment où le circuit doit être fermé.

Or nous savons qu'il y a un courant dirigé du sang à l'eau dans l'arc liquide; nous savons également qu'en plongeant les deux lames de platine du galvanomètre l'une après l'autre, il y a un courant dirigé dans le liquide de la lame plongée la dernière à l'autre restée dans le liquide. Si l'on admet que ces deux causes interviennent dans les expériences dont je parle, on trouvera naturel que le courant soit dirigé dans l'animal de la lame plongée dans le cerveau à celle plongée dans le muscle. Ne pouvant pas changer fondamentalement la méthode de ces expériences, j'ai tâché d'opérer de manière à établir la part qui était due dans leurs résultats aux deux causes soupçonnées. J'ai employé des lames de platine réunies au galvanomètre, après les avoir vernies en grande partie et ne laissant découverte qu'une surface à peine d'un demi-centimètre carré. J'ai éga-

lement tâché de découvrir le cerveau sur le pigeon
le mieux que je pouvais, et d'y enfoncer la lame en
répandant le moins de sang possible : quelquefois
l'expérience réussit presque parfaitement. J'ai, dans
d'autres expériences, plongé dans le cerveau une
des deux lames du galvanomètre avant celle qui doit
être introduite dans les muscles ; enfin, au lieu d'introduire une des deux lames dans les muscles, je me
suis borné à en toucher la surface. Je dois dire que,
malgré ces différences dans la manière d'opérer, la
déviation obtenue dans la première immersion a été
toujours dans le même sens, c'est-à-dire que le courant a été dirigé du cerveau aux muscles dans l'animal. L'intensité du courant est très-variable : j'ai
obtenu quelquefois 80° et même davantage, et quelquefois 10° à 15°, et toujours dans la première
immersion. J'ajouterai encore que ce courant ne persiste dans sa direction que pour la première immersion. A la seconde ou à la troisième immersion,
le courant est très-affaibli, et très-souvent le sens en
est renversé. J'ai également vu en laissant le circuit
fermé, que pendant les contractions de l'animal,
quelquefois la déviation devenait plus grande ; mais
il est difficile de ne pas rapporter ce résultat au
frottement des lames dans l'intérieur des blessures.
En effet, sans les contractions de l'animal, si l'on
fait un peu mouvoir les deux lames dans l'intérieur
des blessures, la déviation est presque toujours ren-
due plus grande.

Pour admettre les mêmes conséquences que

MM. Pacinotti et Puccinotti ont tirées de leurs expériences, il faudrait dire que le système nerveux réuni dans le cerveau fonctionne comme la partie intérieure des muscles dans lesquels ce système est ramifié. Il ne serait pas moins difficile pourtant, malgré cette hypothèse, de concevoir comment la direction du courant est la même en touchant avec l'une des lames indifféremment l'intérieur du muscle ou sa surface.

De nouvelles expériences éclairciront ce point.

A part les expériences dont nous avons parlé en dernier lieu, il est bien établi par mes recherches, que la fonction des nerfs dans le courant musculaire et dans le courant propre de la grenouille se réduit simplement à celle d'un corps très-peu conducteur, qui représente l'état électrique de la partie du muscle, intérieur ou surface, avec laquelle il est le plus rapproché.

Le système nerveux doit vraisemblablement exercer sur ces courants une autre action plus détournée que celle précédemment établie. C'est celle de l'influence du système nerveux dans la nutrition des muscles; mais il nous est impossible de le prouver par des expériences directes.

CHAPITRE IX.

VUES THÉORIQUES SUR LA CAUSE DU COURANT ÉLECTRIQUE MUSCULAIRE.

Les résultats auxquels nous sommes parvenus sont bien loin de prouver l'existence de l'électricité libre dans les animaux vivants. Ces mêmes résultats ne conduisent pas non plus à conclure la circulation de l'électricité dans les filaments nerveux répandus dans les muscles des animaux vivants. Il est également bien prouvé que les signes du courant que nous avons trouvés dans les masses musculaires persistent sans l'intégrité du système nerveux, et même après que ce système a cessé d'être capable, étant irrité, d'éveiller les contractions. Les signes du courant électrique apparaissent dans les masses musculaires lorsque le circuit est établi avec un conducteur quelconque, entre les deux parties de ces masses qui diffèrent très-probablement entre elles de structure et de fonction : c'est entre l'intérieur du muscle et sa surface qu'on trouve toujours le courant dirigé dans le muscle même de l'intérieur à la surface; et comme les signes du courant électrique que nous avons obtenus, quoique plus ou moins persistants après la mort de l'animal, cessent toujours après un certain temps, qui est d'autant plus grand que l'animal appartient à un ordre plus inférieur, il faut bien conclure que, pour la production de ce courant, la disposition organique qui constitue la fibre musculaire vivante est aussi nécessaire que l'action quelconque qui la maintient dans un tel état. Ceci est d'ailleurs confirmé par l'influence exercée sur le courant musculaire, par la circulation du sang, par la rougeur des masses musculaires, par leur état d'inflammation, etc.

Ces conclusions découlent nécessairement de l'expérience. N'est-il pas naturel de supposer que la nutrition, telle qu'on la conçoit dans le muscle et dans toutes les parties des animaux vivants, développe de l'électricité? Il serait bien difficile de ne pas l'admettre. En effet, il est aujourd'hui bien prouvé que l'action de l'oxygène du sang artériel se porte sur tous les points d'un corps vivant, que toutes les parties de l'organisme sont incessamment renouvelées, et que partout une espèce de combustion accompagne ce renouvellement, qu'il y a développement d'acide carbonique et dégagement de chaleur. Or nous ne pouvons pas admettre qu'une telle action chimique ait lieu sans développement d'électricité.

Un exemple pris dans des phénomènes tout à fait inorganiques nous mettra à même de comprendre comment l'action chimique qui intervient dans la vie du muscle peut développer l'électricité, qui est mise en évidence avec le procédé que nous avons employé.

Lorsqu'une lame métallique plongée dans de l'eau acidulée est oxydée par l'oxygène de cette eau, et ensuite dissoute dans l'acide, nous admettons qu'une énorme quantité d'électricité est développée pendant cette action; nous ajoutons encore qu'au fur et à mesure que les deux états électriques se dégagent, ils se recomposent et se neutralisent ainsi. Ce n'est qu'avec des dispositions convenables dans l'expérience que nous parvenons à obtenir libre l'électricité qui est développée dans l'action chimique. Réunissons à cette lame métallique, qui se dissout dans l'acide, une autre lame qui ne soit pas attaquée, et faisons que cette seconde lame métallique plonge aussi dans l'eau acidulée. Le circuit se trouve par là établi et le courant électrique circule du métal attaqué à l'autre dans ce liquide, et de celui-ci au premier dans l'arc métallique.

La lame métallique attaquée est dans le phénomène du courant musculaire représentée par la fibre même du muscle : le sang artériel, c'est le liquide acidulé. La surface du muscle, ou tout autre corps conducteur qui n'est pas fibre musculaire, mais qui est à son contact, représente la seconde lame métallique qui ne souffre pas l'action chimique, et qui sert seulement à former le circuit. La direction du courant musculaire est bien celle qu'il aurait, en la supposant due à une action chimique telle que nous nous la sommes représentée, et qui se passerait dans le muscle.

Le système nerveux peut ainsi agir de deux manières bien distinctes dans la production du courant musculaire. C'est là ce que nous avons trouvé à l'aide de l'expérience.

Il agit d'abord comme tout conducteur imparfait qui fait partie d'un circuit, et qui n'est pas la source de l'électricité; il représente l'état électrique de la masse musculaire, intérieur ou surface, dont il est le plus rapproché. Cette première fonction du nerf est purement physique. Le système nerveux doit agir encore pour la conservation de la cause qui dégage l'électricité, car la nutrition s'opère sous l'influence de ce système; mais comme on ne peut pas admettre que l'action chimique qui intervient dans la nutrition soit immédiatement arrêtée ou suspendue en coupant le nerf qui est ramifié dans une certaine partie du corps vivant, il arrivera que le courant électrique musculaire pourra persister même après que l'on aura coupé le nerf du muscle. L'intégrité du système nerveux n'est donc pas directement nécessaire dans la production du courant électrique musculaire, et cette intégrité l'est plus ou moins, comme l'expérience le prouve, suivant que la vie de l'animal est plus ou moins centralisée.

Ces vues hypothétiques, qui me semblent satisfaire d'une manière générale à l'explication du courant musculaire, et qui sont conformes aux théories actuelles de l'électricité, ne peuvent pas malheureusement s'étendre aussi bien aux phénomènes du courant propre de la grenouille.

J'ai cherché inutilement l'existence d'un courant électrique analogue au courant propre de la grenouille, dans un très-grand nombre d'animaux, je n'ai jamais trouvé que le courant musculaire. Les ani-

maux les plus rapprochés de la grenouille, des sala-
mandres, des anguilles, des tortues, ne m'ont jamais donné que le courant musculaire : dans tous
les cas, il a fallu invariablement, pour obtenir
les signes d'un courant électrique, avoir dans le
circuit l'intérieur du muscle et sa surface. Dans la
seule grenouille on trouve en même temps le courant musculaire et le courant propre qui existe,
sans altérer le muscle, sans mettre à nu sa partie interne, et qui est dirigé de la surface du muscle à
son nerf dans l'animal.

En comparant entre elles les circonstances qui
influent sur ces deux courants, on peut dire qu'elles
se ressemblent entièrement : ce qui augmente ou affaiblit l'intensité de l'un de ces courants produit sur
l'autre le même effet. La seule différence remarquable qui existe entre les deux courants est celle de
la persistance plus grande du courant propre après
la mort de l'animal. Une pile d'un certain nombre
de demi-cuisses de grenouilles ne donne plus de
courant musculaire, longtemps avant qu'une autre
pile d'un même nombre de grenouilles entières ou de
jambes de grenouilles cesse de montrer les signes du
courant propre.

Comment peut-on trouver, dans une demi-grenouille, la cause d'un courant électrique? comment
rapprocher l'origine quelconque de ce courant de
celle du courant musculaire?

Les explications qu'on a données du courant propre
de la grenouille peuvent se réduire à deux. Dans

l'une on admet que ce courant est dû à l'inégale température du muscle et du nerf; cette inégalité serait due à la différence de l'évaporation dans ces deux parties de l'animal. Le courant propre deviendrait ainsi un courant thermo-électrique. Quiconque a parcouru avec un peu d'attention ces recherches, s'apercevra bien aisément qu'il est impossible de donner du courant propre une explication plus contraire aux faits. Un courant qui n'est sensible qu'à un galvanomètre à long fil, qui traverse des couches liquides assez épaisses, qu'on obtient en faisant toucher muscle à muscle, qui se produit en tenant les parties animales plongées dans l'eau, ne peut être certainement un courant d'origine thermo-électrique. Dans l'autre hypothèse, on admet que le courant propre est dû à une action électro-chimique, et il faut pour cela supposer que la jambe de la grenouille soit chargée d'alcali ou de sels, tandis que la cuisse ou le nerf lombaire contiendrait de l'acide ou de l'eau moins salée. Mais quelle est l'analyse chimique de ces parties de la grenouille qui nous autorisera à faire ces hypothèses? Et ensuite comment entendre dans cette explication électro-chimique du courant propre de la grenouille l'influence que nous avons trouvée de l'hydrogène sulfuré, de l'état tétanique, du froid, de l'état d'inflammation, etc., sur ce courant même? Comment expliquer l'existence de ce courant dans la seule jambe, la durée, toujours courte, de ce courant?

Nous pouvons donc chercher encore la cause du

courant propre et de son rapprochement du courant musculaire. Il m'est impossible, en effet, de faire une réponse à ces questions. Je me bornerai à une seule remarque, dans le but de détruire une espèce d'opposition qui n'est qu'apparente entre le courant musculaire et le courant propre de la grenouille. Dans la demi-cuisse de la grenouille, qui est prise du côté de la jambe, le courant musculaire est dirigé de la tête aux pieds : en prenant la demi-grenouille ou la seule jambe, le courant propre est dirigé des pieds à la tête. Enfin, si on prend la demi-cuisse supérieure du côté du bassin, son courant musculaire sera dirigé des pieds à la tête.

Dans le premier exemple du courant musculaire, on pourrait voir une direction contraire à celle du courant propre; mais dans l'exemple de la demi-cuisse supérieure prise du côté du bassin, le courant musculaire se trouve dirigé comme le courant propre. L'opposition dans la direction des deux courants n'est qu'apparente, et en parlant le langage des faits, on doit dire que le courant musculaire est toujours dirigé dans l'animal de l'intérieur du muscle à la surface.

En voulant rapprocher l'origine du courant propre de celle que nous avons admise pour le courant musculaire, nous devrions supposer que, par une liaison qui nous est tout à fait inconnue, et qu'il appartient peut-être à l'anatomie de découvrir, la surface tendineuse qui compose la plus grande partie de la jambe .de la grenouille, représente l'intérieur

du muscle; mais tout cela doit rester dans le domaine des vagues et pures hypothèses.

CHAPITRE X.

SUR UN PHÉNOMÈNE PHYSIOLOGIQUE PRODUIT PAR UN MUSCLE EN CONTRACTION.

Je pose sur un plan isolé, en toile cirée ou vernie,
une grenouille préparée à la manière ordinaire; ensuite je prépare une autre grenouille de manière à
n'avoir qu'une jambe avec le filet ou faisceau nerveux qui vient de la moelle aux muscles de la jambe.
Il faut avoir soin, pour ne pas être induit en erreur,
d'enlever tous les muscles de la cuisse, et que le
filament nerveux soit bien proprement découvert.

Alors je pose ce filament nerveux sur les cuisses
de la première grenouille, de manière que la
jambe à laquelle tient le filament nerveux, ne
touche pas les cuisses et que ce filament ne soit
pas tendu (*fig.* 24). J'attends que les mouvements
convulsifs qui apparaissent par l'effet de la préparation rapide de la grenouille, aient cessé. On pourrait encore commencer sans cette précaution, à
cause de la grande différence qu'il y a entre les phénomènes que je décrirai et les mouvements convulsifs remarqués. Qu'on touche alors avec un couple
voltaïque les nerfs lombaires de la grenouille : à
l'instant, les muscles des cuisses se contractent;
dans le même temps on voit se contracter la jambe dont

le nerf est couché sur les muscles des cuisses en contrac-
tion. Cette expérience si simple a été variée et répétée
avec toutes les précautions possibles, et toujours avec
un résultat semblable. J'ai coupé les nerfs lombaires
à la sortie de la moelle épinière, et j'ai replié ces
nerfs sur les cuisses, j'ai touché avec le couple dans
les mêmes points du bassin qu'auparavant; la grenouille ne s'est plus contractée, car les nerfs n'étaient
pas touchés et la jambe est restée tranquille : en remettant les nerfs lombaires en place et en les touchant
avec le couple, le phénomène s'est reproduit. Au lieu
d'employer le couple voltaïque, j'ai irrité les nerfs
lombaires avec une pince ou un corps quelconque,
et pourvu que la contraction soit assez forte dans la
première grenouille, on voit également se contracter
la jambe qui la touche avec son nerf.

Il faut des grenouilles vivaces pour être bien sûr
de l'expérience, mais dans ce cas elle ne manque
jamais. Cette expérience a été répétée en posant le nerf préparé, comme je l'ai décrit, sur les
muscles de la cuisse d'un lapin vivant. Il faut
avoir soin d'enlever la membrane aponévrotique
très-épaisse qui couvre les muscles. Je fais contracter la cuisse d'un lapin avec un courant d'une
pile de six à huit couples, et la contraction se
produit dans la jambe de la grenouille qui touche
le lapin avec son nerf. Dans cette expérience, la
distance entre le nerf et les points touchés par les
extrémités de la pile peut être de 10 à 12 centimètres, sans que le phénomène cesse. Si je touche avec

les extrémités de la pile les muscles du lapin, assez près
du nerf posé au-dessus, le phénomène n'a pas lieu,
parce que la contraction de la patte de lapin manque
ou est très-faible. Je crois inutile de dire que, dans
toutes ces expériences, il ne faut pas disposer les extrémités de la pile trop près du nerf de la grenouille,
de manière qu'il soit compris dans l'arc parcouru
par le courant.

J'ai produit tous les mouvements possibles sur la
surface des muscles sur lesquels le nerf est posé, et
j'ai observé que, pourvu que ces mouvements ne fussent pas des contractions, le phénomène n'a jamais lieu.

Je couvre d'une lame d'or à dorer les muscles
de la grenouille préparée à la manière ordinaire, et
puis je répète l'expérience : dans ce cas, c'est une
lame d'or très-mince qui est interposée entre la surface musculaire et le nerf. J'excite les contractions
dans les muscles de la première grenouille, et je ne
vois pas de contractions dans la jambe dont le nerf
est posé sur ces muscles. Il faut bien se garder de
déchirer la lame d'or, ce qui ferait découvrir la surface du muscle; à peine cela arrive-t-il que les phénomènes apparaissent. Si, au lieu d'une lame d'or,
c'est un papier très-fin et sans colle qui est interposé, l'action a lieu également à travers le papier.
Le phénomène n'a pas lieu si c'est une lame, même
très-mince, d'un corps isolant qui est interposée. Il
est donc bien certain que la contraction de la jambe
n'est pas excitée par une action mécanique quelconque exercée par son nerf.

Les phénomènes que j'ai décrits sont entièrement nouveaux à ma connaissance : il n'y a d'analogue en apparence qu'une expérience du célèbre M. de Humboldt, dans laquelle se trouve un nerf posé sous un autre et dont l'un est irrité. J'ai varié et répété avec soin cette ingénieuse expérience, et j'ai trouvé que quelquefois la jambe qui n'était pas irritée directement par le courant électrique pouvait se contracter, et que cela avait lieu quand une portion du nerf de la jambe, qui n'est pas directement touchée avec le couple, se trouve envahie par son courant (*fig.* 25). En touchant en bb' ou en aa', c'est la seule jambe A qui se contracte; mais si l'on touche en a et b, en a' et b', ou en $a'b$, ou en $a'b'$, ou enfin en a et la jambe A, ou en a et la même jambe A, on voit se contracter la jambe B. Dans ce cas, le nerf de B est parcouru par le courant, et il faut même, pour que l'expérience réussisse, qu'une portion du nerf de B soit tenue obliquement ou parallèlement à celui de A. Nous verrons par la suite que cela est dû à ce que le courant n'excite pas de contractions, s'il traverse le nerf normalement.

Les faits que j'ai découverts ne peuvent donc pas s'expliquer comme ceux de M. de Humboldt dont j'ai déjà parlé.

M. Becquerel, avec qui j'ai répété et varié mes expériences, après s'être assuré qu'une lame isolante, quoique très-mince, empêche l'action des muscles en contraction sur le nerf posé sur la surface de ces muscles, en a conclu que ces phénomènes ne pouvaient pas s'expliquer sans admettre une décharge électrique dans l'acte de la contraction.

Voici comment s'exprime le savant physicien dans une note qu'il a bien voulu me communiquer :

« A l'instant où la grenouille se contracte, il y a « une décharge électrique qui passe dans l'extrémité « du nerf de la jambe, quand cette extrémité pose « sur le muscle, ou n'en est séparée que par une « bande de papier humide; elle se décharge par la « feuille d'or, attendu que celle-ci conduit mieux « l'électricité que le nerf, fait analogue à celui qu'on « observe en plaçant une torpille dans un étau de « métal que l'on tient à la main. Dans ce cas, la dé- « charge passe dans le métal et non dans la main; « enfin, l'interposition d'une bande de papier glacé « ou isolant doit empêcher le nerf de la jambe d'en « être affecté.

« Tous ces effets ne peuvent donc être produits « que par des courants dérivés; dès lors on est porté « à admettre la production d'une décharge électrique « à l'instant où le muscle se contracte.

« Si des expériences entreprises dans une autre « direction viennent confirmer les conséquences que « l'on tire du fait de M. Matteucci, ce physicien « aura découvert une des propriétés les plus impor- « tantes des muscles sous l'empire de la vie, ou quel- « que temps encore après la mort. »

Je tomberais dans des prolixités, toujours inu- tiles, si je voulais décrire tous les efforts que j'ai faits pour parvenir à des résultats bien concluants dans ces recherches et tels que j'aurai voulu. Il s'agissait de faire parler le galvanomètre, et de voir avec cet instrument que, dans, la contraction musculaire d'un animal quelconque, il arrive sur la surface du muscle qui se contracte une espèce de décharge électrique qui agit sur les nerfs d'une grenouille préparée qui sont posés sur ce muscle. Comme ce phénomène, dû à la contraction du muscle, a lieu sur des animaux qui n'ont pas le courant propre de la grenouille, on pourrait supposer que c'est le courant musculaire qui, dans l'acte de la contraction, augmente d'intensité et ne peut plus par conséquent circuler entièrement dans les molécules mêmes du muscle où il est développé.

Cette supposition serait encore appuyée par un phénomène analogue, qui arrive pour la chaleur : on sait depuis les belles expériences de MM. Becquerel et Breschet, qu'il y a dans la contraction d'un muscle un dégagement de chaleur.

Mais comment prouver avec le galvanomètre que le phénomène que nous étudions est dû à une décharge électrique, et que la contraction produit cette décharge? Les difficultés de l'expérience sont très-faciles à saisir. Il faut commencer par fermer le circuit d'une pile musculaire composée d'animaux vivants avec le galvanomètre, attendre que l'aiguille s'arrête à une certaine déviation, et alors éveiller les contractions dans les muscles de la pile par un moyen qu'on ne puisse pas accuser d'être capable à lui seul d'augmenter directement le courant électrique préexistant. Ajoutons encore que, pour n'être pas induit en erreur dans la conclusion qu'on veut déduire, il faut que ce moyen ne puisse pas augmenter la conductibilité de la pile : en effet, si cela n'était pas, on pourrait toujours supposer que, quand même les contractions seraient suivies d'une augmentation de l'intensité du courant, ce second effet serait dû à la meilleure conductibilité de la pile qui laisse ainsi circuler plus facilement le courant musculaire. Nous avons vu que, quand même la première déviation d'une pile musculaire de huit à dix éléments est très-grande, l'aiguille ne se fixe à la fin qu'à un angle comparativement très-petit. J'ai essayé en vain de composer des piles d'un certain nombre d'éléments, avec des pigeons vivants fixés sur une planche, et l'impossibilité de cette expérience est très-facile à comprendre. Avec des piles musculaires de pigeons ou de lapins, telles que nous les avons employées pour démontrer et étudier le courant musculaire, il n'est pas possible d'exciter des contractions. Il me restait à tenter l'usage des grenouilles, mais il fallait pour cela agir avec le courant propre. J'ai cru qu'en parvenant à prouver que ce courant est d'une manière quelconque augmenté par la contraction, on aurait fait un pas dans l'explication du phénomène que nous étudions. Voici donc l'expérience : je prépare une pile de huit ou de dix grenouilles et je ferme le circuit avec le galvanomètre. La déviation, qui est d'abord de 40°, 50°, etc., s'arrête à 6°, à 8°; quand l'aiguille est presque fixe,

il faut faire contracter les grenouilles. Voilà encore
des difficultés. La première idée qui se présente
pour faire contracter dans le même temps les grenouilles qui composent une pile, c'est de les faire
traverser par un courant électrique; mais on ne tarde
pas à s'apercevoir qu'une partie du courant de la
pile prend la voie du galvanomètre et qu'il faut, par
conséquent, abandonner entièrement ce moyen.

J'ai tenté de faire contracter les grenouilles en irritant, à peu près dans le même temps pour toutes,
leur moelle épinière. J'ai varié cette expérience bien
des fois, et je n'ose pas malgré cela affirmer que le
résultat auquel je suis parvenu soit définitif. Les
grenouilles dont on irrite la moelle épinière subissent
en général des contractions si violentes, qu'il est
presque impossible que le circuit n'en reste pas interrompu, auquel cas on voit l'aiguille revenir vers
le zéro et osciller ensuite. Toutes les fois que l'interruption n'a pas eu lieu, j'ai vu, pendant les contractions des grenouilles de la pile, la déviation augmenter de 2°, de 3° et même de 4°.

Un autre moyen auquel j'ai eu recours pour faire
contracter les grenouilles d'une pile, a été l'application d'une solution alcaline sur leurs nerfs lombaires. J'attends, comme je l'ai déjà dit, que l'aiguille
soit fixe avant de toucher avec l'alcali les nerfs des
grenouilles, et j'ai soin de ne pas toucher les deux
grenouilles extrêmes, dans la crainte que l'alcali
puisse parvenir jusqu'aux lames du galvanomètre.
Les contractions qu'on obtient par ce procédé ne

sont pas aussi violentes que celles obtenues par l'irritation mécanique de la moelle épinière, et elles
persistent plus longuement. Voici ce que j'ai vu bien
des fois : aussitôt l'alcali appliqué, les contractions
commencent et l'aiguille, dans le même temps,
s'avance de 5°, 6°, et quelquefois de 10° au delà de
l'angle où elle était fixée. Quelques secondes après
les contractions cessent, et l'aiguille revient à sa
position pour descendre ensuite lentement vers le
zéro, comme elle l'aurait fait sans la déviation extraordinaire. Il faut avouer que l'apparition de deux
phénomènes, c'est-à-dire la production des contractions et la plus grande déviation de l'aiguille, se
correspondent exactement. Il faut dire encore que,
si l'on touche les nerfs des grenouilles de la pile avec
l'alcali pour une seconde ou troisième fois, les deux
phénomènes ne reparaissent pas.

Est-il maintenant bien exact de conclure que le
courant propre augmente par la contraction du muscle? Peut-on expliquer différemment le résultat de
nos expériences?

L'alcali appliqué sur les nerfs des grenouilles de
la pile peut augmenter la conductibilité des surfaces
en contact entre chaque grenouille. On pourrait
d'abord opposer à cette interprétation, que l'effet de
l'alcali n'aurait pas dû manquer immédiatement à la
seconde application. On pouvait encore essayer d'employer des solutions acides ou salines au lieu de
l'alcali. Ces solutions, convenablement choisies,
doivent augmenter la conductibilité des surfaces en

contact entre chaque grenouille ; on sait qu'elles n'excitent pas de contractions. J'ai employé pour cela des solutions d'acide sulfurique, de sel ammoniac, de sulfate de soude. Le phénomène que j'ai constamment observé avec ces solutions, quoique très-difficile à expliquer, n'en est pas moins constant. Lorsqu'on applique ces solutions sur les mêmes points où l'alcali est appliqué, et cela avec un pinceau ou avec un morceau d'éponge imbibée, il arrive le plus souvent que l'aiguille revient vers zéro pour remonter de nouveau après quelques secondes à sa première déviation. Quelquefois l'aiguille ne bouge pas et continue à descendre très-lentement. Ce qui est certain, c'est qu'avec ces solutions acides, ou salines, la déviation n'est jamais augmentée. Je répète que ces résultats sont très-difficiles à expliquer ; mais il n'est pas moins vrai qu'ils peuvent aider à interpréter l'action de l'alcali, indépendamment de l'augmentation de conductibilité du circuit.

On pourrait encore objecter que l'action de l'alcali est due à une action chimique exercée inégalement sur les nerfs et sur les muscles qui se touchent, laquelle développe un courant qui marche dans le même sens que le courant propre de la grenouille. L'expérience répond contrairement à cette supposition. J'ai préparé deux grenouilles que j'ai disposées en pile sur la planche vernie en faisant plonger les deux extrémités, c'est-à-dire les nerfs d'une part et les jambes de l'autre, dans deux cavités de cette planche. J'ai soin de ne pas faire toucher les grenouilles ensemble au milieu et de les tenir séparées par un espace de deux ou trois centimètres. Je plonge les lames du galvanomètre dans les deux cavités de la planche; comme le circuit n'est pas complet, il n'y a aucune déviation dans l'aiguille. Je prends alors une mèche de coton imbibée d'eau et je ferme le circuit : j'obtiens 5° à 6° de courant propre. J'ôte cette mèche, je retire les lames, je les plonge ensemble pour faire disparaître le courant secondaire, et puis je les remets de nouveau dans les deux cavités de la planche. Alors je ferme le circuit avec la même mèche imbibée d'une solution alcaline, et j'obtiens encore de 5° à 6° de courant propre. Enfin, je répète cette même expérience en employant une mèche imbibée dans de l'eau acidulée et j'ai encore de 6° à 8° de courant propre. Les signes du courant propre augmentent très-probablement à cause de la meilleure conductibilité de la solution acide. En effet, en répétant l'expérience dans l'ordre opposé au précédent, c'est-à-dire en employant d'abord la mèche imbibée dans l'eau acidulée, les derniers signes du courant propre obtenus en employant la mèche imbibée d'eau, sont plus faibles que les premiers.

Ces expériences, que j'ai bien variées et confirmées, prouvent suffisamment que l'action chimique de l'alcali n'est pas suffisante pour altérer les signes du courant propre et ne doit pas intervenir dans l'explication du phénomène étudié.

Il y avait encore une expérience à tenter pour nous

aider à parvenir à l'éclaircissement de nos conclusions, et je n'ai pas manqué de la faire. J'ai abandonné six grenouilles préparées pendant quatre jours à une température de + 8° à 10° c., et après ce temps je les ai laissées un peu dans l'eau afin de les ramollir. Il est inutile de dire que ces grenouilles ne se contractaient plus par le contact de l'alcali. Mais je ne dois pas omettre de faire observer que, surtout en opérant pendant l'hiver, il ne faut pas moins de deux jours pour être sûr que l'action de l'alcali est devenue nulle. J'ai donc disposé les six grenouilles précédentes en pile; j'ai fermé le circuit. J'ai obtenu une déviation à peine sensible qui a été pourtant dans le sens du courant propre. J'ai attendu que l'aiguille s'arrêtât à zéro avant de toucher avec l'alcali. J'ai répété cette expérience sept fois; dans six je n'ai obtenu aucun mouvement sensible dans l'aiguille du galvanomètre, et dans une seule j'ai eu une déviation de 3° dans le sens du courant propre.

Je n'ose pas affirmer que la question soit complétement résolue, et je me suis arrêté, ne sachant pas par quelle voie avancer pour la résoudre.

CHAPITRE XI.

DES POISSONS ÉLECTRIQUES.

Nous connaissons cinq poissons qui sont doués du pouvoir de développer l'électricité. Ces poissons sont : le *Raja torpedo*, le *Gymnotus electricus*, le *Silurus electricus,* le *Tetrodon electricus,* le *Trichiurus electricus.*

De ces cinq poissons deux seulement ont été étudiés avec soin , c'est-à-dire la torpille et le gymnote, et parmi ces deux, c'est la torpille qui l'a été davantage. C'est donc plus particulièrement sur les phénomènes électriques de la torpille qu'il me sera permis de m'étendre.

CHAPITRE XII.

DÉCOUVERTES PRINCIPALES FAITES SUR LA DÉCHARGE ÉLECTRIQUE DE LA TORPILLE.

C'est un fait connu de l'antiquité, que la torpille donne des commotions lorsqu'on la touche encore vivante avec la main. Cette propriété lui a fait donner le nom vulgaire de *tremble, poisson magicien,* etc. Il est encore connu , parmi les pêcheurs, que la torpille donne la commotion volontairement, pour se défendre ou pour tuer les poissons dont elle veut se nourrir; ils indiquent même la grande force de cette commotion, en disant qu'elle est assez considérable pour tuer les meuniers, qui sont les poissons de mer les plus vivaces et les plus hardis de nos contrées. C'est Muschenbrock qui a établi le premier la nature électrique de cette commotion. Walsh est le physicien qui, avant la découverte du galvanisme, a le plus étudié les poissons électriques. C'est ainsi que nous lui devons d'avoir découvert, d'une manière certainement incomplète, que le dos et le bas-ventre, ou les deux faces de l'organe, ont un état électrique contraire. Les recherches de Walsh se trouvent dans le volume 63 (1773) des *Transactions de la Société royale de Londres*. MM. Gay-Lussac et de Humboldt ont, enfin, mieux que leurs devanciers, décrit les circonstances principales de la décharge de la torpille. Les Italiens Redi et Lorenzini ont étudié les premiers ce poisson sous le rapport anatomique, et surtout quant à la disposition de l'organe électrique. Ce travail a été poursuivi pour tous les poissons électriques, par Hunter et Geoffroy-Saint Hilaire. Galvani et Spallanzani découvrirent encore l'influence des nerfs du cerveau et de la circulation sanguine sur la décharge de la torpille. Le travail le plus important qu'on ait publié sur la torpille dans ces derniers temps, est dû à John Davy, frère du célèbre chimiste. C'est à lui que nous devons la découverte de l'action du courant de la torpille sur l'aiguille aimantée, de son pouvoir d'aimantation, de son action électro-chimique. MM. Becquerel et Breschet ont aussi, dans l'année 1835, fait des recherches sur la torpille. C'est au premier de ces deux savants que l'on doit des moyens exacts pour étudier ce courant; c'est lui qui a fixé avec précision la direction du courant qui forme la décharge. J'ai imaginé, un an après, d'appliquer au courant de la torpille l'appareil de l'extra-courant de Faraday, pour en tirer l'étincelle; j'ai fait connaître cet appareil à M. Linari, avec les modifications que j'ai crues nécessaires pour le but en question. Ce savant en fit quelque temps avant moi l'expérience, et c'est lui qui, avec mon appareil, a observé d'abord l'étincelle de la décharge de la torpille. J'ai ensuite continué à faire un grand nombre de recherches sur les phénomènes électriques de la torpille.

CHAPITRE XIII.

DES INSTRUMENTS QUI SONT PRINCIPALEMENT EMPLOYÉS DANS LES RECHERCHES SUR LES POISSONS ÉLECTRIQUES.

Je décrirai en deux mots les instruments employés pour l'étude des phénomènes électriques de la torpille. L'instrument le plus nécessaire, c'est certainement un galvanomètre à peu près semblable à ceux que nous avons déjà décrits. Un galvanomètre, dont le fil fait six cents tours autour de l'aiguille astique, est déjà très-sensible au courant de la torpille. J'emploie ordinairement un galvanomètre à fil plus long et sur lequel on a passé un vernis. Les deux extrémités du fil du galvanomètre sont en platine; j'emploie souvent très-avantageusement les deux lames fixées aux deux manches que nous avons déjà décrits (*fig. 9*).

Dans tous les cas dans lesquels on se contente de savoir si la torpille a donné la décharge électrique, on emploie la grenouille préparée à la manière ordinaire, qu'on pose sur le corps du poisson. En voulant étudier l'état électrique d'une petite portion quelconque du corps de la torpille, il est bon d'employer la grenouille galvanoscopique (*fig. 4*).

CHAPITRE XIV.

DES PHÉNOMÈNES GÉNÉRAUX DE LA DÉCHARGE ÉLECTRIQUE DE LA TORPILLE.

Toutes les fois qu'on prend dans la main une torpille vivante, on ne tarde pas longtemps à en ressentir une forte commotion, qui ordinairement peut se comparer à celle d'une pile à colonne de cent à cent cinquante couples, chargée avec de l'eau salée. Cette force est grandement affaiblie après un certain temps, même en conservant l'animal dans des vases d'eau salée. Ces décharges se succèdent avec une très-grande rapidité, lorsque l'animal est encore tout vivant, et il est toujours impossible de les supporter. Il suffit, pour en donner une idée, de rapporter l'observation suivante, qui est commune parmi les pêcheurs, et que j'ai vérifiée moi-même. Lorsqu'ils soulèvent les filets et renversent les poissons dans la barque, ils commencent par les laver en jetant dessus de grandes masses d'eau salée. Eh bien, on s'aperçoit à l'instant qu'il y a une torpille par la secousse qu'éprouve le bras qui verse l'eau. Si on la prend alors en main pour l'essuyer, les décharges qu'elle donne sont tellement fortes et si rapprochées les unes des autres, qu'il faut l'abandonner, et le bras se trouve pour un certain temps engourdi. Ensuite elle cesse d'en donner; mais on est sûr d'en avoir une à l'instant où on la remet dans l'eau. Si on la laisse dans l'eau pour quelques minutes, on obtient encore de très-fortes décharges quand on vient à l'irriter de nouveau. Il est certain que le repos rétablit sa fonction électrique. Un fait qui mérite d'être rapporté ici est celui de la diffusion extraordinaire dans un liquide, qui est prouvée par la décharge électrique de la torpille. Tout près des parois d'une grande cuve, large de $1^m,50$, et pleine d'eau salée, je tiens avec la main une torpille vivante. A l'extrémité opposée est suspendue dans l'eau, à peu près au même niveau, une grenouille préparée. Toutes les fois que la torpille se décharge, la grenouille se contracte fortement. Une pile d'une très-grande force ne produirait pas cet effet, surtout si l'on observe qu'une grande portion du courant circule par la main, et que toujours une autre grande partie doit circuler par la surface même de l'animal.

Des mouvements, quelquefois à peine sensibles, s'aperçoivent dans le corps de la torpille, lorsqu'elle donne la décharge électrique, et quelquefois ces mouvements sont très-grands. Je me suis assuré par une expérience très-simple qu'en effet elle peut se décharger sans qu'il arrive dans son corps aucun changement de volume. J'ai introduit (*fig.* 26) une torpille femelle, de grandeur médiocre, large de $0^m,14$, dans un bocal plein d'eau salée, et avec elle une grenouille préparée et posée sur son corps. Le bocal était fermé exactement, et portait un tube de verre d'un diamètre très-petit. Après avoir bien luté le bouchon, j'ai achevé de remplir d'eau le bocal, de manière que le liquide s'élevât dans le petit tube. La torpille donnait de temps en temps des décharges par un procédé particulier que je décrirai ensuite; la grenouille, en effet, se contractait; mais le niveau du liquide, dans le petit tube, était immobile.

Lorsque l'animal est doué d'une grande vitalité, on ressent la commotion dans quelque point de son corps qu'on le touche. Au fur et à mesure que la vitalité cesse, la région de son corps où la décharge est sensible se réduit à celle qui correspond aux organes appelés communément électriques.

Je me suis assuré par l'expérience que la torpille n'a pas le pouvoir de diriger la décharge où elle veut et où elle est irritée. Elle se décharge *quand* elle veut, mais non pas *où* elle veut. On avait cru qu'elle pouvait diriger sa décharge où elle voulait, parce qu'on avait ressenti la commotion dans la partie du corps qui touche la torpille, et parce que le point irrité du poisson est le point où il est touché; mais voici ce qui arrive. Si les décharges sont fortes, l'animal étant en pleine vie, elles se ressentent partout où la torpille est touchée. Lorsqu'elle est affaiblie, et qu'on vient à l'irriter pour en avoir la décharge, ce n'est plus dans tous les points de son corps qu'on la ressent. En effet, j'ai posé plusieurs grenouilles préparées sur plusieurs points du corps d'une torpille un peu affaiblie : je l'ai irritée avec un couteau à la queue, aux nageoires, aux branchies, etc. Les grenouilles, qui sautaient, étaient, dans tous les cas, celles que j'avais posées sur les organes électriques.

Au moyen de la grenouille seule, j'ai pu établir quelle était dans la décharge la distribution de l'électricité sur le corps de la torpille. Pour que la grenouille ou un corps quelconque soient traversés par le courant électrique de la torpille qui se décharge, il faut toujours qu'ils en soient touchés en deux points différents. Si, par exemple, on prend une grenouille à laquelle on a laissé un seul filet nerveux crural, et qu'ensuite on touche la torpille avec la seule extrémité de ce nerf, en tenant la grenouille *isolée*, on ne voit jamais celle-ci se contracter, tandis que d'autres grenouilles, posées sur le poisson, souffrent de très-grandes contractions. Pour voir la grenouille *isolée* se contracter par la décharge de la torpille, il suffit qu'elle la touche par deux filets nerveux, ou par un nerf et un muscle, et enfin que deux points de la grenouille touchent deux points de la torpille. Si la grenouille n'est pas soutenue par un corps isolant, mais qu'au contraire elle communique avec la terre, on la voit alors se contracter, quand même elle ne toucherait la torpille que par la seule extrémité d'un filet nerveux.

Avec le galvanomètre, la distribution de l'électricité est très-aisément déterminée. Il suffit de promener les lames de platine du galvanomètre sur les différents points de l'organe électrique. Lorsqu'on veut des résultats comparables et exacts, il vaut mieux détruire l'un des organes, ce qu'on fait en le coupant tout entier, ou seulement les nerfs. On fait alors l'expérience sur l'organe laissé intact, sans avoir à craindre que la décharge de l'autre vienne troubler celle de l'organe qu'on étudie.

Voici quelles sont les lois générales de cette distribution :

1°. Tous les points de la partie dorsale de l'organe sont positifs, relativement à tous les points de la partie ventrale.

2°. Les points de l'organe sur la face dorsale, qui sont au-dessus des nerfs qui pénètrent dans cet organe, sont positifs relativement aux autres points de la même face dorsale.

3°. Les points de l'organe sur la face ventrale qui correspondent à ceux qui sont positifs sur la face dorsale, sont négatifs relativement aux autres points de la même face ventrale.

Ces trois lois, qui sont établies sur un très-grand nombre d'expériences, expliquent très-bien tous les cas du courant qu'on fait naître en touchant, ou une seule face de l'organe dans deux points différents, ou bien les deux organes à la fois sur la même face, pourvu que les points touchés ne soient pas symétriques.

J'ai encore déterminé de quelle manière le courant se meut dans l'acte de la décharge de la peau extérieure à l'intérieur de l'organe. Pour ces expériences, j'ai couvert de vernis mes lames de platine, de manière à en laisser à découvert seulement une bande très-étroite. On coupe l'organe horizontalement, on sépare avec une lame de verre les deux faces extérieures; ou bien on le coupe verticalement, et l'on y introduit plus ou moins profondément les lames de platine. On varie de toutes manières ces dispositions, et le résultat général est toujours le suivant : la lame positive du galvanomètre est toujours celle qui touche la peau dorsale, ou qui est le plus près de cette partie, relativement à la lame qui touche la peau ventrale, ou la partie intérieure de l'organe qui est le plus près de cette peau.

On peut faire ces expériences d'une manière encore plus concluante. Je coupe horizontalement à moitié l'organe d'une torpille vivante, et j'introduis une lame de verre vernie pour tenir séparées les deux faces internes de l'organe, formées en le coupant. J'applique les deux lames du galvanomètre sur ces deux faces internes; si la décharge a lieu, je vois l'aiguille du galvanomètre dévier dans le même sens que si les deux lames étaient posées l'une sur le dos, l'autre sur le bas-ventre ; c'est-à-dire que la lame qui touche la partie interne qui est attachée au dos est le pôle positif, tandis que l'autre est le pôle négatif. La déviation n'est que plus faible dans le premier cas. J'ai répété cette expérience toujours avec le même résultat, en employant des lames de platine très-petites, afin de recueillir l'électricité appartenant le plus possible aux points touchés.

Il était important de bien connaître si, dans l'acte de la décharge, une portion du courant électrique est transmise par les nerfs qui vont à l'organe, et dans quelles conditions cela se fait. L'expérience était très-difficile. J'ai pour cela isolé le plus pos-

sible, sur une torpille très-mince, les quatre nerfs qui
pénètrent dans l'organe, en enlevant toutes les parties
musculaires et cartilagineuses qui les enveloppent;
j'ai tâché d'en découvrir de grandes portions. La torpille donnait encore de très-fortes décharges sur l'organe préparé. J'ai enfilé un de ces nerfs avec deux
lames de platine pointues : il faut que les lames ne
touchent que le seul nerf et qu'elles le touchent à la
plus grande distance possible entre elles.

Sur une torpille un peu grosse, on réussit à tenir
ces lames enfoncées dans le nerf à 2 ou 3 centimètres
de distance entre elles. On rattache ces deux lames
aux extrémités du fil d'un galvanomètre très-sensible. L'expérience ainsi disposée, on irrite l'organe
de la torpille et on ne tarde pas à en obtenir la décharge. Si l'expérience est bien faite, le galvanomètre ne donne jamais aucun signe de courant.

On conçoit que si le nerf était traversé par un courant dans l'acte de la décharge, une portion serait
déchargée par les deux lames, et on aurait les signes
d'un courant dérivé. C'est là un fait que j'ai plusieurs
fois constaté, et que nous verrons être d'une grande
importance par la suite.

En examinant l'intensité du courant avec le galvanomètre, on trouve qu'elle varie avec l'étendue des
lames qui touchent les deux faces de l'organe.

J'ai voulu examiner encore quelle était la nature du
courant de la torpille, lorsqu'on le fait passer pendant
plus ou moins de temps par une couche d'eau salée,
ou par cette même couche séparée par un diaphragme

métallique. Le principe général que j'ai découvert est le suivant : lorsque la torpille est douée d'une grande vitalité, au moment où l'on vient de la tirer de la mer, le courant qu'elle donne peut se comparer à celui d'une pile d'un grand nombre de couples, et chargée avec un liquide actif et bon conducteur. A mesure que la vitalité s'affaiblit, le courant de la torpille se rapproche toujours plus de celui d'une pile d'un nombre de couples toujours moindre. Pour m'arrêter à une déviation du galvanomètre qui pût être appréciable, j'ai procédé de la manière suivante : je pose la torpille, à peine tirée de l'eau et essuyée, sur un plat métallique qui est isolé (*fig.* 27); c'est le plat de l'appareil que je décrirai plus loin et qui me sert à obtenir l'étincelle de la décharge de la torpille. Un autre plat métallique qui a un manche de verre est posé sur la torpille. Des fils de cuivre sont soudés à ces plats et vont se réunir où l'on veut. Pour avoir une déviation fixe, j'irrite la torpille disposée, comme nous l'avons dit, de manière à ce qu'elle donne huit à dix décharges successives, et je prends la déviation finale à la moitié de l'oscillation. J'ôte ensuite la torpille, je la plonge de nouveau dans l'eau de mer et, au bout de six à huit minutes, je la soumets de nouveau à l'expérience, et ainsi de suite. Sur une torpille femelle très-vivace, large de $0^m,18$, j'ai fait l'expérience suivante : en établissant un circuit tout métallique, j'ai eu une déviation de 80°. Ce même courant passant ensuite par une couche d'eau salée, longue de $0^m,40$, très-large et très-profonde, introduit par des électrodes de platine de 6 centimètres carrés, était à peine affaibli. La même torpille, après quelque temps, m'a donné 50° avec le circuit tout métallique, et 12° avec l'addition de la couche d'eau salée. Le courant d'une autre torpille, déjà faible, me donnait 30° en passant par le fil métallique, et 6° en passant par la couche d'eau salée, longue de $0^m,20$, large et profonde de $0^m,02$, à la moitié de laquelle se trouvait un diaphragme de platine.

Cette même torpille encore plus affaiblie m'a donné 12° dans le premier cas, et à peine des traces de courant dans le second cas.

Pour étudier encore mieux la nature de la décharge électrique de la torpille, j'ai fait passer cette décharge à travers un fil de cuivre roulé en spirale. J'ai introduit dans le spirale une aiguille d'acier. Après la décharge, l'aiguille était très-sensiblement aimantée. La direction de l'aimantation prouvait encore la direction du courant du dos au bas-ventre. J'ai répété cette même expérience en variant l'épaisseur du fil tourné en spirale, le diamètre et la longueur de l'aiguille ; j'ai employé à faire ces expériences des torpilles faibles et des torpilles très-fortes. L'aimantation a été toujours dans le même sens. Cela me semble prouver qu'il n'existe aucune analogie entre la décharge de la torpille et celle de la bouteille. Les physiciens se rappellent les anomalies trouvées par Savary en faisant aimanter une aiguille par la décharge de la bouteille.

Le Père Linari a employé la balance électro-magnétique de M. Becquerel pour mesurer l'intensité de la décharge de la torpille. En comparant avec le même instrument cette décharge à celle d'une batterie de neuf bouteilles, qui aurait 94 pouces carrés de surface totale armée, il parvint à établir que la décharge donnée par une torpille médiocre était de beaucoup plus intense que celle de la batterie.

Le même physicien a obtenu, en faisant passer la décharge de la torpille à travers une couple thermoélectrique, des signes marqués de réchauffement.

Les phénomènes de décomposition électro-chimique déjà observés par John Davy ont été peu étudiés par moi.

J'exposerai seulement une manière très-simple de les produire. Elle consiste à fermer le circuit entre les deux faces de l'organe, avec une bande de papier imbibée d'une solution très-saturée d'iodure de potassium. Deux lames de platine sont interposées entre les surfaces de l'organe et les bords du papier. Après quelques décharges, les indices de la décomposition apparaissent et indiquent la direction constante de la décharge de la torpille.

L'étincelle électrique de la décharge de la torpille s'obtient très-aisément avec l'appareil que j'ai décrit (*fig.* 27). Deux feuilles d'or sont appliquées avec de la gomme sur les deux boules métalliques *a* et *b*; on tient ces deux feuilles à la distance d'un demi-millimètre, et, en agitant légèrement le plat métallique supérieur, on irrite l'animal; dans le même moment les feuilles se meuvent, se rapprochent et s'éloignent presque simultanément. On ne manque pas de voir des étincelles très-brillantes éclater entre les feuilles d'or.

CHAPITRE XV.

DES CAUSES INTÉRIEURES ET EXTÉRIEURES QUI INFLUENT SUR LA DÉCHARGE DE LA TORPILLE.

J'entends par causes extérieures celles qui ne détruisent pas sensiblement l'organisation du poisson; c'est l'inverse pour les causes intérieures. J'en ferai l'exposition dans deux sections séparées.

PREMIÈRE SECTION. — Causes extérieures.

La vie de la torpille se prolonge plus ou moins, suivant : 1°. la masse d'eau de mer dans laquelle on la tient; 2°. la température de cette eau ; 3°. enfin, le degré de l'irritation qu'on fait souffrir à l'animal et par laquelle on l'oblige à se décharger très-souvent. J'ai réussi à prolonger la vie de la torpille jusqu'à trois jours dans ma chambre, en réunissant d'une manière favorable à l'animal les trois circonstances ci-dessus mentionnées. Il faut pourtant observer que les causes qui prolongent la vie de la torpille ne sont pas les mêmes qui accroissent l'activité de sa fonction électrique. Nous verrons dans cette section que la fonction électrique et le prolongement de la vie de l'animal varient par l'effet des mêmes causes qui agissent d'une manière opposée. Parlons d'abord de la chaleur.

Dans une masse d'eau de mer, haute de presque
1 mètre et contenue dans un vase de 30 centimètres
de diamètre, dont la température est à + 18° R., la
torpille ne vit ordinairement que cinq ou six heures
au plus, en conservant toujours sa force électrique
avec une activité plus ou moins grande. Si la température vient à s'abaisser, la fonction électrique
cesse presque en même temps. J'ai pris deux torpilles femelles, pêchées au même instant, et d'une
grosseur moyenne. L'expérience a commencé trois
heures après que je les avais prises. On les a mises
dans des quantités d'eau de mer égales, mais de température différente, l'une étant à 18° R. et l'autre à
+ 4° R. Au bout de cinq minutes, la torpille plongée
dans l'eau froide ne donnait plus de décharges
électriques quoiqu'on l'irritât, et ne faisait aucun
mouvement; cinq minutes plus tard, on ne voyait
presque plus de mouvement dans ses branchies : on
l'aurait crue morte. L'autre torpille était parfaitement
dans son état ordinaire. J'ai retiré la première de l'eau
et je l'ai mise avec l'autre. Une dizaine de minutes
s'étaient à peine écoulées qu'elle avait déjà sa première force tout à fait comme l'autre. J'ai répété
sur le même poisson quatre fois de suite la même
expérience, toujours avec le même succès, si ce n'est
qu'il demandait pour se rétablir un temps d'autant
plus long qu'on l'avait plus longuement refroidi.
Je vis une petite torpille mâle, large de six centimètres, transportée de nuit pendant dix heures dans
une très-petite quantité d'eau de mer à la température

de + 8° à + 10° R.; elle arriva engourdie et presque morte. L'état où je la voyais me la fit retirer de l'eau, et mettre sur une table où tombait un rayon de soleil levant. Je la vis alors se mouvoir; je la remis dans de l'eau qui était à + 16°, et dans un instant, elle me donna la décharge électrique. Elle vécut pendant une heure. J'ai étudié l'action du réchauffement sur une autre torpille; c'était une torpille femelle de dimension moyenne, et qui n'était pas même très-vivace. Je la mis dans de l'eau de mer que je pouvais échauffer à volonté. A mesure que la température s'élevait, j'avais soin de toucher l'animal. Il ne cessa jamais de donner de fortes décharges électriques. La température était à + 30° R., lorsque l'animal me donna cinq à six décharges électriques plus fortes qu'auparavant, qui durèrent quelques secondes; après quoi il mourut. J'ai prolongé le séjour d'une autre torpille dans de l'eau à + 26° R.; elle continua à donner des décharges, mais elle ne tarda pas à mourir. Si l'on a soin de la retirer tout de suite de l'eau chaude jusqu'à + 24° ou 26° R. et de la remettre dans de l'eau à + 18° R., on parvient à la rétablir. C'est une expérience que j'ai répétée plusieurs fois. J'ai tenu pendant un certain temps plongée dans de l'eau froide la moitié d'une torpille vivante et par conséquent un de ses organes, tandis que l'autre était dans l'air à + 22° R. Au bout d'une dizaine de minutes on pouvait irriter l'organe refroidi de la torpille, sans en avoir la décharge, ce qui n'avait pas lieu pour l'autre.

J'ai reçu très-souvent des torpilles qui avaient voyagé de la mer jusqu'au pays où j'étais, pendant des nuits très-froides. Les torpilles arrivaient sans aucun signe de vie, et il était impossible d'en avoir la décharge : exposées au soleil ou dans de l'eau à + 25° ou 30° centigrades, je les voyais très-souvent reprendre la vie et la fonction électrique. On peut très-bien expliquer cette action de la chaleur, sans recourir à des causes inconnues ou à des analogies trop éloignées. Les principes établis dans les grands travaux d'Edwards sur la respiration, suffisent pour faire comprendre ce phénomène. Il n'y a qu'à admettre que l'activité de l'action électrique est proportionnelle au degré de l'activité de la circulation et de la respiration de l'animal. Le poisson plongé dans l'eau froide a la circulation presque arrêtée à l'instant, et une petite quantité d'air suffit pour entretenir son existence engourdie. Dans l'eau chaude, la circulation et la respiration prennent une très-grande rapidité; mais le poisson doit bientôt mourir par l'effet de la diminution de l'air, dont la quantité n'est plus en rapport avec la nouvelle activité de ces deux fonctions.

Avant de commencer l'étude de la respiration de la torpille sous le rapport de sa fonction électrique, j'ai dû procéder à l'analyse de l'air dissous dans de l'eau de mer. Mon appareil était le même que celui employé par M. de Humboldt, dans son célèbre travail sur la respiration des poissons. L'analyse de l'air fut faite par la potasse et par la combustion lente du phosphore. J'ai répété plusieurs fois cette analyse, et j'ai observé de grandes différences dans les résultats, suivant les lieux de la mer où l'eau était prise, et suivant la température à laquelle elle était exposée. Je donnerai ici la composition moyenne de l'air contenu dans l'eau de mer près de la côte de Cesenatico, prise à + 13° R., et à un pied au-dessous de la surface. 3500 centilitres d'eau m'ont donné 62,5 dixièmes de pouce cube anglais, équivalant à 101,87 centimètres cubes. La composition pour 100 de ce mélange était 11 d'acide carbonique, 60,5 d'azote, 29,5 d'oxygène. Cette composition a été constante, relativement à l'oxygène et à l'azote; l'acide carbonique a varié de 0,08 à 0,27. La même eau de mer prise près de mon habitation, dans un petit réservoir qui débouchait dans le canal du port, à la température de + 22° R., m'a donné la composition suivante : 3500 centilitres donnent 45 dixièmes de pouce cube anglais, dont la composition pour 100 du mélange est de 17,8 d'acide carbonique, 24,4 d'oxygène, 57,8 d'azote. Voyons maintenant quel est le changement apporté dans cette quantité d'air et dans sa composition, par la respiration de la torpille. J'ai fait deux expériences en choisissant deux torpilles femelles d'une vitalité presque égale et d'une grandeur très-peu différente : l'une de ces torpilles a été plongée dans l'eau dont j'ai donné l'analyse; elle a été tranquille pendant quarante-cinq minutes, à la température de 22° R.; l'autre torpille a été dans la même condition, si ce n'est qu'on l'obligeait continuellement à donner la décharge. Les ayant retirées de l'eau encore vivantes, j'ai passé tout de suite à l'analyse de l'air contenu dans ces deux masses séparées d'eau de mer. Voici les résultats :

Air de l'eau de la torpille qui a donné les décharges.

3500 cent. ont donné 30,5 dixièmes de pouce cube anglais.

Composition.

Acide carbonique. . .	11	30,6
Azote.	19,5	69,4
Oxygène.	des traces	
	30,5	100

Air de l'eau de la torpille restée tranquille.

3500 cent. ont donné 35,75 dixièmes de pouce cube anglais.

Composition.

Acide carbonique. . .	12,50	37,8
Azote.	20,25	59,4
Oxygène.	1	2,8
	33,75	100

On voit donc que la torpille tourmentée a respiré plus que l'autre. L'oxygène absorbé est à l'azote comme 100 : 59; et à l'acide carbonique produit, comme 100 : 37,2. Dans la seconde torpille, la première proportion est de 100 : 57,50; la seconde de 100 : 45. C'est un résultat bien singulier que de voir la torpille qui a le plus d'action sur l'oxy-gène et l'azote être en même temps celle qui déve-loppe le moins d'acide carbonique. Le premier résul-tat s'explique très-aisément par l'accélération de la respiration et de la circulation de la torpille irritée.

Je décrirai encore une expérience qui confirme le principe déjà établi, c'est-à-dire que l'activité de la fonc-tion électrique est proportionnelle à l'activité de la cir-culation et de la respiration de l'animal. J'ai pris une torpille mâle très-petite, qui était très-affaiblie : à peine de temps en temps la voyait-on opérer le mou-vement respiratoire, et bien difficilement on en ob-tenait une décharge. J'ai introduit cette torpille sous une cloche pleine de gaz oxygène ; à l'instant même l'animal s'agita, il ouvrit la bouche plusieurs fois, il fit de fortes contorsions, et dans le même temps il me donna cinq à six fortes décharges électriques, puis il mourut.

Pour achever l'exposition de mes recherches sur les causes extérieures qui influent sur la décharge élec-trique de la torpille, j'ai encore à parler de l'action des poisons.

J'ai pris 3 grains de strychnine, et j'y ai ajouté quel-ques gouttes d'acide muriatique. J'ai introduit le mu-riate dans la bouche et dans l'estomac d'une grosse torpille très-vivante, large de 25 centimètres et longue de 32. Au bout de quelques secondes, la torpille eut de fortes contractions au dos; ensuite, avec ces contractions, il se fit quelques rares dé-charges très-fortes; dix minutes après, les décharges

devinrent plus faibles, mais plus rapprochées l'une
de l'autre; enfin les décharges cessèrent et l'animal
mourut dans de fortes contractions. Sa vie ne se pro-
longea certainement pas plus de dix à douze minutes.
J'ai encore préparé, avec 3 grains de morphine et
quelques gouttes d'acide muriatique, le muriate de
morphine. La torpille que j'ai employée dans cette
expérience était encore plus grosse que l'autre, mais
elle était moins forte; huit à dix minutes après l'introduction du poison, elle commença à donner par
elle-même, sans être irritée et sans la moindre contraction, des décharges extraordinairement fortes;
l'aiguille du galvanomètre était dans une agitation
continuelle. Dans dix minutes, elle ne donna certainement pas moins d'une soixantaine de ces fortes
décharges. Après ce temps les décharges spontanées
cessèrent, et il fallait alors, pour les obtenir, irriter
l'animal dans la bouche et dans les branchies; il
vécut ainsi tranquillement plus de quarante minutes,
en donnant toujours des décharges plus ou moins
fortes.

En introduisant dans l'estomac des torpilles vivantes des solutions d'opium ou de noix vomique,
les effets ne sont pas aussi violents. On voit, quelque
temps après l'introduction de ces solutions, les torpilles ne donner plus aucun signe de vie : on les dirait assoupies; retirées de l'eau, il suffit de les
toucher légèrement sur un point quelconque de leur
corps, pour voir sauter les grenouilles préparées
qu'on a couchées dessus. Quelquefois il suffit, pour

voir les signes de la décharge, d'ébranler la table où elles sont posées. C'est surtout avec une solution de noix vomique que l'expérience réussit parfaitement. Je prends pour cela de l'extrait alcoolique de noix vomique, et je le dissous dans l'eau à l'aide de quelques gouttes d'acide hydrochlorique. Je verse à peu près une once de cette solution dans l'estomac de la torpille, et huit à dix minutes après, elle est déjà dans l'état de surexcitation. Évidemment c'est le même phénomène qui est présenté par les grenouilles soumises à l'action des poisons narcotiques.

A l'une de ces torpilles qui était réduite dans cet état, j'ai coupé à la moitié du dos la moelle épinière. Après cette opération, on pouvait toucher la partie du corps au-dessous du point coupé de la moelle sans avoir la décharge. En touchant au-dessus, la décharge avait lieu. Cette expérience suffit pour prouver que l'irritation extérieure était transmise du point touché au cerveau par la moelle épinière. C'est le cas de l'action réfléchie découverte par Flourens et par Hall.

Parmi les causes extérieures qui influent sur la décharge électrique de la torpille, il faut mettre encore l'irritation qu'on produit en elle en la comprimant dans les différentes parties du corps. Le frottement sur les branchies est une des manières les plus sûres d'avoir la décharge, comme l'est encore la compression de l'organe dans le point qui correspond au passage des nerfs. La décharge a presque toujours lieu encore, lorsqu'on plie le poisson de manière à ce que le bas-ventre devienne concave. Enfin la compression des yeux et de la cavité qui est placée au-dessus du cerveau ne manque jamais de donner lieu à de fortes décharges électriques. Si les nerfs qui s'introduisent dans cette cavité et qui traversent les muscles de l'œil sont liés ou coupés, cette compression ne produit plus la décharge.

Le courant électrique doit être encore placé parmi les causes extérieures qui déterminent la décharge de la torpille. Un courant de trente couples de zinc et cuivre, larges de 5 centimètres, chargés avec une solution nitro-sulfurique, donne lieu à de fortes décharges de la torpille, chaque fois qu'on le fait passer de la bouche aux branchies, à la peau ou dans l'intérieur de l'organe. J'ai prolongé la durée du passage du courant pour voir quel effet était produit lorsqu'il cessait de circuler. Je n'ai rien aperçu dans ce cas. L'application extérieure du courant, telle que je l'ai décrite, soit directement, soit en sens contraire, produit le même effet.

DEUXIÈME SECTION. — Causes intérieures.

J'ai déjà dit que par causes intérieures j'entends celles qui modifient l'organisation. J'en partagerai l'étude entre trois parties du corps de la torpille.

1°. *La substance propre de l'organe et les parties musculaires, cartilagineuses, etc., qui le recouvrent et l'environnent, et les vaisseaux de la circulation du sang.* — Je rappelle ici ce que j'ai dit plus haut que, pour mieux étudier ces phénomènes, j'ai toujours eu

soin de détruire la fonction de l'un des organes ; j'in-
diquerai bientôt de quelle manière on peut y parvenir.

On peut enlever toute la peau de l'organe, celle
du dos ou celle du bas-ventre, sans que la décharge
électrique souffre de diminution dans l'intensité. J'ai
coupé l'organe à la moitié, soit horizontalement, soit
verticalement, j'ai introduit une lame de verre pour
séparer les deux tranches coupées, et la décharge
électrique continuait encore à se faire. J'ai coupé
l'organe de manière à en laisser une moitié attachée
à l'autre par une petite tranche : la décharge arrivait
encore de l'une à l'autre, pourvu qu'elles communi-
quassent encore entre elles par une branche nerveuse
intacte. J'ai vu une petite torpille mâle très-vivace,
large de 12 centimètres, dont j'ai coupé à plusieurs
reprises les trois quarts de l'organe, donner toujours
des décharges et chaque fois qu'on recommençait à
couper, les décharges arrivaient avec une intensité
toujours croissante.

Ce n'est que par deux moyens que je suis parvenu
à détruire la fonction électrique, en agissant sur la
seule substance de l'organe. Ces deux moyens sont
le contact des acides minéraux concentrés et la chaleur de l'eau bouillante. Après avoir enlevé la peau
supérieure de l'organe, j'ai mouillé la substance interne avec de l'acide sulfurique, et à l'instant j'ai
obtenu de fortes décharges. Au bout de quelques minutes, la substance de l'organe est devenue blanche
et coagulée. Alors il m'a été impossible d'en tirer de

nouvelles décharges. Ce même effet est produit par l'acide muriatique. Si l'on plonge dans de l'eau bouillante une torpille à laquelle la peau dorsale de l'un des organes a été enlevée, on a, à la première impression de la chaleur, des décharges très-fortes. Mais si on prolonge cette immersion pendant quelques secondes seulement, la décharge cesse, et la substance de l'organe est encore coagulée. Il faut faire cette expérience de manière que la torpille ne plonge dans l'eau bouillante que par l'organe qu'on a écorché. C'est ainsi qu'on parvient à la sauver. Opérant de cette manière, il m'est arrivé de faire une observation curieuse que je crois utile de rapporter. Une des torpilles, qui avait perdu la fonction électrique dans l'un de ses organes, après avoir été tenue plongée pendant quelques secondes dans l'eau bouillante, fut remise dans de l'eau de mer où elle vécut presque deux heures. La substance de l'organe n'était plus ni blanche ni coagulée, elle avait presque repris ses propriétés ordinaires, sans être pourtant devenue capable de donner la décharge. J'ajoute enfin que j'ai coupé en deux ou trois points l'arc cartilagineux qui est sur les branchies, que j'ai détruit complétement la cavité, pleine d'une substance analogue à celle de l'organe qui est au-dessus du cerveau, sans avoir obtenu le moindre affaiblissement dans la force de la décharge électrique. J'ai obtenu le même résultat en coupant tous les muscles et les tendons qui environnent l'organe.

Un des organes électriques de la torpille rapidement séparé du poisson vivant, peut donner la décharge, lorsque ses nerfs sont irrités. Nous examinerons tout à l'heure ce fait. Il suffit à prouver que l'intégrité de la circulation du sang dans l'organe n'est pas nécessaire pour qu'il donne la décharge.

2°. *Les nerfs qui se rendent dans l'organe.*—C'est un fait que Galvani et Spallanzani avaient déjà observé depuis longtemps, qu'en coupant les nerfs de l'un des organes, la décharge cesse de ce côté, tandis qu'elle continue du côté opposé. J'avais encore établi, dans mes premières recherches, qu'il ne suffisait pas de couper un, deux, trois de ces nerfs pour détruire entièrement la décharge, qu'il fallait pour cela les couper tous les quatre.

J'ai observé que la décharge de la torpille, lorsqu'on lui a coupé deux ou trois de ces nerfs des organes, se limite aux points dans lesquels se trouve ramifié le nerf qu'on a laissé intact. Lorsqu'on a soin d'essuyer parfaitement la peau de la torpille, on voit très-bien avec le galvanomètre cette limitation de la décharge.

La torpille peut vivre longtemps, même après que les nerfs de l'organe ont été coupés. En effet, j'ai coupé trois nerfs de l'organe droit à une torpille femelle très-petite et très-vivace. Après l'opération, la peau fut réunie et cousue, et le poisson lié par la queue fut mis dans le canal de Cesenatico : c'était le 27 juillet, à trois heures après midi. L'animal mourut dans la soirée du 28, après environ trente heures de vie.

Le changement apporté dans la substance de l'organe était grand dans la partie où se ramifient les
trois nerfs coupés : elle y était tellement amincie et
atrophiée, qu'il était impossible de la reconnaître ;
la substance des troncs nerveux était devenue pulpa-
cée, le reste de l'organe était intact.

Il n'est point nécessaire de couper les nerfs pour
détruire la décharge électrique, il suffit de les lier ;
avec un peu d'habitude, on y réussit très-aisément.
Les mêmes phénomènes que nous avons vus en coupant les nerfs, s'observent si on se borne à les lier.

Lorsque les nerfs ont été coupés, et que par là
toute fonction électrique a été détruite, si on tire
avec une pince un de ces troncs nerveux qui sont
attachés à l'organe, on obtient encore des décharges électriques. Il faut, pour que cette expérience réussisse, que la torpille employée soit très-
vivace. Dans ce cas, le phénomène ne manque pas
d'avoir lieu. Des observations plus précises ont fait
observer un phénomène singulier. Sur une torpille
très-vivace, si on sépare un des organes avec ses
quatre nerfs attachés, et si une fois la peau bien essuyée on pose plusieurs grenouilles préparées sur la
surface de l'organe, on voit alors, en irritant tantôt
un des nerfs, tantôt un autre, une certaine grenouille
sauter, et les autres rester tranquilles. On ne tarde
pas à découvrir qu'on a de cette manière une décharge
partielle de l'organe, c'est-à-dire celle de la portion
de l'organe dans laquelle est distribué le nerf irrité.

Cette observation peut se répéter sur les plus petits troncs nerveux de l'organe. Il faut détacher rapidement l'organe électrique d'une torpille bien vivante, et le couvrir de grenouilles préparées. On voit aussitôt, en introduisant le couteau dans les différents points de l'organe, les grenouilles posées au-dessus sauter. C'est toujours un filament nerveux qu'on a coupé, lorsque la décharge a eu lieu. J'ai vu un morceau très-petit d'organe qui n'était formé que d'une partie d'un des prismes, donner la décharge en le coupant. Nous reviendrons par la suite sur cette expérience.

En mouillant avec une solution très-concentrée de potasse les troncs nerveux de l'organe mis à découvert, la décharge n'a pas lieu, et sans que la substance nerveuse de ces troncs soit altérée, du moins en apparence, il devient impossible, en les irritant, d'en obtenir la décharge.

3°. *Enfin le cerveau.* — Avec la lame d'un rasoir peu aiguisé je découvre très-vite le cerveau d'une torpille. Si l'animal est encore très-vivant, on observe ce qui suit : presque toutes les fois qu'on touche avec une plume, une pince, un tube de verre, le cerveau de la torpille, la décharge électrique ne manque pas d'avoir lieu. On ne tarde pas à apercevoir quels sont les véritables points de cet organe dont l'irritation produit toujours la décharge. Il vaut mieux pour cette étude que la torpille soit un peu affaiblie.

Les premiers lobes (cérébraux) peuvent être irrités, coupés, détruits tout à fait sans que la décharge cesse d'avoir lieu. Quand ces lobes sont irrités, la décharge n'a pas lieu : il faut opérer doucement pour ne pas ébranler le reste du cerveau. Les lobes qui suivent les premiers donnent lieu, lorsqu'on les touche ou qu'on les blesse, à de fortes contractions musculaires, et quelquefois même, si l'animal est très-vivant, à des décharges électriques. Pourtant on peut les couper sans que cela détruise la décharge. Le troisième lobe peut être irrité, blessé, enlevé tout à fait, sans contractions et sans que la décharge électrique ait lieu, et sans qu'elle cesse lorsqu'on vient à irriter le quatrième lobe.

Ce dernier lobe du cerveau, qu'on peut regarder comme un renflement de la moelle allongée, de laquelle partent les nerfs qui vont à l'organe, est la seule partie du cerveau qu'on ne puisse toucher sans avoir de très-fortes décharges électriques. Ce lobe détruit, toute décharge électrique devient impossible, quand même on laisserait le reste du cerveau intact. J'ai coupé sur une autre torpille la moelle allongée au point où elle sort du cerveau, c'est-à-dire après qu'elle a donné les nerfs aux organes. De fortes décharges et contractions musculaires ont lieu lorsqu'on touche le dernier lobe, que j'appellerai désormais *le lobe électrique*. La décharge électrique n'est pas altérée après avoir coupé un gros faisceau nerveux formé par les premiers nerfs de la moelle épinière, et qui, partagé en deux branches, entoure l'organe, en passant au-dessus et au-dessous de l'arc cartilagineux. J'ai trouvé encore qu'on peut enlever une espèce de couche jaunâtre que forme la partie supérieure de ce lobe, sans que la partie inférieure cesse de donner la décharge lorsqu'on l'irrite.

Les organes de la fonction électrique se réduisent donc au dernier lobe du cerveau, à ses nerfs et à l'organe proprement dit. L'action de ce dernier lobe sur la fonction électrique est *directe*. C'est ainsi que, si on touche la partie droite du lobe électrique, c'est l'organe droit qui donne la décharge. Le contraire arrive, si c'est la partie gauche qu'on touche.

Je passe à la description des expériences que j'ai faites sur la torpille morte. J'appelle morte la torpille lorsque ses branchies ne font plus de mouvement, et que, irritée, blessée et comprimée, extérieurement et intérieurement, hors certains points du cerveau, elle ne donne plus de décharges électriques. Je ferai remarquer en passant que la torpille n'est pas assez morte, au moins selon la définition qui précède, même quand on a coupé ses gros vaisseaux sanguins et détruit ainsi la circulation. Dans ce dernier cas, on obtient encore quelques décharges électriques en irritant l'animal. Qu'on prenne donc, comme je l'ai dit, une torpille morte et qu'on en découvre le cerveau.

J'ai vu très-bien ces phénomènes sur les torpilles refroidies depuis quelque temps, et mortes en apparence. Si l'on touche le lobe électrique, les décharges se montrent, et bien plus fortes que celles que l'animal donnait étant vivant. Les autres parties du cerveau, quoique irritées, ne produisent aucune décharge. L'action du lobe électrique est constamment *directe*, et le courant de la décharge est dirigé, comme à l'ordinaire, du dos au bas-ventre. Un certain temps étant écoulé, on n'a plus la décharge en touchant simplement le lobe électrique; mais les décharges apparaissent encore si ce lobe vient à être blessé. Ce qui est encore plus extraordinaire, c'est que les décharges que j'ai obtenues par la blessure du lobe électrique sont *indifféremment* dirigées du dos au bas-ventre, ou du bas-ventre au dos. J'en ai observé plusieurs, l'une à la suite de l'autre, dirigées dans ce dernier sens. Les décharges que j'obtiens par la blessure du lobe électrique ne sont qu'au nombre de quatre ou cinq ; après cela tout phénomène électrique est à jamais détruit.

Il me reste maintenant à exposer quelle est l'action du courant électrique appliqué sur le cerveau et sur les nerfs de l'organe de la torpille. La pile que j'ai employée était à colonne dont les couples, zinc et cuivre, avaient 4 centimètres de surface. Le liquide de la pile était de l'eau de mer avec un dixième d'acide nitro-sulfurique. C'est toujours une pile de vingt couples que j'ai employée.

J'ai découvert le cerveau d'une grosse torpille qui, quoique affaiblie, était encore vivante. J'ai introduit le réophore négatif de platine dans l'organe sur la partie dorsale et près du bord extérieur. La torpille était couverte de grenouilles préparées, et deux galvanomètres étaient déposés, comme à l'ordinaire, sur les deux organes. Je commence par toucher légèrement, avec une pince, le lobe électrique : j'obtiens plusieurs décharges ; mais dans peu de secondes elles cessent même en le touchant. Alors je porte le réophore positif sur la partie droite du lobe électrique, c'est-à-dire du même côté où se trouve le réophore négatif. A l'instant il y a décharge de l'organe. Je crois important d'assurer dès l'abord le lecteur que cette décharge, démontrée par les convulsions - des grenouilles et par le galvanomètre, n'est pas due à une portion du courant de la pile qui parcourt les grenouilles et le galvanomètre. En effet, j'ai acquis, par d'autres expériences, la certitude que le même courant qu'on fait passer dans d'autres parties du corps de la torpille, hors de l'organe et dans les mêmes conditions, ne donne aucun signe, ni aux grenouilles ni au galvanomètre. J'ai coupé une torpille au milieu de son corps, de manière qu'il ne restât aucune partie des organes électriques attachés au côté inférieur. Le galvanomètre et les grenouilles préparées étaient disposés sur cette dernière partie du corps de la torpille. Le courant de la même pile a passé de la moelle épinière aux muscles de la queue, sans exciter aucune contraction dans les grenouilles, ni donner aucun signe au galvanomètre. Je reprends maintenant la première expérience. Si, au lieu de toucher avec le pôle positif la partie droite du lobe électrique, on touche la gauche, c'est l'organe gauche qui se décharge, et c'est là une nouvelle preuve que ces décharges sont effectivement de la torpille. En effet,

les grenouilles et le galvanomètre de l'organe gauche
ne sont même pas compris dans le circuit de la pile.
Si le réophore positif touche tout entier le lobe électrique, les deux organes se déchargent à la fois.
Qu'on vienne maintenant à changer la direction du
courant, c'est-à-dire que le pôle positif soit introduit
dans l'organe, et que le négatif touche le lobe électrique, il y a alors de fortes contractions musculaires et *point de décharge*. Au contraire, la décharge
a lieu lorsque le courant cesse de passer. Le galvanomètre et les grenouilles ne se meuvent pas dans
le premier cas, et c'est encore une preuve que les
décharges obtenues précédemment sont véritablement les décharges ordinaires de la torpille. J'ai renouvelé encore l'action du courant électrique, et,
quoique l'animal fût très-affaibli, les mêmes phénomènes se sont reproduits, c'est-à-dire qu'il y avait
décharge de l'organe à chaque passage du courant
électrique. Il faut bien observer que si la torpille est
douée d'une grande vitalité, les décharges s'observent encore pendant un certain temps, lorsqu'on
fait passer le courant inverse, c'est-à-dire celui qui
est dirigé de l'organe au cerveau.

J'ai voulu étudier encore quel était l'effet de la
ligature des nerfs de l'organe. Dans cette expérience,
j'ai lié les quatre nerfs de l'organe droit d'une autre
torpille, grosse et très-vivace. J'ai découvert le cerveau et j'ai répété l'expérience précédente en fermant le circuit au-dessus de la ligature. Lorsque le
courant marchait directement, il n'y avait aucune

décharge de l'organe; quand il marchait en sens inverse, je n'ai observé que de très-faibles contractions dans les muscles supérieurs. J'ai répété ces expériences sur quinze individus, toujours avec le même résultat, en laissant les nerfs intacts, quelquefois en les coupant ou les liant, et en ayant toujours soin de commencer le passage du courant, après m'être assuré que le contact du réophore de platine, sans qu'il fût attaché à la pile, ne donnait lieu à aucune décharge de l'organe. Il est bien juste d'observer que ces décharges produites par le courant n'ont pas la force de celles que l'animal donne lorsqu'il est vivant; mais elles ne diffèrent certainement pas des dernières décharges qu'on tire de la torpille morte, en touchant légèrement son lobe électrique. En effet, les déviations du galvanomètre sont, dans ce cas comme dans l'autre, de 5° à 6°; mais elles suffisent pour montrer clairement la déviation dans son sens ordinaire, c'est-à-dire du dos au bas-ventre. Enfin j'observerai encore que jamais on n'a les indices de la décharge de l'organe en touchant avec le pôle positif les muscles, la peau, le liquide du cerveau, etc., tous points qui ne diffèrent pas du lobe électrique par leur position et leur conductibilité, ce qui est encore une preuve de la véritable nature des décharges précédentes.

L'action du courant électrique sur les nerfs de l'organe est encore importante, et mérite d'être décrite avec le plus grand soin. J'ai séparé rapidement un des organes d'une torpille qui était encore vivante;

c'était une torpille femelle très-grosse, la plus grosse de toutes les torpilles que j'ai eues ; elle pesait six livres. L'organe a été séparé sans détacher la peau. Je n'ai fait que couper les nerfs le plus près possible du cerveau, et les séparer des branchies en tranchant circulairement toutes les parties qui environnent l'organe du côté de la tête. Il me restait ainsi l'organe avec ses quatre nerfs (*fig.* 28), qui étant un peu tirés en dehors, en ressortaient de deux ou trois centimètres et même davantage. Tout cela a été mis sur une lame de verre couverte de vernis : alors, après avoir posé les extrémités du galvanomètre et les grenouilles préparées sur l'organe, comme à l'ordinaire, j'ai introduit le réophore négatif dans la substance de l'organe, près du bord extérieur, et avec le réophore positif j'ai touché l'un des quatre nerfs qui étaient étendus sur la lame de verre. A l'instant il y a eu déviation de 4° dans le galvanomètre, dans le sens du courant ordinaire de la torpille et de fortes contractions dans les grenouilles. En touchant les autres nerfs, les mêmes phénomènes ont lieu. Si je touche avec le fil positif la substance de l'organe qui est entre les nerfs, et cela en plusieurs points, tels que la peau ou quelques morceaux de muscles attachés, je n'obtiens aucun phénomène. J'ai réuni les quatre nerfs sur une lame de platine, et c'est en touchant cette lame que les phénomènes précédents, qui indiquent la décharge de l'organe, se sont reproduits avec le plus d'intensité. J'ai essayé dans un cas de couper la ramification de l'un des nerfs dans l'intérieur de l'organe, en laissant intact le tronc nerveux extérieur. Si ce tronc vient à être touché par le pôle positif, les indices de la décharge manquent. J'ai lié les nerfs, et les décharges ont manqué encore quand le courant passait. Si les torpilles sont mortes depuis quelque temps, l'action du courant électrique que nous avons décrite plus haut, sur les nerfs de l'organe, et sur le cerveau réuni à l'organe, est entièrement détruite, et on tenterait inutilement de la reproduire par un plus grand nombre de couples. Ce résultat, qui arrive après un certain temps, et qui dépend du degré de vitalité de l'animal et du traitement variable qu'on lui a fait subir, peut, au besoin, servir encore à prouver l'exactitude de mes résultats. Telle est, suivant moi, l'importance des faits que j'ai rapportés, que j'ai fait tout ce que j'ai pu pour dissiper les doutes qu'on aurait pu conserver sur la nature des décharges obtenues par le passage du courant électrique. Voici de quelle manière j'ai opéré : une torpille bien vivante a été préparée en enlevant avec un rasoir la peau et les muscles qui couvrent les quatre nerfs qui vont à l'organe. On peut alors les isoler assez exactement. Des grenouilles sont disposées sur l'organe et les deux lames de platine unies au galvanomètre. Maintenant, au lieu de faire passer le courant électrique des nerfs à l'organe, je ne touche plus qu'un seul de ces nerfs avec les deux pôles. Pour faire l'expérience avec soin, je suspends les nerfs avec un fil de soie, en même temps que l'organe est posé sur une lame de verre vernie. Je tiens les deux

pôles de la pile, qui est encore parfaitement isolée, à
2 ou 3 centimètres de distance sur un des nerfs de
l'organe. A l'instant, j'observe de fortes contractions
dans les grenouilles, et une déviation très-sensible
dans l'aiguille du galvanomètre, qui est dans le même
sens que celui de la décharge ordinaire. Je renverse
aussitôt la direction du courant et j'obtiens les mêmes
phénomènes; j'ai les mêmes contractions dans les
grenouilles et la même déviation dans le galvanomètre. Je pose les pôles de la pile sur la substance
même de l'organe ou sur les muscles qui l'environnent; le courant passe, mais la grenouille et le galvanomètre ne font voir aucun signe de décharge. On
obtient encore de cette manière la limitation de la
décharge par la surface de l'organe, suivant que le
courant passe ou dans un nerf ou dans l'autre; ·la
portion de l'organe qui se décharge est celle dans
laquelle est ramifié le nerf parcouru par le courant
électrique. Le quatrième lobe agit comme les nerfs.
Si on y fait passer le courant électrique, on obtient
les mêmes décharges, et ces phénomènes cessent si
les nerfs sont liés.

J'ai cru important de déterminer le pouvoir conducteur de l'électricité de la substance nerveuse et
de celle de l'organe. Je l'ai fait avec l'exactitude
qu'il est possible de porter dans ce genre d'expériences; j'ai employé un galvanomètre double, et
j'ai fait passer les deux courants par une tranche
de la substance de l'organe, et par cinq ou six
troncs nerveux de la torpille réunis. Je me servais

d'une pile de vingt couples. La conductibilité m'a semblé toujours plus forte pour la substance de l'organe, et cela me paraît bien aisé à concevoir si l'on considère que cette substance est imbibée d'une solution saline.

Lorsqu'on étudie avec beaucoup de soin les effets du passage du courant électrique dans les nerfs de l'organe électrique, on trouve, 1°. que dans une première période, après la mort, dans laquelle la vitalité des nerfs est encore très-grande, le courant électrique, direct ou inverse, produit toujours la décharge, soit à son commencement, soit à l'instant de l'interruption. 2°. Dans la période suivante de vitalité, la décharge n'est plus produite que par le commencement du courant direct et par l'interruption du courant inverse.

Je vais résumer en peu de mots les conséquences de toutes mes recherches sur les phénomènes électriques de la torpille. Lorsqu'on réfléchit 1°. qu'aucune trace d'électricité ne se trouve libre dans l'organe sans qu'il se décharge; 2°. qu'on peut détruire la peau, les muscles, l'arc cartilagineux qui entoure l'organe et même une partie de la substance d'organe, sans que la décharge cesse ou se montre affaiblie; 3°. que des poisons narcotiques déterminent de fortes décharges électriques; 4°. que l'irritation du lobe électrique du cerveau donne de très-fortes décharges électriques, même quand l'animal semble mort depuis longtemps; 5°. que l'action de ce lobe électrique persiste après qu'on l'a séparé de tous les lobes supérieurs du cerveau et de la moelle épinière; 6°. que l'irritation de ces lobes supérieurs ou de la moelle épinière n'est pas suivie par la décharge; 7°. que de fortes contractions musculaires s'observent dans les parties qui environnent l'organe, sans que la décharge ait lieu; 8°. que cette décharge se produit en irritant les troncs nerveux qui sont ramifiés dans l'organe, et quand ces troncs sont déjà séparés du cerveau; 9°. que la blessure du lobe électrique, non-seulement produit toujours la décharge, mais en renverse quelquefois la direction; 10°. que le courant électrique agit sur les nerfs de l'organe pour produire la décharge, et suivant des lois particulières; il est impossible de ne pas tirer de ces divers faits les conclusions suivantes :

1°. La décharge électrique de la torpille et la direction de cette décharge dépendent de la volonté de l'animal, qui, pour cette fonction, a son siége dans le lobe électrique de son cerveau.

2°. L'électricité est développée par cet organe de la torpille, qu'on appelle ordinairement *électrique*, sous l'influence de la volonté.

3°. Toute action extérieure qui est portée sur le corps de la torpille vivante, et qui détermine la décharge, est transmise par les nerfs du point irrité au lobe électrique du cerveau.

4°. Toute irritation portée sur le quatrième lobe ou sur ses nerfs ne produit d'autres phénomènes que la décharge électrique. On peut donc appeler ce lobe et ses nerfs, *lobes* et *nerfs électriques*, comme on dit :

COMPARAISONS DE LA CONTRACTION MUSCULAIRE
ET DE LA DÉCHARGE ÉLECTRIQUE DE LA TORPILLE,

SOUS LE QUADRUPLE RAPPORT :

	Contraction musculaire	Décharge électrique de la torpille
DU SIÉGE ET DE LA STRUCTURE DE L'ORGANE DE LA CONTRACTION ET DE LA DÉCHARGE	Situé immédiatement sous la peau ; Ayant son siége dans la fibre contractile dont l'assemblage constitue un muscle ; Exigeant dans sa structure : A. Une substance *sui generis* ; B. Un nerf proportionnel provenant du cordon antérieur de la moelle ; C. Une partie de système vasculaire également proportionnelle.	Situé immédiatement sous la peau ; Ayant son siége dans la fibre électrique, dont l'assemblage constitue l'organe *électrique* ; Exigeant dans sa structure : A. Une substance *sui generis* ; B. Un nerf proportionnel provenant du cordon antérieur de la moelle ; C. Une partie vasculaire également proportionnelle.
DU MODE ET DES CONDITIONS DE LA PRODUCTION NATURELLE	Toute irritation portée sur un point quelconque d'un animal vivant qui est suivie d'une contraction musculaire, a été transmise par un nerf rentrant, aux cordons postérieurs de la moelle épinière, et de là au cerveau, duquel est parti l'acte de la volonté, qui, arrivé à la partie correspondante des cordons antérieurs, a été transmis par le nerf qui en sort, aux muscles qui se sont contractés.	Toute irritation portée sur un point quelconque d'une torpille vivante, et qui est suivie d'une décharge électrique, a été transmise par un nerf rentrant, aux cordons postérieurs de la moelle épinière, et de là au cerveau, duquel est parti l'acte de la volonté, qui, arrivé aux cordons antérieurs, a été transmis, par les nerfs qui en sortent, aux organes électriques qui ont produit la décharge.
DES EFFETS	La contraction produit un raccourcissement et un élargissement proportionnels dans chacune des fibres musculaires, et, par conséquent, dans le muscle formé par leur réunion, d'où un gonflement sous-cutané et un rapprochement des deux points terminaux de ces fibres et de ce muscle ; et par suite un mouvement proportionnel de propulsion au contact.	On ne parvient pas avec l'expérience à démontrer, pour la décharge de la torpille, un changement de raccourcissement et d'élargissement des parties élémentaires et de l'ensemble de l'organe. Le volume de la torpille entière ne change pas pendant la décharge ; ce qui peut très-bien se concevoir, quand même il arriverait pour chaque élément de l'organe électrique ce qui arrive pour la fibre musculaire.
DES CAUSES NATURELLES OU ARTIFICIELLES QUI… L'AUGMENTENT.	A. *Sur l'animal vivant.* Sa volonté, sa vigueur, son appétit, l'état de la respiration et de la circulation, le repos ou l'intermittence d'action, la strychnine, l'alcool, etc. B. *Sur l'animal récemment tué.* L'irritation mécanique, chimique et électrique du nerf.	A. Sa volonté, sa force, sa vigueur, l'état de sa respiration et de la circulation, le repos ou l'intermittence d'action, la strychnine, la morphine, la chaleur. B. L'irritation mécanique, chimique et électrique du nerf.
… L'AFFAISSENT.	A. *Sur l'animal vivant.* La faiblesse de son âge, la fatigue, la faim, le froid, l'opium, l'alcool dilué. B. *Sur l'animal récemment tué.* Le froid.	A. La faiblesse, la fatigue, le froid, l'opium. B. Le froid.
… L'ÉTEIGNENT.	A. *Sur l'animal vivant.* La section et la ligature du nerf. La section et la ligature des artères.	La section ou la ligature du nerf. La section ou la ligature de l'artère ne produit pas immédiatement son effet sur la contraction musculaire ; et comme la section ou la ligature de l'artère ne laisse pas à la torpille une longue vie, il est impossible de prouver par l'expérience ce point d'analogie.

nerfs des sens, nerfs moteurs, nerfs de la vie or-
ganique.

5°. Le courant électrique qui agit sur le lobe ou
sur les nerfs électriques ne produit que la décharge
de l'organe, et cette action du courant persiste plus
longuement que celle de tous les autres stimulants.

6°. Toutes les circonstanc s qui modifient la fonction de l'organe électrique agissent également sur la
fonction du muscle, c'est-à-dire sur la contraction.

Je terminerai par la démonstration de cette dernière conclusion, à l'aide d'un tableau que M. de
Blainville a bien voulu rédiger en partant des résultats de mes expériences.

(Voir le tableau ci-contre.)

CHAPITRE XVI.

DES PHÉNOMÈNES ÉLECTRIQUES DU GYMNOTE.

Avant d'exposer les résultats des observations récentes faites en Angleterre par Faraday, et par quelques autres physiciens anglais sur un gymnote qu'on
a conservé vivant pendant quelque temps à Londres,
je crois faire plaisir à mes lecteurs en rapportant ici
la description pittoresque que le célèbre baron de
Humboldt fait de la pêche de cette aiguille. Le passage que je choisis nous servira en outre dans l'étude
que nous allons faire de la fonction électrique de cet
animal.

« Après trois jours de vaine attente dans la ville

« de Calabozo; après avoir reçu une seule anguille,
« et même assez faible, nous résolûmes de nous
« transporter nous-mêmes sur les lieux et de faire
« les expériences en plein air, aux bords de ces mares
« dans lesquelles les gymnotes abondent. Nous nous
« rendîmes d'abord au petit village appelé Rastro
« de Abaxo. De là, les Indiens nous conduisirent au
« Cano de Bera, bassin d'eau bourbeuse et morte,
« mais entouré d'une belle végétation, de la *clusia*
« *rosea*, de l'*hymenæa Courbaril*, de grands figuiers
« des Indes, et de quelques mimoses aux fleurs odo-
« riférantes. Nous fûmes bien surpris lorsqu'on nous
« dit qu'on irait prendre une trentaine de chevaux
« à demi sauvages dans les savanes voisines, pour
« s'en servir à la pêche des anguilles électriques.
« L'idée de cette pêche, que l'on appelle *embarba-*
« *scar con caballos* (enivrer par le moyen des chevaux)
« est en effet bien bizarre. Le mot de *barbasco* dé-
« signe les racines du *jacquinia*, du *piscidia* et de
« toute autre plante vénéneuse, par le contact des-
« quelles une grande masse d'eau reçoit dans un in-
« stant la propriété de tuer, ou du moins d'enivrer et
« d'engourdir les poissons. Ces derniers viennent à
« la surface de l'eau quand ils ont été empoisonnés
« (*embarbascado*) par ce moyen. Comme les chevaux
« chassés çà et là dans une mare causent le même
« effet sur les poissons alarmés, on embrasse, en
« confondant la cause et l'effet, les deux sortes de
« pêches sous la même dénomination.

« Pendant que notre hôte nous expliquait cette

« manière étrange de prendre le poisson dans ce
« pays, la troupe des chevaux et des mulets arriva.
« Les Indiens en avaient fait une sorte de battue, et en
« les serrant de tous les côtés, on les força d'entrer
« dans la mare. Je ne peindrai qu'imparfaitement
« le spectacle intéressant que nous offrit la lutte des
« anguilles contre les chevaux. Les Indiens, munis de
« joncs très-longs et de harpons, se placent autour
« du bassin ; quelques-uns d'eux montent sur les
« arbres dont les branches s'élancent au-dessus de
« la surface de l'eau ; tous empêchent par leurs cris
« et la longueur de leurs joncs, que les chevaux
« n'atteignent le rivage. Les anguilles, étourdies du
« bruit des chevaux, se défendent par la décharge
« réitérée de leurs batteries électriques. Pendant
« longtemps elles ont l'air de remporter la victoire sur
« les chevaux et les mulets ; partout on en vit de ces
« derniers qui, étourdis par la fréquence et la force
« des coups électriques, disparurent sous l'eau. Quel-
« ques chevaux se relevèrent, malgré la vigilance
« active des Indiens, gagnèrent le rivage, excédés
« de fatigue, et, les membres engourdis par la force
« des commotions électriques, ils s'y étendirent par
« terre tout de leur long.

« J'aurais désiré qu'un peintre habile eût pu saisir
« le moment où la scène était le plus animée. Ces
« groupes d'Indiens entourant le bassin ; ces chevaux
« qui, la crinière hérissée, l'effroi et la douleur
« dans l'œil, veulent fuir l'orage qui les surprend ;
« ces anguilles jaunâtres et livides, qui, semblables

» à de grands serpents aquatiques, nagent à la sur-
« face et poursuivent leur ennemi : tous ces objets
« offraient sans doute l'ensemble le plus pittoresque.
« Je me rappelai le superbe tableau qui représente un
« cheval entrant dans une caverne, et effrayé à la vue
« du lion ! L'expression de la terreur n'est pas plus
« forte que celle que nous vîmes dans cette lutte
« inégale.

« En moins de cinq minutes deux chevaux étaient
« déjà noyés. Après ce début, je craignais que cette
« chasse ne finît bien tragiquement. Je ne doutais
« pas de voir noyés peu à peu la plus grande partie
« des mulets. Mais les Indiens nous assurèrent que
« la pêche serait bientôt terminée, et que ce n'est
« que le premier assaut des gymnotes qu'il faut re-
« douter. En effet, quand le combat eut duré un
« quart d'heure, les mulets et les chevaux parurent
« moins effrayés; ils ne hérissaient plus leur cri-
« nière : leur œil exprimait moins la douleur et
« l'épouvante. On n'en vit plus tomber à la renverse;
« aussi les anguilles, nageant à mi-corps hors de l'eau
« et fuyant les chevaux au lieu de les attaquer, s'ap-
« prochèrent elles-mêmes du rivage. On leur jeta de
« petits harpons attachés à des cordes; le harpon en
« accrochait deux à la fois. Par ce moyen, on les
« tira hors de l'eau sans que la corde très-sèche et
« assez longue communiquât le choc à celui qui la
« tenait : en peu de minutes, cinq grandes anguilles
« étaient sur le sec. On aurait pu en attraper une
« vingtaine si nous en avions eu besoin pour nos expé-

« riences. Plusieurs n'étaient que légèrement blessées
« à la queue; d'autres l'étaient grièvement à la tête.

« Les Indiens nous assuraient qu'en mettant les
« chevaux deux jours de suite dans une mare rem-
« plie de gymnotes, aucun cheval n'est tué le second
« jour : il faut à ces poissons électriques du repos
« et une nourriture abondante pour produire ou
« pour accumuler une grande quantité d'électri-
« cité. »

Le passage que nous avons rapporté établit d'une
manière bien évidente que la fonction électrique du
gymnote ne diffère pas de celle de la torpille sous
tous les rapports.

En effet, il est bien évident, d'après ce que nous
avons rapporté de la décharge électrique du gymnote,
qu'elle est entièrement soumise à la volonté de l'animal. M. de Humboldt va jusqu'à croire que la décharge du gymnote peut être volontairement dirigée
sur les différents points de son corps qui sont irrités. Il est pourtant naturel de penser que cette direction volontaire n'est qu'apparente, et peut-être, dans
le gymnote, les quatre masses électriques de son organe donneront-elles séparément la décharge : cette
décharge partielle pourrait produire des effets semblables à ceux qu'on obtiendrait si l'animal pouvait
réellement avec sa volonté diriger la décharge. De
même on trouve pour le gymnote comme pour la torpille, que la fonction électrique s'affaiblit par une
excitation violente et renouvelée qui force l'animal à
donner dans un court espace de temps un grand

nombre de décharges électriques. Dans cet état, une respiration aisée, une nourriture abondante et le repos sont les conditions à l'aide desquelles le gymnote rétablit sa fonction électrique.

On a observé surtout que, pour conserver la force électrique du poisson, il faut changer souvent la masse d'eau dans laquelle il vit : observation qui nous amène à conclure, comme nous l'avons fait pour la torpille, que la fonction électrique est toujours proportionnelle à l'activité de la respiration et de la nutrition ainsi qu'au degré du repos des muscles de l'animal.

L'analogie entre la fonction électrique de ces deux animaux, gymnote et torpille, subsiste encore relativement aux points de leur corps, qui, plus particulièrement les excitent à la décharge, lorsque ces points viennent à être irrités. M. de Humboldt dit que les coups les plus énergiques sont lancés par le gymnote lorsqu'il a été irrité aux lèvres, aux yeux et surtout à la peau voisine des opercules des branchies.

L'analogie persiste encore entre ces deux animaux relativement aux mouvements musculaires qui quelquefois ont lieu en même temps que la décharge électrique. De même que pour la torpille, la décharge du gymnote peut être accompagnée de mouvements musculaires très-forts, et quelquefois se produire sans le moindre mouvement dans l'animal. M. de Humboldt a vu le gymnote lancer son coup sans qu'on eût pu remarquer le moindre mouvement dans le poisson, tandis que, dans un cas, il lui est arrivé de voir un gymnote très-grand et nullement blessé se débattre fortement contre lui en courbant son corps comme un serpent, sans éprouver dans le même temps aucune secousse électrique.

Je signalerai encore, comme un point très-important d'analogie entre la fonction électrique du gymnote et de la torpille l'influence qui est exercée sur elle par l'intégrité du cerveau. Nous avons vu qu'il y a dans le cerveau de la torpille un lobe particulièrement destiné à déterminer la décharge : nous ignorons encore s'il existe dans le cerveau du gymnote un lobe particulier analogue. Le fait est que, d'après les observations de M. de Humboldt, nous savons que les décharges du gymnote cessent entièrement lorsque le cerveau a été enlevé, et qu'on ne réussit pas à l'obtenir, quoique on irrite la moelle épinière. Ce fait me semble d'autant plus important qu'une grande partie des nerfs qui se ramifient dans l'organe du gymnote vient de la moelle épinière. On devrait conclure de là que puisque l'irritation de la moelle épinière n'excite pas la décharge du gymnote, lorsque son cerveau a été enlevé, c'est du cerveau même que doit émaner l'acte de la volonté déterminant la décharge, et qui, dans ce poisson, arriverait dans l'organe par l'intermédiaire d'un gros rameau nerveux [1], composé de la troisième branche de la cinquième paire, et du nerf brachial descendant le long de la ligne latérale, et passant au-dessus de l'organe.

---

(1) Carus, *Traité d'Anatomie comparée*, t. I, p. 393.

Nous parlerons maintenant des propriétés de la décharge électrique du gymnote, en nous bornant à rapporter les observations faites par M. Faraday dans ces derniers temps. C'est à l'aide de deux plats métalliques réunis aux extrémités du galvanomètre et appliqués sur différents points du corps du poisson, que Faraday est parvenu à déterminer la direction de sa décharge. Les parties antérieures de l'animal sont constamment le pôle positif, et les postérieures le pôle négatif. Le courant est donc toujours dirigé dans le galvanomètre de la tête à la queue. En touchant avec les plats collecteurs sur des points différents de l'animal, on trouve que les mêmes points peuvent tantôt être positifs, tantôt négatifs, suivant que les autres points touchés dans le même temps, sont tantôt plus près de la queue, tantôt plus près de la tête. C'est exactement ce qui arriverait avec une pile à colonne, montée avec le cuivre en bas, dans laquelle le milieu est positif vis-à-vis du premier cuivre, tandis qu'il est négatif vis-à-vis du dernier zinc supérieur. En plongeant les mêmes plats collecteurs dans différents points de la masse liquide dans laquelle est placé le gymnote, on trouve, en supposant que l'animal décharge ses quatre organes à la fois, que toute cette masse est envahie par le courant électrique distribué en lignes droites et courbes, tout autour des extrémités de l'animal, de la même manière que serait distribuée la limaille de fer autour d'un aimant, dont les pôles occuperaient la même place que la tête et la queue du poisson.

Faraday a tâché de comparer la secousse du gymnote d'une force moyenne, à celle d'une batterie de Leyde chargée à saturation : il a conclu, de ses recherches, qu'on pouvait regarder cette décharge du gymnote comme égale à celle d'une batterie de quinze bouteilles qui avaient en total 3 500 pouces anglais carrés de surface cohibente armée ; avec ces données, et en réfléchissant au grand nombre de coups électriques que le gymnote lance l'un à la suite de l'autre dans un très-court intervalle de temps, on n'est plus surpris des effets produits par la décharge du gymnote, et que M. de Humboldt nous a décrits d'une manière si brillante.

Faraday se livre, à ce propos, à une foule de considérations très-ingénieuses sur les effets différents que le gymnote produit, par sa décharge électrique, sur les corps qui sont plongés à ses côtés, suivant la manière dont il dispose son corps. C'est ainsi que la même décharge électrique produira un effet différent suivant que son corps est droit ou concave, ou convexe, vis-à-vis des corps qui sont plongés près de lui. Lorsque le gymnote se courbe de manière à entourer le corps entièrement plongé, ce corps se trouve envahi par une plus grande portion du courant, et c'est effectivement ainsi que le poisson en agit pour étourdir et pour attraper sa proie. Il est inutile de dire que, pour un corps qui toucherait par deux points la tête et la queue du gymnote, sur une même face latérale, la portion du courant qui passerait par ce corps serait, au contraire, moindre lorsque l'animal est courbé vers les points touchés que quand il est droit. On conçoit encore très-aisément comment le gymnote, avec une décharge constante , peut produire des effets différents et proportionnels à la grandeur du poisson qu'il veut tuer par sa décharge. La portion du courant du gymnote, qui traverse le corps entièrement plongé près de lui, est d'autant plus grande que le volume de ce corps remplace une portion plus grande du liquide environnant.

Faraday décrit avec détail la manière dont le gymnote, qu'il a étudié dernièrement, s'y prenait pour tuer sa proie. Cette manière est si conforme aux principes théoriques de la décharge du poisson électrique qu'il est bon de rapporter l'observation faite par Faraday. Un poisson vivant, qui avait à peu près 5 pouces de longueur, fut jeté dans l'eau où était le gymnote : à l'instant celui-ci se courba autour du poisson de manière à former un circuit dans lequel le poisson était compris et dont la position était un diamètre transversal de ce circuit. Le coup électrique ne tarda pas, et le poisson, comme frappé de la foudre, resta sans mouvement. Le gymnote rôda un peu autour de sa proie, en ayant l'air de la regarder, puis il l'avala. Un autre poisson, plus petit que le précédent, fut mis avec le gymnote ; ce poisson montra à peine quelques signes de vie et fut avalé aussitôt. La forme du circuit que le gymnote décrivit, dans ce cas, autour de sa proie, semblait dévoiler l'intention qu'il avait eue d'augmenter la force de sa décharge, en conséquence des lois de cette décharge

dans une masse liquide que nous avons déjà exposées.
Il est très-probable que le gymnote est averti par son
instinct de la disposition qu'il doit donner à son
corps, afin de rendre la décharge plus ou moins
intense. Il faut encore ajouter que la sensation que
le gymnote doit éprouver par la portion de la décharge qui le traverse, ne peut manquer de l'in-
struire de la nature conductrice des corps qui l'irri-
tent et qui l'environnent. Il est bien évident que
cette portion de la décharge, traversant le poisson
électrique, doit être infiniment plus grande lorsqu'il
se trouve dans l'air que quand il est dans l'eau. Ce
n'est donc pas par hasard que les animaux électriques sont tous des poissons. L'observation suivante,
qui a été faite encore par Faraday, sur le gymnote,
me semble bien prouver la vérité de ces conclusions
théoriques. Quand le gymnote est touché et serré
avec les mains, il donne toujours un grand nombre
de décharges consécutives; mais si, au contraire, on
le touche avec des corps mauvais conducteurs, ou
bien avec des conducteurs isolés, le gymnote ne
donne plus alors qu'une ou deux décharges qui paraissent plus faibles en ayant les mains plongées
dans l'eau que les décharges ordinaires. On dirait que le gymnote, sachant n'être pas touché
par des corps à travers lesquels sa décharge puisse
être transmise, ne la donne pas ou bien la donne
plus faible. J'ai fait bien des fois cette même observation sur la torpille, et il me semble plus juste de
dire que lorsque ces animaux sont touchés par des

corps cohibents, ils éprouvent une sensation plus forte par la portion de la décharge qui passe par leur corps et que, par cette sensation, ils sont conduits à ne plus continuer les décharges. J'ajouterai enfin que tous les phénomènes du courant électrique ont été obtenus par Faraday sur le gymnote. Ainsi, faisant passer la décharge du gymnote par un fil métallique, tourné en spirale, dans l'intérieur de laquelle on avait mis des aiguilles d'acier, on obtint l'aimantation de ces aiguilles dans la direction voulue par la direction de la décharge de la tête à la queue du poisson. Faraday a également obtenu la décomposition chimique en employant l'iodure de potassium, et la direction du courant a été également prouvée par la position dans laquelle se sont développés les éléments de cette solution relativement aux extrémités de l'animal. Enfin, on a obtenu l'étincelle électrique en introduisant, dans le circuit, une spirale électro-magnétique, qui avait dans son intérieur un cylindre de fer doux.

DEUXIÈME PARTIE.

DE L'INFLUENCE DU COURANT ÉLECTRIQUE SUR LES ANIMAUX VIVANTS OU RÉCEMMENT TUÉS.

Toutes les fois que sur un point quelconque du corps d'un animal vivant ou récemment tué on applique les fils métalliques qui sont réunis aux deux pôles d'une pile, on observe un certain nombre de phénomènes dont la nature et l'intensité varient suivant la force de la pile, le degré d'excitabilité de l'animal et l'organisation et la fonction de la partie parcourue par le courant électrique. On a généralement classé ces phénomènes, afin d'apporter un certain ordre dans leur exposition, en phénomènes chimiques, physiques et physiologiques. Sans trop m'occuper de l'exactitude de cette classification, je me bornerai à faire observer que ce n'est que des derniers que je m'occuperai spécialement dans cet ouvrage. Les effets chimiques et physiques, proprement dits, qui sont encore très-peu étudiés, sont bien loin d'offrir le même intérêt que les autres ; du reste, on peut toujours les expliquer en ayant égard à l'organisation des parties animales soumises à l'action du courant et à leur composition chimique. En effet, ces phénomènes se réduisent à un échauffement plus ou moins grand des parties parcourues, à la décomposition de l'eau et des autres sels contenus dans les liquides animaux, à la coagulation de l'albumine, etc.

13

Les phénomènes physiologiques, qui forment principalement, comme je l'ai déjà dit, mon sujet, consistent dans des contractions musculaires et dans des sensations développées chez des animaux exposés à l'action du courant, lorsqu'ils sont encore vivants, ou bien doués d'un certain degré de vitalité.

Dans l'introduction historique, j'ai déjà signalé les découvertes les plus importantes qui ont été faites sur cette partie de la physique. Cela pourra me dispenser d'entrer dans de nouveaux détails à ce sujet, mon but étant d'exposer les lois électro-physiologiques, telles que j'ai pu les déduire, en coordonnant ensemble tous les travaux qui sont restés dans la science. Je n'ai pas manqué de répéter moi-même toutes ces expériences; et j'ai tâché également de remplir toutes les lacunes que j'ai trouvées.

CHAPITRE PREMIER.

LOIS GÉNÉRALES DES CONTRACTIONS ET DES SENSATIONS EXCITÉES PAR LE COURANT ÉLECTRIQUE DANS LES NERFS MOTEURS ET SENSITIFS DES ANIMAUX VIVANTS OU RÉCEMMENT TUÉS.

Lorsqu'on applique les pôles d'une pile d'un certain nombre de couples sur des parties quelconques du corps d'un animal vivant ou récemment tué, on le voit toujours saisi par des convulsions plus ou moins grandes : ces convulsions sont quelquefois si fortes et si générales qu'on pourrait presque croire que l'animal est rappelé à la vie. On lit encore, dans

les annales de la science, des expériences faites à
l'époque de la découverte de la pile, qui étaient dirigées dans des vues d'une bien haute prétention. Il
y eut, à cette époque, des savants tellement hardis
qu'ils crurent avoir saisi le principe de la vie, et
s'en être emparés, par cela seul qu'ils voyaient les
grimaces que le courant électrique produisait dans
les muscles faciaux d'un malheureux décapité.

Heureusement pour la science, cette espèce d'en-
gouement ne dura pas longtemps, et on se mit, au
contraire, à l'étude sérieuse des phénomènes électro-physiologiques. Je commencerai par l'exposition
de ces phénomènes dans leur généralité. Lorsque
c'est une pile de quinze ou vingt couples, au moins,
qui produit le courant qu'on fait agir sur un animal vivant, on le voit se contracter, courber son dos,
et on l'entend crier. Il faut, pour tout cela, qu'une
grande partie de son corps soit parcourue par le courant, et qu'on ait eu soin de faire entrer le courant
par un point quelconque du système nerveux. Une
fois que ces phénomènes se sont produits au moment
où le courant a commencé à passer, on voit l'animal
se rétablir dans son premier état, quoique le passage du courant continue; ce n'est que lorsque ce
courant est trop fort que les signes de la douleur persistent pendant son passage. J'ai entendu, pendant
plusieurs minutes, crier un lapin, quoique le circuit fût bien fermé. M. de Humboldt a prouvé sur
lui-même que la sensation du courant électrique per-
sistait pendant son passage. Si l'on vient à ouvrir le

circuit, à faire cesser le passage du courant, on voit se reproduire au même degré tous les phénomènes qui s'étaient produits quand ce courant a commencé. En agissant sur les animaux récemment tués, on obtient, dans les premiers instants après la mort, des phénomènes qui ne diffèrent de ceux observés sur l'animal vivant que par les signes de la douleur, qui doivent certainement manquer sur l'animal tué. Parmi les animaux qu'on a soumis au passage du courant, c'est la grenouille qui a été reconnue comme la plus sensible aux courants électriques les plus faibles; cet animal a été toujours employé après l'avoir préparé à la manière de Galvani (*fig.* 3), que nous avons décrite bien des fois.

Nobili a voulu comparer la sensibilité de la grenouille, comme moyen électroscopique, à celle des galvanomètres les plus sensibles : il a pu s'assurer que toutes les fois qu'il y a dans la source électro-motrice, ou dans le circuit, une portion liquide, la grenouille ne le cède en rien au galvanomètre. Afin de simplifier l'étude de ces phénomènes, il fallait commencer par établir l'action du courant transmis par le seul système nerveux. Nous devons aux travaux de Lehot, de Bellingeri, et surtout à ceux de Nobili et de Marianini, que nous avons déjà cités dans l'introduction historique, toutes nos connaissances sur ce sujet. Malgré cela nous verrons, en exposant avec plus de détails les conclusions qu'en ont tirées ces deux derniers savants, qu'on ne parviendrait pas à en déduire les véritables lois. Je me suis donc livré à un grand nombre d'expériences, afin de parvenir à mettre d'accord les résultats obtenus par ces habiles physiciens, et j'espère avoir ainsi établi les véritables lois générales des phénomènes physiologiques, produits par le passage du courant électrique sur les animaux vivants ou récemment tués.

Nobili, en faisant passer un courant d'un seul couple sur les nerfs lombaires de la grenouille récemment préparée, en a conclu que les lois des contractions qui sont excitées par ce courant varient dans les différentes périodes de vitalité du nerf qui se succèdent après la mort de l'animal. Ce physicien a cru qu'il fallait diviser la vitalité du nerf, soumis au passage du courant, en cinq périodes, pendant lesquelles les phénomènes étaient différents. Dans la première de ces périodes, le courant *direct*, c'est-à-dire celui dirigé du cerveau aux extrémités des nerfs, produit les contractions dans les muscles inférieurs lorsqu'il commence à passer, et lorsqu'il cesse ces mêmes phénomènes sont produits par le courant *inverse*, c'est-à-dire par celui qui est dirigé des extrémités des nerfs au cerveau. Dans la seconde période de la vitalité du nerf, lorsqu'il commence à être moins sensible, le courant direct produit les contractions lorsqu'il commence à passer, tandis que ces contractions sont devenues très-faibles à l'instant où ce courant cesse. Le courant inverse ne produit plus de contractions lors qu'il entre, et en produit toujours quand il cesse

Dans tous les cas, il n'y a aucune contraction à circuit fermé. La troisième période de la vitalité du nerf commence, suivant Nobili, lorsque les contractions ne se produisent plus que dans deux cas, c'est-à-dire au commencement du courant direct, et à l'interruption du courant inverse. Dans la quatrième période, il n'y a plus de contractions que dans un seul cas, c'est lorsque le courant direct commence à passer. Nobili distingue enfin une cinquième et dernière période, dans laquelle l'action du courant sur le nerf est devenue nulle dans tous les cas.

En opposition à ces résultats, Marianini a soutenu que le courant électrique transmis par un tronc nerveux bien isolé produit les contractions dans les muscles inférieurs, dans deux cas seulement, c'est-à-dire lorsque le courant direct commence à passer, et lorsque le courant inverse est interrompu.

Le même physicien, en répétant sur les animaux vivants, et avec beaucoup plus de soins qu'on ne l'avait fait avant lui, les expériences de Lehot et de Bellingeri, en a conclu que le courant direct produit une sensation lorsqu'il est interrompu, tandis que ce même phénomène est développé par le courant inverse à l'instant qu'il commence à passer. Marianini a donc déduit la loi générale de l'action du courant sur les animaux vivants ou récemment tués, qui peut s'exprimer très-simplement par le tableau suivant.

Courant direct..	Lorsqu'il commence à passer........	Contractions des muscles inférieurs.
	Circuit fermé......	Rien.
	Lorsqu'il cesse.....	Sensations.
Courant inverse.	Lorsqu'il commence à passer........	Sensations.
	Circuit fermé......	Rien.
	Lorsqu'il cesse.....	Contractions dans les muscles inférieurs.

La différence entre les résultats de MM. Nobili et Marianini est maintenant bien marquée : il fallait donc recourir à de nouvelles expériences. Une précaution très-importante, que l'on a toujours oubliée dans ces expériences, c'était de ne jamais soumettre le même nerf au passage de deux courants en sens contraire l'un après l'autre. En effet, nous verrons par la suite que le passage du courant électrique dans un nerf modifie en quelque sorte son excitabilité pour un courant dirigé en sens contraire. Il est donc évident qu'en soumettant le même nerf à l'action successive de deux courants en sens opposé, on devait toujours avoir des résultats modifiés par l'altération dont nous avons parlé. De même, il m'a paru qu'il n'était pas facile sur une grenouille de juger de sa douleur, ce qui était bien plus facile en opérant sur des animaux plus élevés dans l'échelle.

Voici comment je crois qu'il faut faire ces expériences : je fixe sur une planche un lapin par ses quatre pattes, et je lui découvre, aidé par un habile anatomiste, le nerf sciatique sur ses deux cuisses.

Il faut que les deux nerfs soient bien isolés et découverts dans une longueur de 3 centimètres au moins. Une telle préparation peut se faire sans trop de souffrance de l'animal et sans produire d'hémorragie : en effet, j'ai toujours vu, en conservant le lapin après les expériences, que la plaie se cicatrisait et l'animal survivait. Au-dessous de la portion isolée de ces nerfs, je fais passer une bande de taffetas verni, assez longue pour pouvoir renouveler le plan isolant sur lequel le nerf est posé; j'ai encore soin d'essuyer le nerf avec du papier sans colle, pour être bien sûr qu'il est tout à fait isolé. Quand on a ainsi préparé le lapin, il est très-facile de le soumettre à l'expérience : il ne s'agit plus que de toucher le nerf avec deux fils métalliques qui communiquent aux pôles de la pile. Il faut toujours destiner un des deux nerfs au courant direct et l'autre au courant inverse : la longueur du nerf comprise entre les deux fils doit être au moins de 1 à 2 centimètres; enfin, il est bon d'employer du fil d'or ou de platine. Je commence par essayer l'action d'un couple élémentaire, qui peut être de zinc et cuivre ou bien de zinc et platine. Avec le courant de ce couple, en agissant sur un lapin, je n'ai jamais obtenu aucun signe bien marqué de douleur, ni de contractions, dans les muscles supérieurs au nerf irrité. J'ai toujours vu les contractions dans les muscles inférieurs, qui avaient lieu dans tous les cas, soit que l'on fermât ou que l'on ouvrît le circuit du courant direct, ou de l'inverse. En continuant pendant un certain temps l'action de ce courant sur les mêmes points du nerf, on trouve que la contraction des muscles inférieurs n'a plus lieu qu'au commencement du courant direct, et qu'à l'interruption du courant inverse.

En agissant avec un courant de dix couples d'une pile à colonne, on a des signes bien distincts de douleur. Les couples que j'ai employés avaient 10 centimètres carrés de surface, et le liquide qui imbibait les cartons était de l'eau légèrement salée. Voici les résultats auxquels je suis parvenu en employant le courant de cette pile, qui ne diffèrent pas de ceux obtenus avec des piles d'un plus grand nombre de couples.

Au commencement du courant direct, tous les muscles inférieurs se contractent; le lapin crie, tout son dos se courbe, ses oreilles s'agitent; ces mêmes phénomènes se produisent lorsqu'on agit avec le courant inverse, et tous ont lieu à l'instant où ces deux courants cessent. En répétant cette expérience sur plusieurs individus, on trouve en général que les signes de la douleur sont les plus forts dans le cas du courant inverse qui commence, et que les contractions musculaires les plus grandes sont celles qui sont produites par le commencement du courant direct. Le commencement et l'interruption du courant électrique d'une certaine intensité qui agit sur une certaine portion du système nerveux sont donc suivis par les mêmes phénomènes, quelle que soit la direction de ce courant dans le nerf. En continuant à agir sur le même animal, on ne tarde pas à s'apercevoir que les phénomènes n'ont plus lieu de la même manière. Les variations qui surviennent commencent après un certain temps, qui est d'autant plus court que le courant employé était plus intense.

Il est possible pourtant de reproduire sur le même animal les effets que le courant a produits dans les premiers moments. Il y a deux moyens pour y réussir, c'est, ou d'abandonner l'animal à lui-même, et de renouveler l'action du courant quelque temps après, ou bien d'employer un courant d'un plus grand nombre de couples que celui dont on s'est servi. C'est ainsi que quand on s'aperçoit que le courant électrique de dix couples ne produit plus les effets que nous avons décrits, il n'y a qu'à redoubler le nombre des éléments pour obtenir de nouveau ces mêmes phénomènes. Il ne faut pas croire pourtant qu'on parvienne toujours, en opérant sur le même animal, à obtenir les premiers effets à force d'augmenter l'intensité du courant. Nous verrons par la suite, en rapportant les belles expériences de Marianini, que l'excitabilité du nerf persiste pour un temps d'autant plus court que l'intensité du courant qui l'excite est plus grande.

Mais il est temps que nous exposions en quoi consistent les différences qui surviennent, dans les phénomènes produits par le courant sur l'animal vivant, à mesure que son action se prolonge. Voici ces différences : lorsque le courant direct est interrompu, les contractions des muscles inférieurs deviennent plus faibles, tandis qu'elles subsistent pour les muscles du dos, et qu'on a toujours l'agitation des oreilles et très-souvent le cri ; quand ce courant commence, les effets sont limités aux contractions des muscles inférieurs. Pour le courant inverse, les contractions des muscles du dos, les battements des oreilles, et presque toujours le cri, ont lieu à son commencement, tandis que les contractions des muscles inférieurs sont à peine sensibles. A l'interruption de ce courant, les contractions des muscles inférieurs subsistent, et celles du dos, des oreilles, et le cri, ont disparu.

Il me serait impossible, malgré un très-grand nombre d'expériences, de préciser dans quel ordre commencent à disparaître les phénomènes dont nous avons parlé.

On doit donc réduire à deux périodes seulement l'action du courant électrique qui excite les nerfs d'un animal vivant : dans la première période, l'excitation du nerf est transmise dans tous les sens, à sa périphérie, comme à son centre, au commencement de l'excitation comme à son interruption, et tout cela indépendamment de la direction du courant dans le nerf ; dans la seconde période, l'excitation du nerf se porte vers ses extrémités par le courant direct qui commence, ou par le courant inverse qui est interrompu ; au contraire l'excitation du nerf est transmise vers le cerveau lorsque le courant direct est interrompu, ou quand l'inverse commence à passer. On peut exprimer ces résultats en des termes peut-être plus simples : le courant, dans la seconde période, agit dans le sens de sa direction quand il commence, ou dans le sens contraire à sa direction lorsqu'il cesse.

Mais de quelle manière le courant électrique peut-il produire des contractions dans les muscles du dos et de la tête, lorsque ce courant agit sur un nerf qui ne se ramifie pas dans ces muscles? Comment se fait-il qu'en opposition aux idées généralement admises, la contraction musculaire soit produite par l'excitation du nerf en sens rétrograde?

Une expérience très-simple me semble répondre à ces questions. Je prends un lapin parvenu à la seconde période, et je lui coupe la moelle épinière, en ayant le plus de soin possible de ne pas causer trop d'hémorragie. On peut répéter cette expérience, comme je l'ai fait, sans attendre cette période; de même on peut la varier en coupant la moelle épinière dans des points différents. Dans tous les cas, après que la moelle épinière a été coupée, on arrive toujours aux mêmes résultats : les contractions des muscles supérieurs au nerf excité n'affectent plus que les muscles inférieurs, au point où la moelle épinière a été coupée, et qui sont compris par conséquent, entre le point excité et le point où la moelle a été coupée; si on coupait la moelle tout à fait à son extrémité, il n'y aurait plus de contraction sur aucun point supérieur au nerf excité. Les phénomènes produits par le passage du courant électrique se réduisent alors à la contraction des muscles inférieurs, qui a lieu au commencement du courant direct, et à l'interruption du courant inverse.

C'est donc un de ces mouvements qu'on a appelés de *réflexion* qui est produit par l'excitation du nerf par le courant, au-dessus de ce nerf excité : dans ce cas, c'est l'excitation sensoriale du nerf parcouru par le courant qui, par l'intermédiaire de la moelle épinière, détermine ensuite la contraction. L'excitation du nerf, d'abord centripète, se transforme en une excitation centrifuge.

Lorsque l'animal est réduit, par l'action prolongée du courant, à la seconde période que nous avons déjà décrite, on peut découvrir sur cet animal la propriété singulière dont le nerf est doué, et qui consiste à conserver dans certains points la sensibilité qu'il a perdue dans les points où le courant a agi.

Valli a montré le premier que si l'on fait passer un courant par le nerf d'une grenouille préparée à la manière de Galvani, et que si l'on prolonge l'action du courant jusqu'à ce qu'il ait cessé d'exciter les contractions, on peut encore, avec le même courant et sur le même animal, obtenir ces contractions, pourvu qu'on agisse sur une portion du nerf plus éloignée du cerveau et plus rapprochée des extrémités que celle sur laquelle on avait opéré d'abord : il est très-facile de vérifier ce fait, soit sur des grenouilles, soit sur d'autres animaux, et on trouve toujours que la propriété du nerf, d'exciter les contractions dans les muscles où il est ramifié, par le passage d'un courant, se retire vers les extrémités du nerf à mesure que sa sensibilité diminue.

En agissant avec le courant inverse sur les nerfs des animaux vivants, j'ai trouvé la même loi pour les phénomènes de la douleur et des contractions des muscles supérieurs, qui sont produits par le commencement de ce courant inverse. A mesure que la sensibilité devient moindre, il faut que le courant traverse des portions du nerf plus rapprochées du cerveau, et plus éloignées des muscles, que celles sur lesquelles le courant avait commencé à agir. Voici l'expérience : je prends une grenouille très-vivace et je la fixe sur une planche, avec des clous, qui traversent ses quatre pattes, le bas-ventre en bas. Je découvre son nerf sciatique en enlevant tous les muscles et l'os de la cuisse. Alors je fais passer le courant d'une pile de quinze couples, dirigé des extrémités du nerf vers le cerveau, et en tenant les deux pôles à la distance de 3 ou 4 millimètres entre eux. Toutes les fois que le courant commence à passer, la grenouille pousse un cri, et j'obtiens ce résultat en touchant dans les différents points du nerf. J'attends cinq minutes et je répète l'expérience, je trouve alors qu'elle crie moins fort ou pas du tout, lorsque le courant traverse des points du nerf, près de son insertion dans la jambe, tandis qu'elle crie toujours si l'on touche le nerf sur des points supérieurs. Si on attend encore cinq minutes avant de renouveler l'expérience, on trouve qu'il faut arriver avec le courant près de la moelle épinière pour obtenir les signes de la douleur. Concluons donc, que la portion du nerf qui, à l'introduction du courant électrique direct, excite des contractions dans les muscles, s'éloigne d'autant plus du système central que la vitalité du nerf devient moindre ; de même la portion du nerf qui, à l'introduction du courant électrique inverse, excite des sensations douloureuses, s'approche d'autant plus du système central que la vitalité du nerf devient moindre.

Nous avons exposé jusqu'ici les lois de l'action du courant électrique sur les nerfs d'un animal vivant, parlons maintenant de l'action du courant sur les nerfs d'un animal récemment tué.

Il est inutile de dire que les sensations ou les signes de la douleur ne peuvent avoir lieu sur un animal tué, dans lequel les fonctions du cerveau sont éteintes. En opérant sur des lapins récemment tués, et préparés à la manière déjà décrite, j'ai trouvé, avec le courant d'un seul couple, la contraction dans les muscles inférieurs au commencement du courant direct et à l'interruption du courant inverse. En agissant avec un courant plus fort, on obtient les contractions dans ces muscles, soit au commencement, soit à l'interruption du courant, quelle que soit sa direction. Si l'action du courant continue, on finit par obtenir les seules contractions dues au commencement du courant direct et à l'interruption du courant inverse. Sur les lapins dans lesquels l'intégrité du système nerveux a été conservée en les tuant par égorgement, on trouve dans les premiers

instants, et avec des courants très-forts, des contractions dans les muscles supérieurs aux points du nerf
irrité.

C'est particulièrement en opérant sur les grenouilles que j'ai apporté tous mes soins pour être
bien sûr que le courant électrique n'agissait que sur
les nerfs, et qu'il n'y avait pas, comme Marianini
l'avait objecté à Nobili, des courants qui allaient
dans le même temps directement et en sens inverse,
suivant la ramification du nerf. J'ai encore, dans
ces expériences, opéré en conservant toujours la
même direction relativement à la ramification du
nerf sur lequel il agit. Je prends pour cela une grenouille préparée à la manière de Galvani, et puis je
la coupe à moitié au point où les os des deux cuisses
sont attachés, et puis j'étends cette grenouille sur
un plan isolant. On peut encore suspendre cette
grenouille avec deux fils de soie, auxquels les deux
pattes sont liées (*fig.* 29). On peut enfin séparer
tout à fait la grenouille, préparée à la manière de
Galvani, en deux demi-grenouilles, qu'on doit suspendre avec des fils de soie liés au morceau de moelle
épinière et de vertèbre d'où partent les nerfs lombaires (*fig.* 30). Je pose les deux extrémités d'un
couple voltaïque sur les deux points a et b des nerfs
lombaires de la grenouille de la figure 29 : en répétant
l'expérience, toujours de la même manière, on est
sûr que l'un des nerfs est constamment parcouru par
le courant direct, l'autre par le courant inverse. On
arrive également au même résultat en opérant sur

les deux demi-grenouilles de la figure 30, pourvu qu'on ait soin d'employer le courant, toujours direct pour une, inverse pour l'autre. Avec ces dispositions dans l'expérience, tous les points du nerf sont si bien isolés, et on peut toucher, avec les extrémités du couple voltaïque, des points du nerf tellement éloignés de leur insertion dans le muscle, qu'il est impossible de conserver le moindre doute sur l'existence d'une partie du courant qui, se propageant derrière, vient à parcourir le nerf dans un sens opposé à celui du courant qui circule directement entre les deux extrémités du couple. J'ai varié bien des fois ces expériences, j'ai toujours obtenu les mêmes résultats. Dans la première période de la vitalité du nerf, on obtient la contraction du membre appartenant au nerf irrité, soit au commencement, soit à l'interruption du courant, quelle que soit sa direction. Dans la période suivante, lorsque le nerf est devenu moins sensible, la contraction ne se produit plus qu'au commencement du courant direct et à l'interruption du courant inverse.

Parvenu à cette seconde période, il est possible de reproduire encore les phénomènes de la première période : il faut pour cela, ou augmenter l'intensité du courant, ou faire agir le courant primitif sur de nouveaux points du nerf pris vers ses extrémités.

Ces deux moyens suffisent pour un espace de temps qui est toujours d'autant plus court que l'intensité du courant a été plus forte.

14

Nous n'avons plus qu'à exposer quelques observations très-importantes que Marianini a faites en étudiant la contraction qui se produit à l'interruption du courant. Marianini a prouvé qu'on pouvait obtenir la contraction à l'interruption du courant sans avoir obtenu celle qui a lieu à son commencement. Il est très-facile de concevoir comment il fait l'expérience. Il faut d'abord préparer la grenouille comme dans la figure 17 : ensuite, au lieu de fermer le circuit directement, on plonge une des extrémités du couple et on tient l'autre avec la main ; tandis que l'autre main est plongée dans la seconde capsule. De cette manière le courant s'établit peu à peu, à mesure que la peau s'imbibe du liquide, et devient plus conductrice, et c'est alors, qu'en ouvrant le circuit, on obtient la contraction qui a manqué au commencement de l'expérience, à cause de la faible intensité du courant qui pouvait passer d'abord.

Marianini s'est également assuré qu'on pouvait obtenir la contraction due à l'interruption du courant sans détruire le circuit, et seulement en détournant en grande partie du corps de la grenouille le courant à l'aide d'un meilleur conducteur. Si lorsque le circuit est fermé avec la grenouille préparée et en plongeant les deux extrémités du couple voltaïque dans les deux verres où sont les deux pattes de la grenouille (*fig.* 34), on vient à introduire un arc métallique, le courant abandonne la grenouille pour prendre la voie du meilleur conducteur, et la contraction a lieu, comme si le circuit était détruit. Nous devons encore au même physicien d'avoir démontré que la contraction qui a lieu à l'interruption du courant est d'autant plus forte que le circuit a été fermé plus longtemps.

Marianini dit qu'il faut au moins de huit à dix secondes de passage du courant inverse pour obtenir la plus grande contraction à l'interruption du courant.

Je reviendrai, dans un autre Chapitre, sur l'explication du phénomène de la contraction qui a lieu à l'interruption du circuit. Marianini avait conclu, de ses expériences, qu'il fallait admettre que, pendant le passage du courant dans un nerf, dans le sens de sa ramification, il y avait une partie de l'électricité qui s'accumulait dans ce nerf, laquelle, lors de l'interruption du circuit, se déchargeait parcourant le nerf en sens contraire, ce qui donnait lieu à la contraction produite par le courant inverse qui cesse de passer.

Malgré tout mon respect pour le physicien qui a imaginé cette hypothèse, il m'est impossible, avec les connaissances que nous avons maintenant sur le pouvoir conducteur de la substance nerveuse, et sur la manière de se propager du courant dans un muscle, d'admettre que l'électricité s'accumule dans les nerfs pour circuler enfin en sens contraire de celui du courant primitif. Du reste, rien ne prouve l'existence de cette accumulation de l'électricité dans les nerfs pendant le passage du courant.

CHAPITRE II.

DE L'ACTION DU COURANT ÉLECTRIQUE, PENDANT SON PASSAGE A TRAVERS LES NERFS ET LES MUSCLES DANS LE MÊME TEMPS, SUR LES ANIMAUX VIVANTS OU RÉCEMMENT TUÉS.

S'il était possible d'avoir un morceau de substance musculaire qui fût entièrement privée de tout filament nerveux, on pourrait espérer de découvrir quelle est l'action du courant électrique sur la substance ou la fibre musculaire, on aurait ainsi résolu la question qui depuis Haller s'agite entre les physiologistes, c'est-à-dire celle de savoir, si la fibre musculaire est par elle-même, indépendamment de toute action externe portée sur son nerf, capable de se contracter, et si l'excitation du nerf n'est qu'une des causes qui peut réveiller l'irritabilité du muscle, ou, si au contraire, il faut toujours, pour produire la contraction du muscle, que son nerf ait été irrité d'avance.

J'ai répété les belles expériences de Muller et de Longet, et j'ai trouvé, comme eux, que le bout du nerf qui a été depuis un certain temps séparé du système nerveux central, n'excite plus la contraction dans les muscles lorsqu'il est irrité. J'ai employé, pour produire cette irritation, un courant de plusieurs couples, et je n'ai obtenu aucun effet. J'avais cru d'abord qu'on pouvait réussir à exciter la contraction en agissant sur une portion inférieure du nerf qui a été séparé du système central. Nous avons vu, en effet, dans le Chapitre précédent, que la sensibilité du nerf se retire vers ses extrémités, à mesure que la vitalité s'affaiblit, lorsqu'il s'agit de produire la contraction dans ces muscles. Mais j'ai inutilement tenté l'expérience : un nerf qu'on a coupé et qu'on soumet au passage du courant électrique, dans la portion qui est depuis quelques jours séparée du système central, a perdu la propriété d'éveiller les contractions quand même on fait agir ce courant sur les points du nerf les plus reculés dans les muscles.

Je suis arrivé à ces mêmes résultats en agissant sur des grenouilles que j'avais soumises à l'action d'un poison narcotique. J'ai employé pour cela une certaine quantité d'une solution d'extrait alcoolique de noix vomique que j'introduisais dans l'estomac d'une grenouille. Lorsque cet animal était complétement narcotisé et qu'il ne montrait plus aucun mouvement, je préparais la grenouille et j'agissais sur son nerf sciatique avec un courant de huit à dix couples. En prenant la grenouille lorsqu'elle avait fini de se contracter à la moindre excitation portée sur son corps, je n'ai jamais obtenu aucune contraction, lors même que je faisais passer le courant sur les points du nerf les plus rapprochés de ses extrémités. En appliquant ce même courant sur deux points d'un muscle de cette grenouille, je le voyais toujours se contracter et d'autant plus que j'agissais sur les muscles des extrémités. Il me semble donc juste de conclure: 1°. que la propriété que la fibre musculaire vivante a de se contracter, lorsqu'elle est soumise à des actions externes appliquées, ou sur la fibre elle-même, ou sur les nerfs qui y sont ramifiés, lui est inhérente; 2°. que les nerfs moteurs, irrités d'une manière quelconque, produisent la contraction dans les muscles où ils sont ramifiés, en éveillant la propriété inhérente au muscle; 3°. que ces nerfs perdent cette propriété, par l'action des poisons narcotiques, par leur séparation convenablement prolongée des parties centrales du système nerveux, par une ligature interposée entre les points du nerf qui sont irrités et les muscles, par la continuation de l'action excitante, indépendamment de toute altération permanente et substantielle du nerf, ce qui est prouvé par la propriété qu'a ce nerf de reprendre avec le repos, ou par des actions qu'on peut appeler contraires, sa faculté primitive; 4°. et qu'enfin il faut, pour que l'irritabilité de la fibre musculaire continue, conserver dans cette fibre l'action simultanée des nerfs sensitifs et organiques, et du sang par laquelle sa nutrition est entretenue.

Ces principes me semblent suffisants pour concevoir *à priori* quelle doit être la direction du courant électrique qui traverse une masse musculaire et dans le même temps tous les filaments nerveux qui y sont ramifiés. Si cette masse musculaire est parcourue par le courant, dans une direction parallèle à celle des troncs nerveux principaux qui y sont répandus, il me semble évident que la contraction qui en résulte devra être plus forte que celle qui se serait produite par le même courant transmis dans une direction normale à celle des troncs nerveux. En effet, la contraction obtenue dans le premier cas est due à celle qui est propre à la fibre musculaire, et à celle qui est causée dans cette fibre par l'excitation des nerfs qui sont traversés par une portion du courant. De même, il en résulte que les lois des contractions excitées par le courant qui traverse une masse musculaire, ne devront pas, surtout lorsque la vitalité est encore grande, différer de celle que nous avons trouvée pour l'action du courant limité au nerf.

Exposons maintenant les résultats de l'expérience : nous verrons en effet que ces résultats s'accordent avec ceux que nous avons déduits tout à l'heure en nous fondant sur des vues théoriques.

Parlons d'abord, de l'action du courant sur un morceau de substance musculaire, prise sur un animal quelconque, et à laquelle tous les filaments nerveux visibles aient été enlevés avec soin. Cette expérience a été faite d'abord par M. de Humboldt et ensuite par tous les autres physiciens qui se sont occupés de physiologie électrique. J'ai répété plusieurs fois cette expérience en prenant les muscles sur la cuisse d'un lapin, sur la poitrine d'un pigeon, sur le cœur de plusieurs animaux ; j'ai tâché d'enlever tous les filaments nerveux que je pouvais distinguer avec la loupe. Quand le muscle est ainsi préparé, j'y fais passer un courant de vingt à trente couples. On voit toujours le muscle se contracter lorsque le circuit est fermé. Cette contraction qui ne dure qu'un instant semble une espèce de raccourcissement de fibres qui les fait osciller et se froncer. On dirait que les points de la fibre musculaire qui sont touchés par les extrémités de la pile, sont repoussés par ces extrémités. Quelle que soit la direction du courant relativement à celle de la fibre musculaire, le phénomène a toujours lieu de la même manière. Quoique le circuit reste fermé, et que le courant continue à passer, la fibre, raccourcie au premier moment, reprend sa forme, et ce n'est que lorsque le circuit est interrompu qu'on voit de nouveau la fibre se contracter, quoique plus faiblement que la première fois. En continuant pendant un certain temps le passage du courant à travers le muscle, ordinairement la contraction manque lorsque le courant cesse. La contraction au commencement persiste plus longtemps que celle qui a lieu à l'interruption du circuit; et quand cette seconde contraction a cessé on peut encore la reproduire sur le même muscle en augmentant l'intensité du courant.

On peut donc conclure que le courant électrique, qui agit sur une masse musculaire à laquelle ont été enlevés tous les filaments nerveux visibles, excite une contraction lorsqu'il commence et lorsqu'il cesse, et cela, quelle que soit sa direction relativement à celle des fibres musculaires.

En étudiant comparativement les contractions qu'un courant donné excite, quand il agit sur un nerf, et quand il traverse une même largeur de fibres musculaires, on s'aperçoit très-aisément que ces contractions sont beaucoup plus fortes dans le premier cas que dans le second. Il est certain que dans ces deux manières d'agir du courant, il faut bien tenir compte de la conductibilité du muscle que nous savons être très-supérieure à celle dont le nerf est doué. Nous aurons occasion de revenir plus tard sur ce sujet.

Nous avons enfin à étudier les phénomènes que le courant électrique produit lorsqu'il parcourt, dans le même temps, les nerfs et les muscles d'un animal vivant ou récemment tué.

La manière la plus simple de faire l'expérience consiste à prendre la grenouille, préparée à la manière de Galvani (*fig.* 3), de la couper ensuite dans le point où les deux os des cuisses sont réunis, et de la plonger, avec ses deux pattes, dans deux petits verres pleins d'eau pure ou légèrement salée (*fig.* 31). Quand la grenouille est ainsi disposée, il n'y a plus qu'à mettre les deux extrémités de sa pile dans les deux verres pour voir la grenouille se contracter. Le courant, dans cette expérience, est direct pour un des membres, et inverse pour l'autre. Au commencement, lorsque la grenouille est encore très-vivace, on voit les deux membres se contracter, soit au commencement, soit à l'interruption du courant, quelle que soit sa direction. A mesure que la vitalité s'affaiblit il n'y a plus qu'un des deux membres qui se contracte; celui qui est parcouru par le courant direct, se contracte au commencement, et c'est l'autre qui est parcouru par le courant inverse qui se contracte par suite de l'interruption. Évidemment, les phénomènes observés dans cette seconde période sont les mêmes que ceux que nous avons trouvés en agissant avec le courant sur le nerf. C'est donc principalement à l'action du courant qui parcourt le nerf attaché, et ramifié dans un muscle, qu'est due l'action du courant qui traverse dans le même temps les nerfs et les muscles.

On trouve également dans cette action du courant parcourant simultanément les nerfs et les muscles, que, lorsqu'on est parvenu aux phénomènes de la seconde période, on peut obtenir de nouveau ceux de la première en agissant avec un courant plus fort.

Marianini a reconnu qu'en fermant le circuit d'une pile de quarante à cinquante éléments avec les deux mains, on éprouvait une secousse qui était plus forte pour le bras dont la main touchait le pôle négatif, que pour l'autre. Pour réussir dans l'expérience il faut, suivant Marianini, serrer entre les mains une lame de plomb couverte de drap mouillé, et plonger les deux lames dans les cavités extrêmes de la pile. On voit très-aisément que, dans cette expérience, les gros troncs nerveux de l'un des bras sont parcourus par le courant direct, et ceux de l'autre par le courant inverse. Il me semble qu'il n'est pas difficile de s'expliquer la différence trouvée par Marianini dans la secousse éprouvée par les deux bras. En effet, nous avons vu, en décrivant les phénomènes produits par le courant sur un nerf, pris dans la première période de vitalité, et par conséquent sur l'animal vivant, que les contractions excitées par le courant direct qui commence sont toujours plus fortes que celles dues au courant inverse qui commence. Il n'y a plus qu'à admettre, ce qui me semble bien prouvé par l'expérience, que la contraction produite dans un muscle par le courant, est due, en grande partie, à l'action de ce courant sur le nerf qui est ramifié dans le muscle.

CHAPITRE III.

SUR L'ACTION DU COURANT ÉLECTRIQUE QUI TRAVERSE UN NERF NORMALEMENT A SA LONGUEUR.

La première fois que j'ai cherché à étudier cette action, je l'ai fait en appliquant les deux pôles de la pile vis-à-vis l'un de l'autre sur le nerf sciatique préparé sur un lapin ou sur une grenouille. Il était presque impossible, surtout à cause du petit diamètre du nerf, d'avoir les deux pôles exactement sur la même ligne, et on pouvait toujours supposer qu'une portion du courant parcourait le nerf obliquement. Toutefois, je n'ai pas tardé à m'apercevoir que les contractions qui étaient excitées dans cette manière d'opérer, étaient plus faibles qu'à l'ordinaire, et que quelquefois elles manquaient entièrement. Malgré cela, je doutais toujours que cet effet fût dû à la trop petite étendue du nerf qui était parcourue par le courant. J'ai changé la disposition de l'expérience, et voici comment je suis parvenu à découvrir quelle est la véritable action du courant ainsi dirigé. J'ai préparé une grenouille à la manière de Galvani, et je l'ai coupée ensuite à moitié. J'ai ainsi deux demi-grenouilles ; chacune desquelles a son nerf lombaire attaché. Je prends une de ces demi-grenouilles, je lui lie la patte avec un fil quel qu'il soit, et je la suspends de manière que son nerf presque entier soit plongé dans de l'eau contenue dans une capsule. En laissant au nerf lombaire attaché un morceau d'épine, le nerf, au lieu de flotter horizontalement sur l'eau, y reste plongé verticalement. Il est très-facile de concevoir comment avec un crochet auquel un petit poids est attaché, on peut obtenir que le nerf reste tout à fait vertical dans l'eau. J'ai fixé au bord du verre et sur deux points diamétralement opposés deux fils métalliques qui plongent au même niveau à la distance de quelques millimètres du nerf. J'ai couvert de vernis les deux fils dans toute leur surface, excepté les extrémités qui sont près du nerf. Quand les choses sont ainsi disposées, je fais passer, par les deux fils un courant électrique. J'ai employé des piles composées de quinze à vingt, et jusqu'à quarante-cinq couples, sans jamais obtenir aucun signe de contraction dans la grenouille. Il n'y avait qu'à forcer le nerf à se tenir horizontalement, ou bien à faire plonger les deux fils à un niveau différent, pour voir aussitôt les contractions. Dans cette expérience, quoique le nerf soit tenu vertical, il y a certainement une étendue assez grande de filaments nerveux qui est traversée par le courant ; mais n'oublions pas que c'est toujours normalement à la

longueur du nerf que les filets du courant passent
par le nerf.

Je décrirai encore une autre manière d'opérer qui
conduit aux mêmes résultats. Je prépare deux jambes
de grenouilles, en leur laissant les filaments nerveux.
Je dispose ces deux jambes sur un plan isolant, de
manière que les deux nerfs se coupent à angle
droit (*fig*. 32). Je coupe un de ces nerfs à moitié,
et j'éloigne également les deux extrémités, nouvel-
lement formées, de trois ou quatre millimètres du nerf
laissé intact. Je fais alors tomber une goutte d'eau distillée sur le point où les deux nerfs s'entre-croisaient :
la goutte s'étend en réunissant ainsi les extrémités du
nerf coupé. Quand les dispositions de l'expérience
sont ainsi faites, je touche sur les points a et b du
nerf coupé avec les extrémités d'une pile d'un certain nombre de couples. De cette manière, la goutte
d'eau est parcourue par le courant qui traverse par
conséquent le nerf interposé, la goutte d'eau étant
si mince que l'on ne peut pas supposer que le courant circule entièrement par elle. On peut encore,
sans employer la goutte d'eau, réunir les deux extrémités du nerf coupé avec une couche d'eau étendue
avec un pinceau. Le courant passe, la jambe dont
le nerf est touché par les extrémités de la pile se
contracte, tandis que l'autre qui est traversée normalement par le courant reste tranquille. Il n'y a
qu'à disposer les pôles de manière que ce second
nerf soit parcouru obliquement par le courant pour
y voir tout de suite les contractions excitées. Je dois

avouer que si dans cette expérience on fait usage d'un courant dû à un grand nombre de couples, on aura encore la contraction quand le nerf est traversé normalement.

Il est donc bien prouvé que le courant électrique qui traverse un nerf normalement à sa largeur, est toujours moins propre à éveiller les contractions dans les muscles dans lesquels ce nerf est ramifié, que lorsque ce même courant parcourt longitudinalement la même étendue du nerf.

La première fois que j'ai découvert cette action du courant, dirigé normalement dans le nerf, j'ignorais des observations que Galvani avait faites et qui conduisaient aux mêmes résultats. J'ai vu que tout récemment M. Guérard les a confirmées.

CHAPITRE IV.

DES CAUSES QUI MODIFIENT L'ACTION DU COURANT ÉLECTRIQUE SUR LES NERFS.

§. Ier. *Alternatives volliancs.* — Parmi les causes qui modifient l'action du courant électrique sur les nerfs, nous étudierons principalement le passage par les nerfs du courant électrique même. C'est au célèbre Volta que nous devons cette découverte qui a reçu par conséquent le nom d'*alternatives volliancs*. Voici le fait : je suppose qu'on fasse passer le courant électrique dans une grenouille préparée et disposée comme dans la figure 31. Nous savons que dans cette disposition, un des membres de la gre-

nouille est parcouru par le courant direct, tandis
que l'autre l'est par le courant inverse. Nous savons
également que lorsque le courant commence à passer, les deux membres se contractent à la fois, et
que la même chose arrive lorsque le circuit est interrompu. Nous avons vu que les contractions ne
sont pas également intenses dans les deux membres,
et que c'est toujours celui qui est parcouru par le
courant direct qui se contracte davantage au commencement, ce qui arrive à l'interruption pour les
membres parcourus par le courant inverse. En faisant l'expérience avec la grenouille préparée et
disposée comme je l'ai dit (*fig.* 31), la différence
dont je parlais peut encore se voir par les palpita-
tions qu'on remarque ordinairement au commencement de l'expérience, dans le membre parcouru par
le courant direct, et qui se prolonge pendant quelques secondes, quoique le circuit soit fermé. A mesure que la vitalité du nerf s'affaiblit, nous savons
encore que le courant n'excite pas plus la contraction
qu'au commencement lorsqu'il est direct, et à l'interruption lorsqu'il est inverse.

Je suppose qu'on laisse passer le courant d'un
certain nombre de couples dans la grenouille (*fig.* 31)
pendant vingt-cinq ou trente minutes : on trouve
alors, en interrompant le circuit et en le fermant un
instant après, que la grenouille n'offre plus aucune
contraction, ni dans un cas ni dans l'autre. Suivant
la force de la pile et le degré de vitalité de la grenouille, le temps nécessaire, pour que le passage du

courant produise le phénomène dont nous parlons, est plus ou moins long. Quand la grenouille est réduite au point de ne plus donner de contractions, si on renverse la position des pôles de la pile, ou bien si l'on retourne sur elle-même la grenouille, de manière que pour chacun des membres le courant vienne ensuite à y être transmis dans un sens contraire au précédent, on aura alors de nouveau les contractions, en fermant le circuit, pour le membre dans lequel le courant est direct et en l'interrompant pour l'autre. Si maintenant on laisse le circuit fermé, dans cette seconde position de la grenouille on trouve, après un certain temps, qui est toujours plus court que celui qui a été nécessaire d'abord, que la grenouille ne donne plus de contractions ni en ouvrant ni en fermant le circuit. Cela étant obtenu, il faut renverser de nouveau la position de la grenouille ou celle des pôles de la pile, et fermer le circuit. On conçoit facilement que la grenouille se trouve ainsi parcourue par le courant comme elle l'était au commencement de l'expérience. On voit alors la grenouille se contracter de nouveau en fermant le circuit pour le membre parcouru par le courant direct, et en l'interrompant pour l'autre. Ces alternatives se prolongent, pendant un certain temps, toujours en s'affaiblissant, les contractions devenant toujours moindres avec le laps de temps nécessaire pour passer d'une alternative à l'autre.

On peut exprimer le fait que nous étudions d'une manière bien simple : le courant qui traverse

un nerf moteur sur un animal vivant ou récemment
tué, et qui continue à passer dans ce nerf pendant un
certain temps, en modifie l'excitabilité de manière à
le rendre insensible à son passage, tant qu'il le parcourt dans la même direction; mais l'excitabilité du
nerf reparaît sous l'influence de ce même courant,
dirigé en sens contraire : lors donc qu'un nerf a été
modifié par le passage d'un courant, de la manière
que nous venons de dire, on peut lui rendre l'excitabilité qu'il a perdue en le faisant traverser pendant
quelque temps par un courant dirigé en sens contraire de celui qui lui a fait perdre l'excitabilité et
par lequel on veut la lui rendre. C'est ainsi que,
dans l'expérience que nous avons décrite, on voit,
à chaque changement dans la direction du courant,
le membre qui auparavant ne se contractait que lorsqu'on fermait le circuit, devenir capable de se contracter à l'interruption de ce même circuit.

Marianini, qui a beaucoup étudié le phénomène
des alternatives voltianes, a commencé par s'assurer qu'il était indépendant de la variation qui a lieu
dans l'intensité du courant, lorsqu'on tient fermé
le circuit de la pile pendant un certain temps. On
sait que le courant d'une pile s'affaiblit toutes les
fois qu'on tient son circuit fermé, et qu'ensuite il reprend son intensité lorsqu'on laisse le circuit ouvert.
Marianini a vu que les alternatives voltianes se
vérifiaient également avec un courant d'intensité
constante : l'expérience était très-facile à faire pour

arriver à ce résultat sans avoir un courant de force constante. Il n'y avait qu'à laisser passer le courant d'une pile pendant un certain temps dans une grenouille, jusqu'à ce qu'elle ne donnât plus de contractions, et qu'à faire passer ce courant de nouveau et toujours dans le même sens : on voit alors les contractions reparaître, si l'on dirige ce courant dans la grenouille en sens inverse.

Passons maintenant à l'exposition des lois des alternatives voltianes.

Marianini s'est assuré que la durée, ou le nombre total des alternatives qu'on peut observer sur une même grenouille, est d'autant moindre que le courant électrique employé est plus intense. Ainsi, en comparant deux grenouilles dont l'une est soumise à un courant de quatre-vingts couples, tandis que pour l'autre ce courant n'est que de huit couples, on voit que la première de ces deux grenouilles ne présente plus le phénomène des alternatives après quatre heures d'expérience, c'est-à-dire que son nerf, modifié par le passage du courant, ne reprend plus son excitabilité par le passage du courant inverse. La seconde grenouille présente le phénomène des alternatives pendant un espace de temps presque double de l'autre. L'influence de la plus ou moins grande intensité sur la durée totale des alternatives, est une conséquence nécessaire d'un autre phénomène que nous avons déjà étudié dans le premier Chapitre : nous avons vu que le passage d'un courant par un nerf affaiblissait son excitabilité, et cela d'autant plus rapidement que ce courant est plus intense.

Marianini a fait aussi l'observation importante que sur les grenouilles ou sur les autres animaux vivants, le phénomène des alternatives est réduit au seul affaiblissement de l'action du courant, dirigée dans un certain sens sur les nerfs, et à un renforcement de cette action pour le courant dirigé en sens contraire. C'est ainsi qu'après avoir prolongé, pendant trois heures, le passage du courant par une grenouille, elle peut encore se contracter, quoique très-faiblement, par ce même courant; mais si on renverse sa direction, on trouve que les contractions sont plus fortes, et, en le laissant passer dans ce sens jusqu'à ce que ces contractions soient affaiblies, on trouve qu'en le renversant les contractions ont, de nouveau, une plus grande énergie.

Il y a donc dans la grenouille, et dans tout animal vivant, une force qui lutte continuellement contre la propriété dont le courant est doué d'affaiblir l'excitabilité du nerf qu'il parcourt dans un sens donné. C'est cette force qui est capable, dans l'animal vivant, de rétablir l'excitabilité perdue par le nerf pourvu qu'on le laisse, pendant un certain temps, sans le tourmenter avec le courant. Des expériences de Marianini ont bien prouvé cette vérité. En effet, en laissant en repos durant cinq ou six minutes une grenouille vivante, qu'on avait tourmentée assez longtemps avec un courant de vingt à trente couples, et en la soumettant de nouveau au même courant dirigé dans le même sens, on obtient des contractions aussi fortes que les premières. Le repos produit donc sur l'animal vivant qui a été soumis au passage du courant, et dont les nerfs ont perdu par là leur excitabilité, le repos, dis-je, produit le même effet que le passage du courant dans un sens contraire.

La grenouille employée dans toutes les expériences que nous avons rapportées, a été toujours disposée de manière que le courant parcourait dans le même temps ses nerfs et ses muscles. Mais il n'est pas difficile de prouver que le phénomène des alternatives voltianes a lieu également, et selon les mêmes lois, lorsqu'on agit seulement sur le nerf avec le courant. J'ajouterai de plus que c'est uniquement par l'action du courant sur le nerf que le phénomène des alternatives se produit. En effet, en faisant passer un courant électrique sur un morceau de substance musculaire, privée le plus possible de tout filament nerveux, on ne trouve jamais, en renversant la position des extrémités de la pile appliquées sur cette substance, que la contraction qui avait disparu reparaisse par ce renversement. Il faut toujours, pour que cela ait lieu, recourir à un courant plus fort, et dans ce cas, on ne gagne rien en changeant la direction du courant.

Pour observer le phénomène des alternatives voltianes, en agissant avec le courant sur les nerfs, il faut préparer la grenouille comme nous l'avons déjà dit (*fig .17*), étendre cette grenouille sur un plan isolant, et appliquer les deux extrémités de la pile sur les deux points *a* et *b* des deux nerfs lombaires; ce qui peut se pratiquer en liant les deux nerfs avec deux fils de platine très-déliés, ou bien à l'aide d'un petit appareil, facile à imaginer, avec lequel on fixe sur les nerfs les deux extrémités de la pile. En prolongeant le passage du courant pendant un certain temps, en général plus court que celui qui est nécessaire quand on opère sur la grenouille entière, on finit par n'avoir plus de contraction en ouvrant le circuit ou en le fermant un instant après. Si on renverse alors la position des pôles, on verra, comme nous l'avons vu en exposant les résultats obtenus en agissant sur les nerfs et sur les muscles dans le même temps, se contracter le membre au commencement du courant qui ne se contractait d'abord qu'à l'interruption, et le contraire avoir lieu pour l'autre membre. En laissant de nouveau le circuit fermé jusqu'à ce que les contractions aient cessé, et en renversant encore le courant, les contractions reparaissent et sont ce qu'elles étaient au commencement de l'expérience. Il était important d'étudier si le passage du courant dans un nerf diminuait également son excitabilité, quelle que fût sa direction relativement à la ramification du nerf. J'ai apporté tout le soin possible à la recherche de ce point; j'ai répété bien des fois l'expérience, et je ne crois pas me tromper dans le résultat que j'ai obtenu.

L'altération qui est produite dans le nerf par le

passage du courant, n'est pas indépendante de sa direction relativement à la ramification du nerf. Le courant direct détruit l'excitabilité du nerf beaucoup plus vite que le courant inverse. Voici une expérience très-facile à faire et qui confirme ce que j'ai avancé : Je prépare une grenouille à la manière de Galvani, je la coupe à l'union des deux os des cuisses, et je la pose ainsi entre deux verres dans lesquels ses pattes sont plongées (*fig.* 31). En introduisant des extrémités d'une pile de soixante à quatre-vingts couples dans les deux verres, je fais passer par la grenouille un courant qui est direct pour un des membres et inverse pour l'autre; il faut, dans les premiers instants, empêcher que la grenouille ne saute hors des deux verres. Les contractions de la grenouille se prolongent pendant quelques secondes, quoique le circuit soit fermé, et ordinairement on remarque que le membre parcouru par le courant direct palpite pendant un certain temps. Après quinze, vingt, vingt-cinq ou trente minutes, suivant le degré de vitalité de la grenouille, je fais communiquer les liquides des deux verres où sont plongées les deux pattes de grenouille avec un arc formé d'un gros fil de cuivre ou de platine. C'est l'expérience de Marianini que nous avons déjà rapportée, et qui prouve que les contractions à l'interruption du circuit peuvent avoir lieu, si l'on oblige une grande partie du courant à abandonner la grenouille. Dans l'expérience que nous décrivons, lorsque l'arc métallique est introduit, on voit se con-

tracter le membre qui est parcouru par le courant
inverse. En enlevant tout de suite l'arc qu'on avait
introduit, il n'y a aucune contraction dans la grenouille. On peut renouveler plusieurs fois cette expérience, et toujours avec le même résultat. Si la grenouille a été trop affaiblie par le passage du courant,
on peut obtenir les phénomènes que nous avons décrits en interrompant tout à fait le circuit et en le
fermant un instant après. Pour s'assurer encore
mieux que les nerfs des deux membres de la grenouille sont devenus différemment excitables, il faut
disposer la grenouille autrement, en la plongeant
par ses nerfs dans un verre, et par ses deux pattes
dans un second verre. Alors, en y faisant passer un
courant, on voit un seul des membres se contracter
tantôt au commencement, tantôt à l'interruption,
suivant que le courant est direct ou inverse. Dans
les deux cas, le membre qui se contracte est toujours celui qui a été parcouru par le courant inverse
dans la première expérience. Lorsque la grenouille
est parvenue, par le passage du courant, à n'avoir
plus qu'un de ses membres capable de se contracter,
il faut renverser la direction du courant, de manière
qu'il soit direct pour le membre qui était parcouru
par le courant inverse, et *vice versa* pour l'autre. On
obtient alors, en continuant le passage du courant
pour un certain temps, que le membre qui n'était
plus capable de se contracter le devient de nouveau,
tandis que cette propriété cesse pour l'autre. C'est
encore, dans ce cas, le membre parcouru par le cou-

rant inverse, qui a gagné davantage au renversement du courant, et qui est resté plus excitable que l'autre. C'est toujours le phénomène des alternatives, dans lesquelles on a introduit la différence dans la perte qu'éprouve l'excitabilité du nerf, par le passage du courant, suivant sa direction, relativement à la ramification du nerf.

J'ai souvent vu se reproduire trois ou quatre fois de suite, sur la même grenouille, le phénomène des alternatives que nous venons d'étudier. On ne peut conserver le moindre doute sur l'exactitude de cette double conclusion : 1°. le passage du courant électrique à travers un nerf en affaiblit l'excitabilité d'une manière différente, suivant sa direction ; 2°. le passage du courant direct rend le nerf moins excitable par ce courant même que le passage du courant inverse.

Nous avons étudié jusqu'ici l'influence exercée sur l'excitabilité du nerf par le passage d'un courant électrique continu ; il nous reste à voir quelle est cette influence, lorsque ce courant est au contraire interrompu plusieurs fois de suite, de manière à en renouveler le passage à de très-courts intervalles de temps.

On peut faire cette expérience très-facilement, en fixant une grenouille préparée sur une planche, avec de petits clous. On lie une des extrémités de la pile à un de ces clous, et on tient l'autre extrémité avec la main, de manière à toucher un autre clou plusieurs fois de suite, en fermant et en ouvrant ainsi le circuit. Nobili a étudié le premier les phénomènes qui se produisent dans la grenouille, par ces passages successivement interrompus du courant. La grenouille tend ses membres et semble prise par des convulsions tétaniques. Ces phénomènes ont lieu également, quelle que soit la direction du courant. Le courant direct et le courant inverse, appliqués de cette manière, peuvent également tétaniser la grenouille.

Après avoir soumis la grenouille à ces passages répétés du courant, de manière à la tétaniser, on trouve que quand l'expérience a duré un certain temps, l'excitabilité du nerf est très-affaiblie, en comparaison de ce qui serait arrivé sur une autre grenouille, parcourue par le même courant d'une manière continue. J'ai fait plusieurs fois cette expérience comparative, en soumettant deux grenouilles également préparées, l'une au passage d'un courant continu de quarante-cinq couples, et l'autre à un courant d'une pile semblable, mais dont l'action était renouvelée à de très-courts intervalles de temps. L'expérience était prolongée durant dix à quinze minutes sur les deux grenouilles. Je trouvais alors, en les soumettant séparément au passage d'un courant sur les nerfs lombaires, qu'il fallait un plus grand nombre de couples pour faire contracter la grenouille qui avait été soumise au courant interrompu. Je me suis également assuré de la différence de l'excitabilité de leurs nerfs, en les soumettant dans le même temps à un nouveau passage d'un courant continu; la perte était plus grande pour la gre-

nouille qui avait déjà subi l'action du courant interrompu.

Marianini s'est également assuré qu'en comparant
deux grenouilles, dont l'une est parcourue par
un courant continu, toujours dans le même sens,
et l'autre par un courant semblable, dirigé tantôt
dans un sens, tantôt dans l'autre, c'est la première
qui a le moins perdu d'excitabilité dans ses nerfs
par le passage du courant.

Ce grand épuisement dans l'excitabilité du nerf,
dû à des courants successivement renouvelés à des
intervalles très-courts de temps, a été plus particulièrement démontré par les expériences de M. Masson.
Voici l'appareil avec lequel cet habile physicien est
parvenu à exciter un grand nombre de secousses
électriques très-rapprochées. Une roue métallique R (*fig.* 33), fixée à un axe aussi métallique,
tourne dans deux coussinets amalgamés, à l'aide
d'une manivelle; un des coussinets est en communication avec un des pôles de la pile P, et l'autre
pôle est en contact avec un fil qui, après s'être
enroulé en spirale autour d'un cylindre M de fer
doux, vient communiquer avec une plaque métallique fixe que les dents de la roue frappent successivement; par cette disposition, en tournant la
roue, on ferme le circuit à chaque contact de la
plaque avec une dent, et il se trouve rompu dans
l'intervalle qui sépare deux contacts consécutifs. En
mettant les mains humides en contact avec les parties A et B du conducteur, situées de chaque côté

du point où se fait la fermeture et la rupture du circuit, on éprouve une série très-vive de commotions. Quand la vitesse de rotation est très-grande, ces commotions successives font éprouver dans les membres une tension douloureuse dont l'effet, indépendant de la volonté, est celui de ne pas permettre à l'expérimentateur d'abandonner le conducteur métallique qu'il a saisi; au contraire, les mains serrent ces conducteurs avec plus de force. Masson a pu ainsi, avec une pile d'un petit nombre d'éléments, tuer un chat en quatre ou cinq minutes. Un fait très-important, et qui a été encore découvert par M. Masson, c'est que, si la vitesse de la roue augmente, la sensation et les secousses finissent par disparaître. Pouillet a trouvé que, lorsque la durée des intermittences est d'environ $\frac{1}{300}$ de seconde, il est impossible de distinguer la discontinuité du passage du courant électrique, c'est-à-dire que l'effet produit est le même que si le courant était continu.

§. II. *Ligature du nerf.* — On sait ce qu'il arrive lorsqu'un nerf est lié sur un animal vivant ou récemment tué : si on irrite la partie qui est au-dessus de la ligature, c'est-à-dire celle qui est du côté du cerveau, on n'observe aucune contraction dans les muscles inférieurs, et l'animal ne fait que crier et éprouver de la douleur. Si, au contraire, c'est la partie qui est au-dessous de la ligature qui est irritée, l'animal est pris par des contractions très-fortes dans les muscles inférieurs, sans qu'il donne aucun signe de douleur.

Voyons maintenant ce qui arrive lorsque le corps stimulant est le courant électrique. On a étudié depuis longtemps l'influence de la ligature du nerf en le soumettant au passage du courant, soit au-dessous soit au-dessus de la ligature. On avait cru d'abord que la ligature du nerf agissait sur les effets du courant électrique comme pour les autres stimulants : ensuite on a changé d'avis et on peut lire dans des ouvrages célèbres de Physiologie, que la ligature du nerf n'empêche pas l'action d'un courant électrique qu'on fait agir au-dessus de la ligature. Aux premiers essais que j'ai tentés, j'avais cru qu'effectivement la ligature n'empêchait pas tout à fait l'action du courant supérieur, car j'avais cru observer encore des contractions, quoique très-faibles, dans les muscles inférieurs. Pour me mettre à l'abri de toute erreur, j'ai opéré de la manière suivante : j'ai pris une grenouille, préparée comme à l'ordinaire, et je l'ai coupée par moitié; j'ai suspendu à un fil de soie, lié autour du morceau de la moelle épinière, une des demi-grenouilles (*fig.* 30); j'ai lié avec un fil quelconque son nerf lombaire à peu près au milieu, et j'ai serré le nœud jusqu'à ce que j'aie vu des contractions dans la jambe. Alors j'ai fait passer un courant d'une pile de quinze couples au-dessus de la ligature, en tenant les pôles le plus éloignés possible l'un de l'autre. Je n'ai observé aucune contraction, quelle que fût la direction du courant, ni en fermant, ni en ouvrant le circuit : au contraire, les contractions les plus fortes étaient excitées lorsque les deux pôles ou un seul touchaient au-dessous de la ligature. J'ai, dans d'autres expériences, employé des courants d'une pile de soixante couples, et j'ai toujours obtenu les mêmes résultats.

Voici comment on peut se tromper dans l'expérience : si la grenouille à laquelle le nerf est lié, au lieu d'être suspendue, comme je l'ai dit, est posée sur une table ou sur une lame de verre, les contractions peuvent avoir lieu, quand même on ne toucherait avec les pôles qu'au-dessus de la ligature. Il suffit qu'il y ait un peu d'humidité sur le plan en contact du nerf, et que la grenouille soit très-vivace, pour qu'une portion du courant, se répandant dans cette couche humide, vienne à parcourir une portion du nerf qui est au-dessous de la ligature. Quand le nerf est parfaitement isolé, ce qui arrive en le suspendant, il n'est plus possible qu'il y ait du courant qui passe au-dessous de la ligature, et alors il n'y a jamais de contractions.

L'effet de la ligature du nerf est donc le même pour le courant électrique que pour les autres agents stimulants. Il faut toujours que la ligature soit faite de manière à empêcher l'action supérieure de ces agents; sans cela tous ces agents, comme le courant, peuvent exciter la contraction dans les muscles inférieurs, lors même qu'ils sont appliqués au dessus de la ligature. En répétant plusieurs fois ces expériences de comparaison, on croit voir qu'il faut, pour empêcher la contraction, que la ligature soit plus serrée si l'on emploie le courant que si l'on fait usage des autres corps stimulants. Quand la ligature a été bien serrée, on trouve le nerf, dans les points où il est lié, très-aminci et réduit à son névrilème, et alors, en coupant la ligature, on ne parvient pas à exciter de contractions en irritant au-dessus du point qui a été lié.

§. III. *Poisons.* — J'ai repris l'étude de ce sujet malgré le grand nombre des observations, souvent contradictoires, qu'on trouve à ce propos dans les anciens ouvrages du galvanisme. Je décrirai d'abord comment j'ai fait ces expériences. Je commence par introduire un certain nombre de grenouilles vivantes sous une cloche que je remplis ensuite du gaz ou des vapeurs qui doivent les empoisonner. A peu près dans le même temps, je coupe la tête à un certain nombre de grenouilles destinées à être comparées aux grenouilles empoisonnées. Quand je vois ces dernières grenouilles réduites à ne faire plus aucun mouvement, je les prépare, comme je fais pour les autres, et je les soumets au passage d'un courant électrique. Ce passage a été tenté, tantôt sur les nerfs seulement, tantôt sur les muscles et sur les nerfs à la fois, et enfin sur les muscles seulement. Pour mieux juger de la différence d'excitabilité appartenant aux deux grenouilles, je les fais traverser pendant un certain temps par un courant électrique, et je juge de cette différence par la perte différente qu'elles éprouvent ou par le temps variable dans le passage du courant qu'il faut pour que l'excitabilité de leurs nerfs disparaisse tout à fait.

J'ai trouvé par ces différents moyens d'expérimentation, comme M. de Humboldt l'avait fait bien longtemps avant moi, que le gaz acide carbonique, l'azote et le chlore n'affaiblissent pas l'excitabilité du nerf soumis au courant électrique; on peut en dire autant de l'hydrogène sulfuré. L'un des poisons qui affaiblit le plus l'excitabilité du nerf, est l'acide hydrocianique. Cet acide commence par exciter des contractions tétaniques dans les grenouilles qui, préparées dans cet état et soumises au courant électrique, ont encore des contractions, surtout si le courant parcourt dans le même temps les nerfs et les muscles ou les muscles seulement. Mais si les grenouilles empoisonnées par ce corps sont soumises au courant électrique quand elles ont cessé de montrer les contractions tétaniques dont nous avons parlé, on obtient alors très-rarement les contractions en agissant avec le courant d'un couple sur leurs nerfs lombaires. Un courant plus fort n'y produit que de très-faibles contractions et l'excitabilité disparaît tout à fait après quelques instants. Quand même on chercherait à agir avec le courant sur des points de ces nerfs plus rapprochés des extrémités, on n'obtiendrait pas de contractions. Mais si, au lieu d'agir avec le courant sur les nerfs seulement, on le fait passer ou par les muscles ou par les nerfs et les muscles, on a encore les contractions. Puisque cet effet manque lorsque le courant n'agit que sur les nerfs, il faut bien admettre que les contractions produites en faisant passer le courant par les nerfs et les muscles, sont dues à l'action du courant sur les fibres musculaires.

La mort par la décharge électrique détruit presque entièrement l'excitabilité du nerf soumis au courant électrique. J'ai tenté souvent l'action du courant sur les nerfs de grenouilles tuées avec un certain nombre de décharges électriques de six grandes bouteilles chargées à saturation ; je n'ai jamais obtenu aucune contraction, même avec une pile de dix à quinze éléments. Et si quelquefois il y en avait de très-faibles, le passage d'un courant par les nerfs, pendant quelques secondes, en détruisait tout à fait l'excitabilité. Les grenouilles ainsi tuées n'avaient pas perdu l'irritabilité de la fibre musculaire : le courant électrique y excitait encore la contraction.

Je n'ai plus qu'à parler de l'influence des poisons narcotiques. J'ai employé pour cela des solutions d'extrait d'opium ou de noix vomique, que j'introduisais dans l'estomac des grenouilles vivantes. L'empoisonnement a lieu, et présente une série de phénomènes qui se succèdent plus rapidement pour la noix vomique que pour l'opium. La grenouille narcotisée, après environ quinze, vingt, trente minutes, montre l'état de surexcitation dans lequel, comme on sait, la plus faible contraction suffit pour agiter tout l'animal. Après cet état, viennent les contractions tétaniques ; le dos de la grenouille se courbe, ses membres se roidissent et la grenouille reste soulevée du plan, en s'appuyant sur l'extrémité de ses quatre pattes, et quelquefois, dans la contraction, on la voit rouler. Elle reste ainsi tétanisée pendant quelques minutes, et puis tous les mouvements finissent. Dans ces trois périodes bien distinctes, j'ai essayé l'action du courant sur les nerfs ou sur les muscles des grenouilles ainsi narcotisées. Dans la première, le nerf est encore très-excitable, il présente ordinairement le phénomène de la contraction, soit au commencement, soit à l'interruption du courant, quelle que soit sa direction.

Les contractions excitées sont très-fortes et d'une nature tétanique. Dans la seconde période, l'action du courant, surtout s'il est prolongé, mérite d'être signalée. En agissant sur les nerfs, seulement après avoir préparé la grenouille et coupé, par conséquent, la moelle épinière, on trouve l'excitabilité du nerf affaiblie. Quelquefois on voit les contractions tétaniques se prolonger encore pendant quelques secondes, lors même que la moelle épinière a été coupée. Mais si, au lieu de préparer la grenouille ainsi tétanisée, on la soumet au passage du courant d'une pile de trente à quarante couples dirigé le long du corps, en touchant avec les pôles au-dessous de la peau, on voit la grenouille qui, un instant auparavant, était toute tendue, et telle que nous l'avons décrite, éprouver une petite secousse au commencement du courant, et puis, en laissant le circuit fermé, la tension de ses muscles cesse et se relâche. J'ai remarqué une différence entre l'action du courant direct et celle de l'inverse; le courant dirigé des pieds à la tête excite au commencement une secousse qui est moins forte que celle qui est produite au commencement du courant direct : cette différence entre l'action des deux courants est d'accord avec les lois générales que nous avons exposées dans le premier Chapitre.

Enfin, lorsque les grenouilles sont prises dans la dernière période de l'empoisonnement narcotique, on trouve l'excitabilité du nerf nulle ou à peu près nulle, tandis que la fibre musculaire montre encore la contraction, étant soumise au courant électrique.

CHAPITRE V.

ACTION DU COURANT ÉLECTRIQUE SUR LES PARTIES CENTRALES DU SYSTÈME NERVEUX.

Il aurait été important, après avoir établi la manière d'agir du courant électrique sur les nerfs, de poursuivre ce même sujet sur les parties centrales du système nerveux. Malheureusement, j'ai dû renoncer à une suite d'expériences dirigées comme je l'aurais voulu, faute de connaissances suffisantes d'anatomie, et surtout d'habitude dans les vivisections. Toutefois, je rapporterai ici le peu que j'ai réussi à voir et à constater dans quelques expériences; j'engage les physiologistes à continuer ces observations sur ce sujet.

Ayant découvert avec un trépan le cerveau d'un lapin vivant, je commençai par appliquer les deux

pôles d'une pile de soixante couples sur les hémisphères cérébraux, à une distance d'un à deux centimètres l'un de l'autre; l'animal n'a pas bougé,
ou bien il n'y a eu que quelques petites contractions dans les muscles de la tête. J'ai porté les deux
pôles sur le cervelet, et le courant a passé sans faire
crier l'animal et sans exciter de contractions. Les
mêmes effets ont été obtenus en faisant passer le
courant dans la pulpe des hémisphères cérébraux et
du cervelet. Ce n'est que quand j'ai pénétré avec
les deux pôles jusqu'à la base du cerveau, que l'animal se mit à crier et à se contracter très-fortement
de tout son corps. Ces phénomènes se sont pro-
longés pendant plusieurs secondes, et ne se sont
pas reproduits lorsque le circuit a été interrompu.
J'ai pu m'assurer aisément que lorsque la douleur
et les contractions ont été excitées, le courant électrique agissait sur les corps quadrijumeaux et les
pédoncules du cerveau.

Il importe de noter que le courant électrique dans
son action sur les parties centrales du système nerveux semble différer de celle qu'il exerce sur les
nerfs, par le défaut d'excitation lors de son interruption. Il me semble également permis de conclure
que le courant électrique agit sur les parties centrales
du système nerveux, comme tous les autres agents
stimulants dont l'action a été si bien établie par les
célèbres travaux de M. Flourens.

C'est à ce même résultat qu'on est conduit lorsqu'on fait agir le courant sur la moelle épinière et

sur les racines des nerfs rachidiens. En mettant à nu, sur un lapin vivant, deux points de la moelle épinière, et en y faisant ainsi passer un courant de quinze à vingt couples, je voyais l'animal agité par les plus vives convulsions, lesquelles avaient lieu également à l'interruption du circuit : l'animal criait dans le même temps et se courbait comme s'il eût été saisi par d'atroces souffrances. En continuant le passage du courant, les phénomènes se présentent comme pour l'action du courant électrique sur les nerfs que nous avons étudiée.

Lorsqu'on agit avec le courant électrique sur les racines antérieures et postérieures des nerfs rachidiens, on vérifie très-aisément la belle découverte, faite par Bell, Magendie et Muller, de la fonction différente qui appartient à ces deux racines.

J'ai répété souvent sur les grenouilles l'expérience que Muller décrit dans sa Physiologie, en employant un couple élémentaire pour produire le courant. Si les racines postérieures sont parcourues par ce courant, il n'y a aucune contraction excitée dans les muscles des membres inférieurs, ni au commencement, ni à la fin, quelle que soit sa direction. Au contraire, en agissant avec le courant sur les racines antérieures, les contractions qu'on obtient sont soumises tout à fait aux mêmes lois que celles que l'on a lorsqu'on agit sur les nerfs.

CHAPITRE VI.

DE L'ACTION DU COURANT ÉLECTRIQUE SUR LES NERFS DES SENS ET SUR LES NERFS GRANDS SYMPATHIQUES.

Toutes les recherches de physiologie électrique qui ont été faites depuis les premiers temps du galvanisme jusqu'à nos jours, ont prouvé que le courant électrique, agissant sur les nerfs des sens, ne fait que mettre en jeu la fonction spéciale qui appartient à chacun de ces nerfs. On y trouve encore la preuve que le courant électrique agit sur ces nerfs comme les autres corps stimulants.

C'est Volta, qui le premier démontra qu'on éprouvait une sensation de lumière lorsque le courant électrique traverse en quelque point le nerf optique. Il est très-facile de répéter cette observation en touchant avec un couple élémentaire l'œil ou la paupière et la langue. Quelle que soit l'intensité du courant, c'est toujours une sensation de lumière qu'on éprouve. Si l'on réfléchit qu'on peut produire cette sensation avec un courant très-faible et certainement incapable d'exciter une contraction musculaire assez forte pour secouer l'œil, il faut bien admettre que la sensation éprouvée est réellement due à l'excitation du nerf optique. Un phénomène analogue se produit lorsque le courant électrique agit sur les nerf auditifs. Volta, en s'appliquant les deux pôles d'une pile aux deux oreilles, éprouva un sifflement, un bruit saccadé qui continua

pendant tout le temps que le circuit fut fermé.
Ritter, en répétant cette même expérience, dit avoir
entendu un son correspondant au *sol*; suivant ce
même physicien, la sensation n'est éprouvée qu'au
commencement du courant et le son est plus aigu
au pôle négatif.

Je rappellerai encore l'expérience de Sultzer dans
laquelle on sait qu'une saveur est éprouvée lorsqu'on
fait traverser la langue par un courant électrique.
Cette saveur est aigrelette lorsqu'on pose une lame
de zinc sur le bout de l'organe, une pièce d'argent
sur sa partie postérieure et qu'on fait toucher les
deux lames ensemble; cette saveur est âcre ou alcaline quand on renverse la position de ces métaux.
Certainement un courant aussi faible ne peut pas
donner lieu à une décomposition suffisamment rapide des sels dissous dans la salive, pour pouvoir
expliquer ces sensations de saveur par les alcalis
ou les acides qui seraient développés sur la partie
la plus sensible de la langue. On sait que Volta
éprouvait une sensation semblable en prenant avec
la main un gobelet d'étain rempli d'une solution
alcaline médiocrement chargée et en mettant le bout
de la langue en contact avec le liquide. Il faut remarquer qu'il éprouvait la sensation d'une saveur aigrelette, ce qui exclut entièrement l'idée que cette sensation soit due au contact de la solution alcaline sur
le bout de la langue. Évidemment la saveur excitée
par le courant électrique tient à l'excitation spéciale
des nerfs gustatifs. En général donc l'effet du courant

électrique agissant sur les nerfs des sens, se borne à l'éveil de la fonction spéciale de ces nerfs.

Nous étudierons enfin l'action du courant électrique sur les nerfs grands sympathiques ou ganglionnaires. J'avoue qu'un tel sujet mériterait de la part des physiologistes une étude très-approfondie, à laquelle j'ai dû renoncer faute de connaissances en anatomie et de pratique dans la vivisection. Je n'ai donc fait que confirmer, à l'aide d'un petit nombre d'expériences, les découvertes déjà très-anciennes de M. de Humboldt et de Muller.

Le passage du courant électrique par les nerfs cardiaques et splanchniques d'un animal vivant ou récemment tué augmente ou réveille le mouvement propre du cœur et des intestins ; mais ce qui est très-remarquable, c'est que ces phénomènes, dus au passage du courant, au lieu de commencer à l'instant même où le circuit est fermé, n'apparaissent qu'après un certain temps et continuent quelque temps après que le courant a cessé. Il ne faut pas oublier que tous les autres agents stimulants, alcalis, irritation mécanique, chaleur, portés sur les nerfs glanglionnaires, agissent de la même manière que le courant. Je n'ai jamais distingué aucune différence bien marquée entre l'action du courant direct et celle du courant inverse. M. de Humboldt a vu, et j'ai souvent confirmé cette observation, qu'en faisant passer le courant par le cœur arraché à un animal vivant, on voit augmenter ses pulsations, comme si on agissait sur le nerf cardiaque.

Il importerait beaucoup d'étudier l'action du courant sur les nerfs glanglionnaires, sous le rapport des sécrétions.

CHAPITRE VII.

DES DIFFÉRENCES ENTRE L'ACTION DU COURANT ÉLECTRIQUE ET CELLES DES AUTRES AGENTS STIMULANTS.

Il est important de comparer maintenant l'action exercée par le courant électrique sur le système nerveux d'un animal vivant, ou récemment tué, avec celle qui se montre sous l'influence des autres agents stimulants.

On sait que, soit chaleur, soit alcali, soit irritation mécanique appliqués sur les nerfs moteurs et sensitifs d'un animal vivant, il y a toujours et dans le même temps, sensation éprouvée et contraction dans les muscles inférieurs; l'excitation du nerf est ainsi transmise à la fois au centre et aux extrémités. Lorsqu'on prolonge l'excitation du nerf par la présence des corps stimulants cités, les effets s'affaiblissent ou disparaissent tout à fait suivant la durée ou l'intensité de leur action.

Le courant électrique produit bien ces mêmes effets, mais tous cessent quelques instants après que le courant a commencé à agir; et un animal peut avoir ses nerfs parcourus par un courant très-fort sans qu'il en donne le moindre signe. C'est à l'instant où le courant cesse qu'on voit reparaître de nouveau tous les phénomènes qui se sont produits au commencement. A mesure que la vitalité de l'animal s'affaiblit, et que le courant continue à passer, les phénomènes qui en résultent n'ont plus aucune analogie avec ceux qui appartiennent aux autres corps stimulants. Nous avons vu que, dans ce cas, le courant électrique agit d'une manière bien différente suivant sa direction relativement à la ramification du nerf. C'est ainsi que l'animal éprouve une sensation quand le courant inverse commence, et une contraction lorsqu'il cesse, et que le contraire a lieu pour le courant direct. Nous savons également que, quel que soit le corps stimulant, appliqué sur un nerf, il n'excite jamais de contractions que dans les muscles dans lesquels ses branches sont ramifiées. Le courant électrique, nous l'avons vu, produit, dans quelques cas, des contractions dans les muscles supérieurs, et exerce ainsi une action qu'on pourrait appeler rétrograde. Nous avons prouvé que ces phénomènes dépendent d'une action réfléchie par la moelle épinière, laquelle ne se manifeste avec les autres corps stimulants qu'en mettant l'animal dans des conditions particulières et anormales.

Une différence encore plus remarquable que celle que nous avons citée, entre l'action des corps stimulants, chaleur, irritation mécanique, chimique, etc., et celle de l'électricité, consiste dans le pouvoir dont le courant est doué de conserver plus longtemps que les autres corps stimulants l'excitabilité du nerf, et je dirai, de plus, de rétablir, dans certains cas, l'excitabilité perdue. Le courant électrique peut traverser pendant très-longtemps les nerfs d'un animal vivant ou récemment tué, sans faire perdre à ces nerfs l'excitabilité mise en jeu par un courant dirigé en sens contraire; et lorsqu'un nerf a perdu cette faculté par le passage prolongé d'un courant, on peut la lui rendre en le soumettant au passage d'un courant contraire.

De quelque manière qu'un des agents stimulants que nous avons cités soit appliqué sur un nerf, son excitation ne manque jamais, et les contractions et les sensations suivent toujours. La différence qu'on peut trouver dans ces phénomènes n'est que dans leur degré, qui varie suivant l'intensité de l'action stimulante et l'étendue du nerf qui y est soumis. Le courant électrique est seul incapable d'exciter un nerf, tout en le traversant; ce qui a lieu, quand le courant est transmis normalement à la longueur du nerf.

Si on compare l'excitabilité du système nerveux sur un animal narcotisé, on trouve que, de tous les corps stimulants, celui qui perd le dernier la propriété d'éveiller l'excitabilité du nerf, c'est le courant électrique, quelque faible qu'il soit.

Quel est, enfin, le corps stimulant à l'aide duquel on peut à volonté paralyser un animal ou le tétaniser? Quel est le corps stimulant qui, appliqué sur les nerfs d'un animal qui a été d'avance paralysé ou tétanisé, peut rétablir ces nerfs ou dans leur état normal ou dans leur état opposé? Ce n'est que le courant électrique.

Je résumerai en peu de mots les différences principales indiquées par l'expérience, entre l'action qui est exercée sur les nerfs par le courant électrique, et celle qui appartient aux autres agents stimulants.

1°. Le courant électrique seul peut, suivant la direction dans laquelle il parcourt un nerf, exciter séparément, tantôt une contraction, tantôt une sensation;

2°. Le seul courant électrique parcourant un nerf transversalement ne produit aucun des phénomènes dus à l'excitabilité du nerf;

3°. Le seul courant électrique ne produit aucun effet, lorsqu'il continue à passer dans un nerf;

4°. Le seul courant électrique excite un nerf, lorsqu'il cesse d'agir;

5°. Le seul courant électrique peut rétablir l'excitabilité du nerf, lorsqu'il est transmis dans une direction contraire à celle du courant qui avait détruit ou affaibli cette excitabilité;

6°. Le courant électrique est, parmi tous les agents stimulants, celui qui possède pour plus longtemps la propriété d'éveiller l'excitabilité du nerf, quelque faible qu'il soit, en comparaison des autres agents stimulants.

Indépendamment des différences que nous venons de résumer, l'action du courant électrique sur les nerfs ne diffère pas de celle des autres agents stimulants, et c'est surtout lorsque l'action est portée sur les racines des nerfs rachidiens, sur les parties centrales du système nerveux, sur les nerfs sensitifs, sur les nerfs grands sympathiques, qu'elle est identique dans tous les cas.

CHAPITRE VIII.

DE LA RELATION ENTRE LE COURANT ÉLECTRIQUE ET LA FORCE INCONNUE DU SYSTÈME NERVEUX. — VUE HYPOTHÉTIQUE SUR CETTE FORCE.

Les conclusions auxquelles nous sommes arrivés dans le chapitre précédent prouvent certainement que la manière d'agir du courant électrique sur les nerfs, plus simple que celle des autres agents stimulants, est par là même en quelque manière analogue à la force inconnue qui fonctionne dans le système nerveux.

Mais pourrons-nous déduire de là que cette force inconnue n'est autre chose que le courant électrique? Nous nous garderions bien d'arriver à cette conséquence qui, malheureusement a été si souvent embrassée avec trop de facilité.

Y a-t-il un courant électrique dans les nerfs d'un animal vivant? Peut-il y en avoir, et surtout dans les conditions et dans les formes qui seraient exigées pour s'expliquer par là les fonctions du système nerveux?

Le courant électrique musculaire que nous avons étudié dans la première partie de cet ouvrage est un phénomène, comme nous l'avons prouvé, qui doit son origine aux actions chimiques constituant la nutrition du muscle. Nous avons vu également que ce courant, tout à fait analogue à celui qui se produit dans la combinaison de deux corps, n'existe qu'entre les molécules, et ne circule jamais dans ces corps que dans des cas particuliers, que nous n'avons réalisés dans les muscles des animaux vivants ou récemment tués que par une disposition dans l'expérience. Les nerfs n'ont pas une influence directe dans l'existence de ce courant, et ils n'y jouent d'autre rôle que celui d'un corps mauvais conducteur qui communique avec certaines parties du muscle.

On a cherché, et j'ai aussi cherché inutilement, l'existence d'un courant électrique dans les nerfs d'un animal vivant. Je me garderai bien de rapporter ici toutes les expériences et toutes les observations par lesquelles on avait cru prouver cette existence ; je les ai minutieusement répétées et variées, et je n'hésite pas un instant à déclarer que je n'ai trouvé rien de bien prouvé, rien de concluant.

J'ai introduit des aiguilles d'acier ou de fer dans les muscles des animaux vivants, et dans toutes les directions, relativement aux fibres musculaires. On avait voulu prouver par l'aimantation trouvée dans ces aiguilles, surtout pendant la contraction du muscle, qu'il y a dans les nerfs un courant électrique, et que le circuit est établi comme dans des espèces de spirales ou de cylindres électro-dynamiques. Pour m'assurer de l'aimantation des aiguilles implantées dans les muscles, j'ai employé une des aiguilles d'un système astatique, ou bien l'aiguille du sidéroscope de Lebaillif. Je n'ai jamais obtenu aucun résultat positif.

J'ai introduit une demi-grenouille récemment préparée dans l'intérieur d'une spirale couverte de vernis à l'intérieur : les extrémités de cette spirale étaient réunies aux extrémités d'une autre spirale plus petite, dans laquelle j'introduisais un fil de fer doux ; j'irritais le nerf de la grenouille, et je cherchais, dans le même temps, si un courant d'induction parcourait la spirale et magnétisait le fil de fer. Toutes mes recherches ont été inutiles.

Quand même il serait mieux prouvé que je ne l'ai pu faire, que le phénomène électro-physiologique dont j'ai parlé dans le Chapitre X serait réellement dû au courant propre de la grenouille, augmenté pendant la contraction, nous ne pourrions pas admettre que la contraction est produite par cette augmentation ; mais il serait conforme aux faits d'admettre le contraire. Le courant propre circule d'ailleurs, comme nous le savons, dans les masses musculaires, et son existence, bornée jusqu'ici à la seule grenouille, est tout à fait indépendante de l'intégrité du système nerveux.

J'ai également essayé, avec le plus grand soin, d'introduire les extrémités d'un galvanomètre très-sensible dans deux points le plus éloignés possible d'un nerf découvert sur un animal vivant : j'ai fait ces expériences sur des animaux surexcités par certains poisons narcotiques. J'ai opéré sur des animaux pendant que j'excitais en eux de très-fortes contractions : toutes les fois que les expériences étaient bien faites, je n'avais jamais de signes déterminés et constants d'un courant dérivé.

J'ajouterai encore, qu'avec les propriétés que nous connaissons à l'électricité, et par les lois de sa propagation, il nous serait impossible de concevoir l'existence d'un courant électrique renfermé dans les nerfs. Un courant électrique assez intense pour aller d'un bout à l'autre du système nerveux, un courant dont l'intensité devrait être comparable à celle d'un véritable courant électrique qui excite dans les muscles des contractions semblables à celles qui y sont produites par la volonté, ne resterait pas renfermé dans un nerf, à moins de le comparer à un fil métallique couvert de vernis, ce qui est bien loin de la vérité.

Un courant électrique qui, par l'acte de la volonté, irait en suivant un nerf du cerveau aux muscles, ne serait pas arrêté par la ligature ou la section du nerf, comme nous le voyons arriver pour cette espèce de courant par lequel se propage la force inconnue du système nerveux.

La circulation de l'électricité dans les nerfs nous amènerait encore à admettre une disposition dans la structure du système nerveux, telle, qu'elle serait nécessaire pour former un circuit fermé. Les travaux des anatomistes allemands, tout remarquables qu'ils sont, sont bien loin de nous prouver, avec toute l'évidence désirable, l'existence d'une telle disposition dans le système nerveux, et surtout dans ses ramifications dans les muscles. J'ai fait souvent une expérience qui aurait pu prouver d'une manière indirecte, si le système nerveux forme un circuit fermé pour le courant électrique. Je découvre sur un animal vivant un nerf sciatique dans deux points différents de sa longueur, le plus éloignés possible, tels que le haut de la cuisse et l'extrémité de la jambe. J'ai introduit le membre dans une spirale qui est comme celle décrite tout à l'heure, en communication avec une autre spirale plus petite, contenant un cylindre de fer doux dans l'intérieur. Alors je touchais les deux points du nerf mis à découvert, avec les extrémités d'une pile pour y faire passer un courant. Je n'ai jamais obtenu aucun signe bien constant d'un courant d'induction dans la spirale; pourtant cela aurait dû arriver en admettant que le courant électrique eût parcouru les espèces de spirales par lesquelles on a supposé que les nerfs se ramifiaient dans les muscles.

Le courant électrique n'existe donc pas dans les nerfs d'un animal vivant; les lois de sa propagation exigent des conditions qu'on ne trouve pas dans le système nerveux; la propagation de la force inconnue du système nerveux est arrêtée par des causes qui ne peuvent pas produire cet effet, et qui ne le produisent pas dans le courant électrique. Cette force inconnue du système nerveux n'est donc pas le courant électrique. Mais quel rapport y a-t-il donc entre ces deux forces? Je résumerai en peu de mots la seule conséquence positive, qu'après mes longues études sur les phénomènes électro - physiologiques des animaux, il me semble permis de déduire en réponse à cette question. Il existe entre le courant électrique et la force inconnue du système nerveux une analogie qui, si elle n'est pas du même degré d'évidence, est pourtant du même genre que celle qui apparaît entre la chaleur, la lumière, l'électricité. Nous avons vu dans tous les phénomènes des poissons électriques que la faculté dont ils sont doués, de produire de l'électricité, était sous la dépendance directe du système nerveux; il y a donc dans les animaux une structure, une disposition telle, de certaines parties de leur organisme, que par l'acte de la force inconnue du système nerveux, il peut se dégager de l'électricité. Le parallélisme que nous avons montré clairement exister entre la contraction musculaire et la décharge électrique des poissons ne fait que nous prouver que ces deux fonctions dépendent immédiatement de celles du système nerveux.

Un cristal de tourmaline qui étant chauffé développe de l'électricité, annonce bien une relation plus ou moins intime entre la chaleur et l'électricité; une relation semblable entre la force inconnue du système nerveux et l'électricité nous est prouvée par les poissons électriques. L'électricité n'est pas plus pour cela la force inconnue du système nerveux que la chaleur n'est de l'électricité; l'un se change en l'autre dans un cas par la forme des molécules intégrantes du cristal; dans le second cas, par la structure des organes électriques. Tous les jours la physique avance vers une plus grande simplification de ses hypothèses, ou plus exactement vers une hypothèse unique qui explique tous les phénomènes de la chaleur, de la lumière, de l'électricité. Quelle hypothèse est en effet plus digne du rang auquel on s'efforce de l'élever que celle d'un corps qui, capable d'une foule de mouvements différents, susceptibles de se transformer les uns dans les autres, et représentant ainsi des phénomènes très-différents entre eux? Les caractères les plus essentiels de ce corps, tels que l'immense rapidité dans la propagation de ses mouvements, cette espèce d'insaisissabilité matérielle, la transformation d'un de ses mouvements dans un autre, appartiennent à la force inconnue du système nerveux, comme à l'électricité, à la lumière, à la chaleur. La relation entre deux de ces mouvements de l'*éther*, mouvements que nous avons l'habitude d'appeler corps impondérables, devient beaucoup plus intime lorsque non-seulement un de ces corps peut se transformer dans un autre, mais quand celui-ci à son tour peut se transformer dans le premier.

Avons-nous cette réciprocité entre la force inconnue du système nerveux et le courant électrique? En un mot, le courant électrique se transforme-t-il dans la force inconnue du système nerveux?

L'expérience nous apprend qu'un nerf parcouru par un courant électrique dans sa longueur est excité de manière à produire ou la contraction ou la sensation. Il faut pour cela que le nerf soit parcouru suivant sa longueur, que le nerf n'ait pas été séparé depuis longtemps des parties centrales du système nerveux, qu'on n'ait pas trop prolongé sur lui le passage du courant ou l'action de certains agents stimulants.

La chaleur, une action mécanique ou chimique, peuvent, comme le courant électrique, éveiller l'excitabilité du nerf et produire ainsi la contraction et la sensation. Conclurons-nous de là que ces actions chimiques, mécaniques, calorifiques, agissent sur les nerfs, transformées en courant électrique, qui seul serait doué du pouvoir d'exciter un nerf?

Rien ne prouve que les actions stimulantes que nous avons nommées, lorsqu'elles sont appliquées sur des points du système nerveux, produisent un courant électrique : nous pouvons aussi bien l'admettre que le nier ; et quand nous voudrions supposer cela avec un certain degré de probabilité, nous ne pourrions le faire que pour la chaleur et pour les alcalis, mais aucune analogie ne nous le permettrait pour l'action mécanique. Quel est le corps qui, étant coupé, peut par cela seul développer un courant électrique? Pourquoi l'action chimique de certains acides ne suffit-elle pas à exciter un nerf, comme l'action semblable des alcalis, qui pourtant doit comme celle-ci dégager de l'électricité?

Quel est le corps analogue à un nerf qui, étant échauffé, produit des phénomènes thermo-électriques?

Après tout cela, j'ajouterai que, puisque nous avons prouvé que la force inconnue du système nerveux n'est pas le courant électrique, rien ne nous conduit à conclure que l'action des corps stimulants, chaleur, action chimique ou mécanique, produit un courant électrique appliqué sur les nerfs.

Concluons donc avec Muller, et comme je l'ai dit dans mon *Essai sur les phénomènes électriques des animaux*, que le courant électrique qui traverse dans certaines conditions un nerf y détermine ce même changement qui y est produit par la force inconnue du système nerveux, lorsqu'il est excité ou par des actions extérieures ou par l'acte de la volonté.

Il me semble pourtant naturel et juste d'admettre que ce changement amené dans la disposition des organes élémentaires du nerf, soit par un acte de la volonté, soit par le courant électrique et par les autres agents stimulants, est accompagné dans tous les cas, d'une espèce de courant de la force inconnue du système nerveux. Cette force que je représenterai par l'éther, afin d'expliquer par une seule hypothèse tous les phénomènes des corps impondérables et l'analogie de la force nerveuse avec ces corps, cette force, dis-je, consisterait dans un mouvement particulier de l'éther.

Tous les savants sont d'accord maintenant sur l'impossibilité d'expliquer la vitesse immense de la propagation de la lumière, de la chaleur rayonnante, de l'électricité, sans recourir à un mouvement vibratoire. La force inconnue du système nerveux ne se propage pas moins rapidement que les impondérables que nous avons nommés.

L'éther, répandu dans tous les points du système

nerveux comme dans tout l'univers, prend les caractères de la force nerveuse par les modifications introduites dans la disposition relative de ces molécules, par l'organisation de la substance nerveuse. La structure différente des fibres nerveuses, et surtout celle de leur origine et de leur extrémité, telle que l'anatomie microscopique commence déjà à nous la dévoiler, peut expliquer pourquoi le changement moléculaire du nerf qui constitue son état d'excitabilité est moins rapide dans le système ganglionnaire que dans les autres nerfs, pourquoi il y a des nerfs dans lesquels l'excitabilité ne se propage que dans un certain sens.

Le fluide nerveux est dans cette hypothèse ce que nous supposons être la chaleur, l'électricité et la lumière, c'est-à-dire un mouvement vibratoire particulier de l'éther.

Résumons encore en peu de mots ces vues hypothétiques. Il y a dans tous les points du système nerveux, comme dans tous les corps de l'univers, de l'éther répandu, qui peut avoir un arrangement particulier dans ce système, comme nous l'admettons dans certains corps cristallisés. Lorsque les molécules organiques du nerf sont dérangées par une cause quelconque, l'éther, ou plus proprement le fluide nerveux, y est mis dans un certain mouvement, lequel, arrivé au cerveau, produit la sensation, parvenu aux muscles, détermine la contraction. Ce dérangement peut être produit par le courant électrique, par les autres agents stimulants, chaleur, action chimique et mécanique, comme il l'est naturellement par la volonté : cette propagation sera empêchée par une altération quelconque dans la structure du nerf; la propagation du courant du fluide nerveux généré par le dérangement matériel ou par la volonté, se fera suivant des lois différentes, en raison de l'organisation du nerf.

Si je ne craignais pas de montrer trop de confiance dans mes idées, j'oserais dire que l'hypothèse que je viens d'exposer, pour expliquer les fonctions du système nerveux, est d'accord avec toutes les hypothèses reçues dans la physique moderne.

Je répondrai donc maintenant que le courant électrique, dans son action sur les nerfs, n'agit qu'en mettant en jeu la force du système nerveux ou le fluide nerveux.

Nous allons tâcher à présent enfin de nous expliquer les lois de l'action du courant électrique sur les nerfs.

Admettons que le courant électrique qui parcourt un nerf dans sa longueur détermine un dérangement dans le sens de ce courant, comme les expériences de Porret et de Becquerel nous le prouvent; admettons encore que ce dérangement est accompagné de mouvements vibratoires du fluide nerveux, qui se propage jusqu'aux extrémités du nerf, parallèlement au sens du dérangement organique. Ce courant du fluide nerveux produit la sensation, s'il est dirigé des extrémités vers le cerveau ; il produit, au contraire, la contraction, s'il est dirigé du cerveau aux extrémités.

Il en résulte qu'un courant électrique qui traverse un nerf normalement ne peut produire aucun phénomène. Le courant direct produit une contraction lorsqu'il entre, et, au contraire, une sensation, lorsqu'il cesse, par le retour des molécules organiques du nerf, qui aura lieu nécessairement dans un **sens** contraire à celui souffert d'abord. Le contraire aura lieu pour le courant inverse. Les phénomènes de la première période, que nous avons exposés dans le premier Chapitre de cette seconde partie, ne prouvent qu'une chose, c'est que, lorsque la disposition organique du nerf est parfaite, les molécules du nerf se dérangent dans tous les sens, par l'application d'un corps stimulant quelconque, mais toujours plus dans le sens du courant que dans le sens opposé.

A mesure que la structure propre du nerf cesse d'être parfaite, les phénomènes que le courant électrique produit sont ceux qui ont lieu dans le sens dans lequel cette force agit avec plus d'intensité. Les autres agents stimulants produisent dans la structure du nerf un dérangement permanent, qui ne cessera, comme celui qui est produit par le courant électrique, qu'en enlevant ces agents. Un courant électrique qui parcourt un nerf pendant un certain temps finira par déranger les molécules du nerf d'une manière permanente; de là le défaut d'action prolongée de ce même courant sur le nerf. Un courant en sens contraire ramènera les molécules du nerf à leur position et lui rendra l'excitabilité pour un courant dirigé de nouveau en sens contraire. Le passage du courant électrique dans un nerf en sens différent, l'interruption successive de ce courant, sa plus grande intensité sont les causes les plus propres à produire un dérangement permanent dans la structure du nerf.

CHAPITRE IX.

USAGE THÉRAPEUTIQUE DU COURANT ÉLECTRIQUE.

L'application de l'électricité, soit à l'état de tension, soit avec la pile, a été tentée ou avec une aveugle confiance, ou avec un découragement également inconsidéré. Les premières recherches auraient dû montrer que l'usage médical de l'électricité était bien loin de produire des guérisons instantanées ou générales, et qu'il fallait par conséquent renoncer à en faire un usage tout à fait empirique. Il fallait donc, avant tout, étudier et connaître l'électro-physiologie.

Les conclusions auxquelles nous sommes parvenus dans la seconde partie de cet ouvrage, après avoir établi, à l'aide de l'expérience, quelle est l'action du courant électrique sur les nerfs des animaux vivants ou récemment tués, nous dispensent, du moins pour le moment, d'essayer l'application du courant électrique dans les maladies qui ne dépendent pas directement des affections du système nerveux. Ces maladies sont spécialement les paralysies partielles ou totales du mouvement ou de la sensibilité, ou de ces deux facultés à la fois.

Quelles sont les données sur lesquelles on doit se fonder pour appliquer le courant électrique à la guérison des paralysies?

Nous avons vu comment le passage du courant électrique, continué pendant un certain temps, parvenait à détruire la sensibilité du nerf : en appliquant le même courant sur le même nerf, il n'y a plus de contractions. En faisant l'expérience sur l'animal vivant, on voit que le membre dont le nerf a été, durant un temps assez long, soumis au passage d'un courant d'une certaine intensité, est devenu incapable de tout mouvement : il est donc paralysé. On voit par là qu'un nerf qui, par l'action prolongée du courant, n'est plus excité par ce courant, est devenu également incapable d'obéir à la force du système nerveux mis en jeu par la volonté. En laissant en repos l'animal tourmenté par le courant électrique, on trouve qu'après un certain temps, proportionnel à l'intensité et à la durée du courant, son nerf est devenu de nouveau excitable au passage du courant, et peut également obéir de nouveau à la force nerveuse mue par la volonté.

Supposons maintenant avoir fait passer dans un nerf d'un animal vivant un courant, jusqu'à ce qu'il ait perdu son excitabilité : en faisant passer par ce même nerf un courant en sens contraire à celui qui a détruit l'excitabilité, nous savons que le nerf est devenu de nouveau excitable par le courant dirigé comme celui qui avait détruit son excitabilité. C'est là le phénomène des alternatives voltiancs.

Mais, de même que le nerf par le passage du courant en sens contraire de celui qui a détruit son excitabilité, la reprend, il est devenu capable d'obéir à la force nerveuse. Le membre paralysé par le passage d'un certain courant cesse de l'être par le passage du courant contraire. De cette manière, ce qui n'arriverait avec le repos qu'après un certain temps a lieu dans un temps bien plus court, par le secours d'un courant électrique dirigé comme nous l'avons dit.

Nous avons vu également que si les nerfs d'un animal vivant sont soumis au passage du courant électrique, renouvelé à de courts intervalles, on éveille dans cet animal des contractions tétaniques. En prolongeant pendant un certain temps ce traitement, les nerfs perdent entièrement leur excitabilité.

Voici donc des faits qui, indépendamment de toute idée théorique, ou de toute hypothèse sur la force nerveuse, peuvent nous guider dans l'application thérapeutique du courant électrique aux paralysies. En effet, nous pouvons admettre que dans quelques cas de paralysie, les nerfs du membre malade sont altérés d'une manière analogue à celle qui y serait produite par le passage continu d'un courant électrique. Nous avons vu que pour rendre à un nerf qui a perdu par le passage du courant son excitabilité pour ce courant, il faut agir sur lui avec un courant dirigé en sens contraire. De même, pour faire cesser la paralysie, on devra faire passer un courant en sens contraire à celui qui aurait pu la produire. On voit par là que nous supposons que la paralysie qu'on doit soumettre au traitement électrique est de mouvement ou de sensibilité séparément. Ainsi, pour une paralysie de mouvement, c'est le courant inverse qui sera appliqué, tandis que pour une paralysie de sentiment, on devra appliquer le courant direct.

Dans le cas de paralysie complète, il n'y a plus aucune raison pour se décider à appliquer le courant plutôt direct qu'inverse.

Il y a encore une règle dans cette application, qui nous est enseignée par la théorie : c'est de ne jamais prolonger le passage du courant, pendant un temps trop long, afin de ne pas augmenter la maladie qu'on veut guérir. Le temps du passage du courant doit être d'autant plus court que ce courant est plus intense. Et comme nous avons vu que le passage du courant électrique dans les nerfs, répété à de très-courts intervalles de temps, affaiblit considérablement leur sensibilité, lorsqu'on le continue pendant longtemps, il faut se garder de passer d'un excès à un autre. La théorie nous conseille d'appliquer le courant électrique d'une intensité qui doit varier avec le degré de la maladie, et de faire passer ce courant pendant deux ou trois minutes, à des intervalles de quelques secondes. Après ces deux ou trois minutes, pendant lesquelles on aura donné de vingt à trente secousses, il faut laisser le malade en repos pour un certain temps, après lequel on pourra renouveler le traitement.

Je ne m'occuperai pas trop longtemps de la description des appareils à l'aide desquels on pourra
faire l'application du courant électrique aux paralysies. Une pile de Volta, à colonne dont les couples
auront de cinq à dix centimètres de diamètre, peut
très-bien servir pour cette application. Il serait difficile de trouver des cas où l'on ait besoin de plus de cent
couples. Le liquide qu'on peut employer pour mouiller
le carton n'est autre que de l'eau salée ou légèrement
acidulée. On peut encore très-avantageusement se servir d'une pile à couronne de tasses, dont les éléments
soient réunis ensemble dix par dix, de manière à pouvoir les retirer en même tems du liquide. Afin de pratiquer régulièrement l'interruption et la fermeture
du circuit, on fera usage d'un appareil analogue à
celui de la roue de Masson. Dans ces derniers temps,
M. Magendie a employé, au lieu de pile, la machine
électro-magnétique de Clarke, dont on peut modérer
l'intensité du courant avec une barre de fer doux,
appliquée sur les deux pôles de l'aimant. Pour faire
arriver le courant sur les deux parties du membre
paralysé, on se procure deux bandes de lame de
plomb ou de cuivre, couvertes aux deux extrémités
d'un morceau de drap qu'on imbibe d'eau salée, et
qu'on applique sur la peau également mouillée de
ce liquide. Il est utile, dans quelques cas, d'introduire des aiguilles à acupuncture, pour porter le
courant le plus près possible du nerf paralysé.

Je rappellerai ici quelques-uns des résultats les
plus heureux et les mieux constatés de l'application

du courant électrique aux paralysies. Marianini, qui est certainement le physicien qui s'est le plus distingué dans l'étude de ce sujet, a décrit un certain nombre de guérisons de paralysies, qui sans doute ont été obtenues par le courant électrique.

En lisant l'histoire de ces guérisons, on se convaincra de toute la persévérance qu'il faut employer pour parvenir à des résultats satisfaisants. Marianini a continué dans quelques cas l'application du courant électrique pendant plusieurs mois; dans deux cas, la guérison n'a été complète qu'après avoir donné deux mille cinq cents secousses électriques au membre paralysé. Magendie s'occupe depuis longtemps de l'application du courant électrique aux paralysies, et nous connaissons déjà plusieurs cas de guérison auxquels il est parvenu. J'ai vu tout récemment un individu qui est entré à la clinique de Pise avec les deux membres inférieurs paralysés. Un traitement électrique, convenablement appliqué avec l'acupuncture, a rétabli les mouvements perdus. Ces résultats, quoique encore en petit nombre, sont suffisants pour engager les médecins à faire une étude sérieuse des phénomènes électro-physiologiques, afin de parvenir, par des efforts persévérants, et que la science éclairera, à employer une méthode thérapeutique qui semble appelée à la guérison d'une maladie qui, malheureusement, résiste trop souvent à tous les médicaments. Une autre maladie, pour laquelle on a proposé l'application du courant électrique, c'est le tétanos. Je crois avoir été le premier qui ait tenté cette application sur l'homme. Voici les données sur lesquelles on peut se fonder. Nous avons vu que lorsque le passage du courant électrique, dans les nerfs d'un animal vivant ou récemment tué, est renouvelé plusieurs fois de suite, à de courts intervalles de temps, les membres restent tendus par des contractions tétaniques. Nous savons également qu'au contraire les membres sont paralysés, quand le passage du courant est prolongé sans interruption pendant un certain temps. On voit par là que les effets du passage du courant électrique sont tout à fait différents, suivant qu'il est continué ou interrompu. Il était donc naturel de penser que le passage continu du courant électrique dans un membre tétanisé aurait détruit cet état, en amenant celui de la paralysie. La vérité de cette conclusion est suffisamment démontrée par l'expérience. Tous les poisons narcotiques, tels que l'opium et la noix vomique, donnés aux grenouilles, commencent par stupéfier ces animaux, ensuite les surexcitent, et enfin quelque temps avant la mort, on les voit pris de convulsions tétaniques très-violentes. Si alors on fait passer dans ces animaux pris dans ce dernier état, un courant électrique d'une certaine intensité, on voit, en le prolongeant, cesser la roideur de leurs membres, et les secousses disparaissent. Ces grenouilles meurent après un certain temps, mais sans donner de signes de tétanos. Afin de rendre moins forte la contraction qui a lieu au commencement du courant, il vaut mieux employer le courant inverse.

L'application du courant électrique sur un malade atteint de tétanos, que j'ai publiée dans la *Bibliothèque universelle*, mai 1838, me semble prouver la réalité de ces conclusions théoriques. Le malade, pendant qu'il était soumis au courant électrique, n'éprouvait plus de secousses violentes comme auparavant; il pouvait ouvrir et fermer la bouche; la circulation et la transpiration paraissaient se rétablir. Malheureusement ces signes d'amélioration dans son état ne furent que passagers; la maladie était occasionnée et entretenue par la présence de corps étrangers dans les muscles de la jambe.

Je n'oserais pas espérer que l'application du courant électrique amenât en général la guérison du tétanos; mais je crois très-fondée cette opinion que, pendant le passage du courant électrique dans les membres d'un malade du tétanos, ses souffrances devront, en grande partie au moins, être soulagées.

Pour compléter ce Chapitre, je dirai quelques mots de l'application du courant électrique proposée dernièrement pour détruire l'opacité du cristallin. Cette application se fonde sur des phénomènes chimiques qui se produisent pendant le passage du courant électrique dans l'albumine dissoute. Si l'on fait passer un courant dans un blanc d'œuf, on voit l'albumine se coaguler autour du pôle positif, ce qui n'arrive pas pour l'autre pôle, à moins que le courant ne soit par trop fort. Cette coagulation est due évidemment à l'action chimique des acides qui sont séparés au pôle positif par le courant électrique; au pôle négatif, au contraire, il y a de l'alcali séparé qui sert, comme on sait, à dissoudre l'albumine. On avait donc cru qu'en appliquant le pôle négatif d'une pile sur le cristallin, devenu opaque par la coagulation de son albumine, l'alcali qui y serait séparé aurait fini par dissoudre l'albumine. J'ai tenté quelques expériences pour m'assurer si cela pouvait avoir lieu avec des courants assez faibles, les seuls qui puissent être appliqués à l'œil sans l'enflammer. Je faisais pour cela passer un courant dans du blanc d'œuf, et lorsqu'il y avait de l'albumine coagulée au pôle positif, je renversais la position des pôles. Je dois avouer que même avec une pile de quatre-vingts couples, je n'ai jamais réussi à dissoudre avec l'alcali séparé au pôle négatif l'albumine coagulée précédemment au pôle positif. J'ajouterai que j'ai inutilement prolongé le passage du courant pendant une heure. Il est donc possible de créer une cataracte avec le courant, mais il n'est pas donné de la détruire. Le courant électrique a été encore proposé pour la dissolution des calculs urinaires ; mais malheureusement le succès n'a jamais répondu à l'espoir qu'on en avait conçu ; la raison en est évidente : les calculs urinaires sont formés en général de corps insolubles qui ne pourraient pas être décomposés par un courant électrique, à moins que celui-ci eût une très-grande intensité, et qu'on en prolongeât le passage pendant un temps très-long.

ÉTUDES ANATOMIQUES

SUR

LE SYSTÈME NERVEUX ET SUR L'ORGANE ÉLECTRIQUE

DE LA TORPILLE

PAR M. PAUL SAVI

AVANT-PROPOS.

———

Depuis les travaux de mon collègue, M. Matteucci, j'ai voulu m'occuper de l'anatomie des poissons électriques, et spécialement de la torpille. J'aurais désiré faire une monographie anatomique plus complète, mais comme cela ne m'a pas été permis jusqu'à présent, je me suis décidé à publier à la suite de l'ouvrage de M. Matteucci la partie de mes recherches que j'ai pu achever. Je le fais d'autant plus volontiers que mes études ont eu spécialement pour objet le système nerveux et l'organe électrique de la torpille, et que c'est la connaissance de la structure de ces parties qui offre le plus d'intérêt.

———

ÉTUDES ANATOMIQUES

SUR

LE SYSTÈME NERVEUX ET SUR L'ORGANE ÉLECTRIQUE

DE LA TORPILLE.

CHAPITRE PREMIER.

DIVERSES ESPÈCES DE TORPILLES DES MERS ITALIENNES, ET IDÉE
SOMMAIRE DE LA STRUCTURE DE LEURS ORGANES ÉLECTRIQUES.

Les torpilles appelées aussi en Italie *Tremole* et *Torpiglie*, sont des poissons assez communs dans nos mers, où l'on en trouve trois espèces, savoir la *Torpedo Narce*, la *Galvani* et la *Nobiliana*. Les deux premières étaient confondues autrefois sous le nom linnéen de *Raja torpedo*; la dernière, plus rare que toutes les autres, a été décrite et dénommée par le prince Charles-Lucien Bonaparte dans son *Iconografia della Fauna italica*. Ce savant naturaliste a aussi distingué et caractérisé dans son ouvrage, les deux premières espèces, de sorte que pour donner une idée précise des torpilles de nos mers, nous ne pensons pouvoir mieux faire que de citer textuellement ses phrases.

TORPEDO NARCE. *Risso.*

Torpedo cervino-brunnea, maculis rotundatis nigris

oculiformibus , numero vario sæpius (1-7); species quinque in pentagoni figura dispositis ; capite cum pinnis pectoralibus continuo ; spiraculis rotundis vix fimbriatis.

TORPEDO GALVANI. *Risso.*

Torpedo carneo-cervina , maculis oculiformibus nullis ; aut unicolore aut nigro castaneoque variegata ; capite cum pinnis pectoralibus continuo ; spiraculis rotundis longe fimbriatis.

TORPEDO NOBILIANA. *Bonap.*

Torpedo atro-rubens, unicolore capite a pinnis pectoralibus crenula distincta : spiraculis reniformibus, integerrimis.

Les recherches dont nous nous occupons dans cet ouvrage, ont été faites, pour la plupart, sur la *Torpedo Narce*, parce que cette espèce est la plus commune à Pise. Toutefois on y trouve aussi la *Torpedo Galvani*. Après en avoir disséqué plusieurs, j'ai pu m'assurer que, pour la structure des organes électriques et du système nerveux, ces deux espèces ne présentent aucune différence remarquable. Je n'ai pas encore pu faire les mêmes recherches sur la *Torpedo Nobiliana*, mais j'ai lieu de croire qu'il n'existe pas non plus dans celle-ci de différences notables.

Quoique l'on sût depuis très-longtemps que les torpilles ont la propriété d'engourdir ceux qui les touchent, quoique Oppian eût le premier fait connaître la partie où se trouve l'organe qui produit cet effet, c'est Redi qui nous donna une notion des curieux organes électriques, qu'il nomma *corpi falcati*, et que son disciple, Étienne Lorenzini, décrivit ensuite plus exactement. Après Redi et Lorenzini, la structure de ces organes a été étudiée par tant de célèbres naturalistes, tels que Jacopi, Carus, Cuvier, Geoffroy-Saint-Hilaire, Delle Chiaje, Blainville, que je ne m'arrêterais pas à les décrire ici si je n'avais à rapporter quelques faits nouveaux, relativement à leur structure microscopique, et à éclaircir d'autres faits qui sont toujours restés douteux. C'est pour ce motif, et pour rendre plus intelligibles les recherches de physique de mon collègue, que je crois devoir parler de la structure des organes électriques, ou *corpi falcati* de Redi, de leur situation, de leurs rapports, etc.

Ces organes se trouvent, comme tout le monde le sait, dans la partie antérieure de la torpille, entre les nageoires pectorales et les branchies : ils résultent chacun d'un amas de prismes verticaux, renfermés entre la peau du dos et celle du ventre.

Des nerfs très-gros et très-nombreux de la cinquième et de la huitième paire, et des vaisseaux sanguins abondants pénètrent dans ces organes après avoir traversé les branchies, s'y ramifient dans tous les sens et disparaissent entièrement, de sorte qu'ils forment pour ainsi dire, autant de systèmes, très-distincts de ceux des autres parties du corps, que le système nerveux de l'organe n'a de connexion qu'avec cet organe et avec le cerveau, et que le système vasculaire ne communique directement qu'avec le cœur et l'organe. Il n'y a donc pas de rapports immédiats et directs entre l'organe et les autres parties circonvoisines; il n'existe entre celles-ci que des rapports de contact et de situation.

Lorsque l'on considère ces rapports de situation entre les organes électriques et tous les autres appareils, on en trouve de singuliers, d'intéressants et même de mystérieux. Les appareils de la respiration et le cœur sont placés entre les organes électriques, de telle sorte qu'ils sont avec eux presqu'en contact immédiat comme s'il était nécessaire, pour l'accomplissement de leurs fonctions, que le sang y fût poussé avec vigueur, et y arrivât immédiatement après son contact avec l'air.

Les organes de l'odorat, de la vue et de l'ouïe occupent la partie qui leur est intermédiaire et antérieure, comme pour guider la décharge et profiter de son effet. Enfin trois appareils dont les fonctions sont encore inconnues, garnissent leur périphérie dorsale ou ventrale; tels sont l'*appareil lacunaire*, celui des *organes mucipares* et l'*appareil folliculaire nerveux*. Les deux premiers sont communs à une grande quantité d'autres poissons, le dernier n'appartient qu'aux torpilles exclusivement.

Après avoir précisé ainsi les espèces de poissons qui font le sujet des recherches contenues dans cet écrit, et avoir jeté un coup d'œil rapide et général sur l'appareil électrique, c'est-à-dire sur l'espèce d'arme curieuse dont la nature a doué les torpilles,

arme à l'aide de laquelle ces poissons étourdissent
et tuent leur proie, j'examinerai avec plus de détail
et la situation et la structure de l'organe, tant dans
son ensemble que dans ses parties; puis j'examinerai tout le système nerveux encéphalique duquel
l'organe tire son pouvoir, et les trois appareils ci-
dessus indiqués qui garnissent l'organe lui-même.

CHAPITRE II.

SOUTIENS ET PROTECTEURS DES ORGANES ÉLECTRIQUES.

Quoique le squelette des torpilles soit formé sur
le modèle de celui des raies ordinaires, il est pourtant modifié de manière à fournir aux organes électriques une sauvegarde assez étendue et assez épaisse.
Les nageoires pectorales, dans ces sortes de *Raïdes*, au
lieu de se prolonger postérieurement et sur les côtés
de la cavité abdominale, s'étendent vers la partie antérieure ou céphalique, et les os du métacarpe, qui
soutiennent les rayons très-nombreux de la nageoire,
sont allongés plus que de coutume. Ils n'arrivent pas
en contact avec les branchies, mais laissent entre
leur bord interne et l'appareil respiratoire un espace
qui est destiné aux organes électriques. Cette modification de structure consiste dans une plus grande
extension, en sens transversal, de la ceinture scapu-
laire et en ce que l'extrémité antérieure des nageoires
du thorax n'arrive pas à toucher les boites cartilagineuses des narines; elle n'aboutit qu'à l'extrémité
externe de deux prolongements latéraux très-remar-

quables et aussi de nature cartilagineuse naissant des fosses nasales. Ces prolongements nasaux sont conformés de manière à ce que chacun se séparant de l'angle externe et antérieur de chaque boîte nasale, se prolonge à l'extérieur jusqu'à l'extrémité de la nageoire pectorale correspondante, et achève ainsi de cerner l'espace qui est destiné aux organes électriques. C'est ainsi que se compose l'armure solide et cartilagineuse des cavités qui doivent enfermer ces organes; les masses musculaires garnies de leurs tuniques aponévrotiques grossissent supérieurement et inférieurement du côté extrême les armures cartilagineuses que nous avons décrites, et achèvent de leur donner la hauteur et la résistance nécessaires à la fonction à laquelle elles doivent servir.

Les organes électriques renfermés dans leurs cavités respectives n'atteignent point la périphérie du poisson. Du côté interne des deux organes on trouve comme on l'a déjà noté, les appareils respiratoires ou branchiaux renfermés dans les cavités branchiales, lesquelles ayant chacune une solide armure cartilagineuse, ont assez de résistance pour pouvoir fixer en grande partie les organes ou appareils électriques. Ces appareils, mous et de peu de consistance, prennent la forme précise des cavités où ils se trouvent, et comme cette forme est à peu près celle d'un rein, en forme de demi-lune ou de faux, Redi les a appelés *corpi falcati*.

CHAPITRE III.

DES ORGANES ÉLECTRIQUES.

Les organes électriques sont revêtus tant supérieurement qu'inférieurement d'un tégument commun semblable à celui qui couvre toutes les autres parties du corps. En ôtant ce tégument on voit une toile aponévrotique assez forte, formée par des fibres entrelacées, laquelle s'attache aux parois de la cavité qui renferme l'organe. On sait depuis longtemps, et plus particulièrement depuis la notice que Jacopi nous en a donnée en 1810, dans ses *Elementi di Fisiologia e Notomia comparata*, que chaque organe résulte d'un amas de colonnes hexagones pour la plupart, situées verticalement de manière à ce que leurs extrémités unies correspondent l'une à la partie dorsale, l'autre à la partie ventrale du poisson.

Chacune de ces petites colonnes est renfermée dans une cavité respective, qui est formée aussi par un tissu aponévrotique semblable à celui dont les côtés supérieur et inférieur de l'organe sont revêtus, quoiqu'il soit bien plus fin et plus mince. La substance dont chaque colonne est composée ressemble, au premier coup d'œil, à une mucosité gélatineuse. Elle est tremblotante, d'un blanc cendré diaphane et paraît homogène, lorsqu'on la regarde à l'œil nu, mais lorsqu'on l'examine avec le microscope, on voit aisément qu'elle résulte d'une infinité de membranes très-minces ou de diaphragmes placés les uns sur les autres, transversale-

ment à l'axe de la petite colonne. Chacun de ces diaphragmes n'est réuni que par son bord aux diaphragmes
contigus, c'est-à-dire au supérieur et à l'inférieur; et
entre l'un et l'autre, il existe une petite quantité
d'humeur bien limpide et tout à fait fluide, si on
fait les observations sur des individus récemment
tués. Ce qui prouve que les diaphragmes sont bien
séparés entre eux, et qu'ils n'adhèrent que par le
bord extrême, c'est que l'on peut injecter avec la
plus grande facilité, soit avec du mercure, soit avec
de l'air, l'espace renfermé entre deux diaphragmes
contigus : on voit ainsi cet espace s'étendre jusqu'à
acquérir la forme sphérique. Je n'ai pas pu connaître si chaque diaphragme résulte d'une ou de
deux tuniques. Je pense que cette dernière structure
est la véritable, mais nous manquons de moyens
anatomiques pour pouvoir le démontrer.

Nous verrons plus tard comment ces diaphragmes
sont le soutien des dernières ramifications nerveuses
et sanguines, et nous examinerons la disposition de
ces systèmes quand nous les étudierons. N'ayant à
nous occuper maintenant que de la structure générale
de l'organe, nous chercherons à connaître la situation
relative de ces diaphragmes dans les prismes, et comment ces prismes forment l'organe. Un examen bien
fait avec des loupes très-fortes, et avec le microscope,
démontre que les diaphragmes, comme nous l'avons
déjà dit, adhèrent par leur bord à la tunique aponévrotique dont chaque prisme est pourvu. Si l'on détache
avec délicatesse de la superficie latérale d'un prisme,

ou petite colonne, une portion de sa tunique, et si on la regarde au microscope, on voit qu'elle est composée d'un grand nombre de filaments très-minces, pleins à l'intérieur, et même plus minces que les fibres élémentaires nerveuses; ces filaments sont tous parallèles entre eux et dans une direction telle, qu'ils forment un angle d'environ quarante-cinq degrés avec l'axe de la petite colonne. On remarque souvent que ces fibres sont traversées par d'autres fibres de la même nature, lesquelles quoique dirigées en sens inverse, forment néanmoins avec l'axe du prisme un angle égal.

Des observations faites sur des cylindres isolés, détachés avec force de l'intérieur de la capsule où ils se trouvent renfermés dans le milieu de l'organe, semblent nous conduire à établir que les fibres indiquées appartiennent à deux couches différentes, au lieu d'être des fibres entrelacées entre elles, et de former ainsi une seule couche; car il arrive souvent que l'on a sous les yeux des portions de tunique dans lesquelles il n'y a que des fibres directes en un sens, et dans d'autres points on ne voit que des fibres dirigées en sens contraire. Il est pourtant facile de trouver des portions de ces tuniques où les deux séries des fibres se trouvent réunies, et alors elles présentent un aspect semblable à celui d'une natte. L'adhérence considérable que les divers prismes ont entre eux et le peu de résistance des diaphragmes ne m'ont jamais permis de m'assurer du nombre des tuniques dont ils sont ceints latéralement; et l'idée

que je me suis formée de la structure de ces enve--
veloppes se fonde sur des faits si vagues, si décousus
que j'ose à peine l'exposer. Je pense donc que des
fibres très-minces et aponévrotiques, qui par leur extrémité sont unies à l'enveloppe aponévrotique générale, se détachent par exemple de l'enveloppe aponévrotique de la partie dorsale, vont, en ligne oblique,
s'unir à l'enveloppe aponévrotique de la face opposée
ou du ventre ; que ces fibres sont disposées de manière
à former autant de cloisons, par leur intersection sur
un même plan, et que ces cloisons limitent à leur
tour les espaces ou cellules destinées à contenir chacun des prismes ou colonnes. Avec la loupe, et même
à œil nu, on peut voir quelques-unes de ces fibres,
plus grosses que les autres, et qui n'appartiennent
pas aux prismes. Je pense pourtant que chaque
prisme a en outre une enveloppe partielle et mince
de la même nature de celui qui lie entre eux tous les
diaphragmes de chaque prisme, ou petite colonne :
et cette idée m'est venue depuis que j'ai observé que
si l'on déchire avec force et vitesse un organe électrique d'une torpille morte depuis peu, mais déjà sai-
sie par la roideur cadavérique, on voit plusieurs
prismes rester presque entiers et isolés de chaque
côté, sans qu'aucune des grosses fibres aponévrotiques ci-dessus indiquées apparaisse sur eux, lesquelles fibres toutefois sont souvent visibles sur les
faces des prismes circonvoisins. Quoi qu'il en soit de
la structure de la trame générale de l'organe, dont
l'existence ne peut se nier, il est certain que chaque

prisme a une tunique propre qui le sépare de la tunique du prisme voisin, puisque c'est entre les deux tuniques que les gros troncs nerveux s'insinuent et que passent les ramifications vasculaires.—Et comme la trame générale formée par les fibres transverses annexées à l'enveloppe commune sert, pour ainsi dire, à donner la forme à l'organe, à lui donner de la consistance et à tenir les prismes dans le rapport nécessaire, chaque prisme a sa tunique particulière, laquelle tient en situation les diaphragmes et forme le prisme même par la réunion de ces diaphragmes.

Le nombre des faces des prismes est ordinairement de six, quoiqu'il ne soit pas toujours constant. Et comme ces faces sont probablement produites par la compression que les prismes exercent réciproquement les uns contre les autres, on comprend aisément que vers les bords de l'organe où la compression manque d'un côté, le nombre des faces doit être plus petit et doit varier, et que l'extension ainsi que la forme de ces prismes doit devenir moins régulière. La hauteur des prismes n'est pas non plus égale dans un même organe. Ceux du centre et ceux situés le plus près des branchies sont plus longs, ceux de la périphérie externe sont les plus courts. Et tandis que les prismes du centre sont tous parfaitement verticaux, ceux de la partie externe placés en contact des parties qui environnent l'organe sont un peu inclinés ou courbes.

Le nombre des prismes dans chaque organe, si l'on en croit Hunter et Delle Chiaje, est de 470. Et suivant ce dernier zootomiste, ce nombre est toujours le même dans les torpilles de la même espèce, soit dans des torpilles jeunes, soit dans des individus adultes.

CHAPITRE IV.

DE L'ENCÉPHALE DE LA TORPILLE.

Les *hémisphères cérébraux* (Pl. III, *fig.* 1, 2, 3 et 4), ou la *première masse encéphalique*, forment une masse globuleuse un peu plus grande que la masse optique. Les deux hémisphères sont séparés l'un de l'autre par un léger enfoncement qui commence antérieurement par une cavité, où l'on voit une tache formée par un plexus de vaisseaux et qui finit postérieurement près de la *glande pinéale*. Sur les deux flancs de cette première masse cérébrale, il y a un renflement qui se prolonge antérieurement en devenant plus mince, et se termine ainsi par le nerf olfactif. On doit donc regarder ces renflements comme les *lobes olfactifs*, qui sont tout à fait analogues à ceux qu'on trouve dans les autres raies; ils sont solides dans la torpille et formés de la même substance de couleur grise qui compose presque entièrement les hémisphères.

La *seconde masse encéphalique*, un peu plus petite que la première, vue par la partie supérieure, est également globulaire et partagée en deux par un sillon très-peu profond, qui commence postérieurement au-dessous du bord antérieur du cervelet, et qui se termine antérieurement près d'une cavité au fond de laquelle le troisième ventricule s'ouvre, à l'aide d'un trou vertical très-étroit. Au-devant de cette cavité se trouve un corps gris rougeâtre qui peut être regardé comme la *glande pinéale*, ou *épiphyse cérébrale*. Cette seconde masse cérébrale est regardée par tous les anatomistes modernes comme formée de deux lobes optiques qui représentent les tubercules quadrijumeaux supérieurs, et qui, suivant Straus, correspondent plus particulièrement aux *nates*. Cette même masse est traversée dans son axe longitudinal par une fente à T qui commence postérieurement au quatrième ventricule, et se termine antérieurement au petit trou dont j'ai parlé. Cette fente étant la seule cavité qui se trouve dans la seconde masse, doit correspondre au troisième ventricule; on savait déjà que les deux tubercules qui composent cette masse, et qui sont creux dans les oiseaux, dans les reptiles et dans le plus grand nombre des poissons, ne l'étaient pas dans la torpille. Au-dessous de deux prolongements de la seconde masse ou pédoncules cérébraux qui attachent cette masse aux hémisphères, se trouvent dans la torpille deux tubercules assez gros d'une substance blanchâtre, qui ont été appelés par Cuvier *lobes inférieurs*; suivant Straus, on doit les regarder comme analogues aux couches optiques; il y a des anatomistes qui considèrent ces lobes comme correspondant aux éminences mamillaires des mammifères, et Serres les a appelés *lobules optiques*. Ils se trouvent placés derrière l'insertion du nerf optique et font saillie en bas, et un peu en avant; leur couleur

19

est blanchâtre comme celle des hémisphères : on n'y rencontre aucune cavité intérieure. A la partie postérieure de ces tubercules se trouve une masse qui, en apparence, est formée de deux lobes d'une couleur grise rougeâtre, et qui est appuyée sous la partie la plus antérieure de la face inférieure de la moelle allongée. Cette masse grise est munie d'une cavité, et, quand on la voit au microscope, elle parait composée d'une matière granuleuse, molle, et richement pourvue de vaisseaux sanguins. En regardant le cerveau du côté inférieur, on voit que sur cette masse est appliquée l'hypophyse ou *glande pituitaire*, laquelle, avec son pédoncule sort du milieu des deux lobes inférieurs du cerveau que nous avons déjà décrits (Pl. II, G, P*l*,).

Passons à la *troisième masse encéphalique* de Carus, ou cervelet, d'une torpille âgée. Quand on examine la face supérieure de l'encéphale dépourvu de ses membranes, on reconnait que le cervelet est formé de trois parties, c'est-à-dire d'un lobe médian et de deux lobes latéraux.

Le lobe médian, correspondant au *vermis*, est tout à fait plat supérieurement, quadrilatère, à angles arrondis, et placé de manière que deux de ses angles opposés se trouvent dans la direction de l'axe longitudinal. Les deux autres angles sont latéraux.

Deux sillons qui se croisent traversent d'un angle à l'autre la partie supérieure et plate du lobe médian, de manière à la partager en quatre triangles rectangulaires. Ce lobe médian, qui forme la partie principale du cervelet, offre une cavité intérieure qui communique postérieurement avec le quatrième ventricule (Pl. III, *fig.* 1, 3, 6), et qui peut être regardée comme un prolongement de ce même ventricule. Antérieurement ce lobe est appuyé sur le lobe optique ; latéralement, il se continue avec la partie antérieure de la moelle allongée ; postérieurement, il se prolonge sur ses côtés avec les deux appendices feuilletées que nous allons décrire, tandis que dans le milieu il est libre, surmonte en forme de pont la moelle allongée, et forme ainsi le quatrième ventricule.

Les deux lobes latéraux, (**Pl. III**, *fig.* 1, 2, 3, *e*), qui ont été appelés par Serres *feuillets restiformes*, se détachent postérieurement au cervelet un de chaque côté, se prolongent postérieurement comme des appendices et adhèrent aux bords les plus rapprochés et libres des *pyramides postérieures* par lesquelles se trouve formé le *sinus rhomboïdal*. Ces deux lobes se terminent en pointe (*fig.* 2. *i*) Chacune de ces appendices est formée par une lame assez épaisse de la même substance blanche du lobe médian qui se détache latéralement de sa partie inférieure (*fig.* 5, *h. e*) et correspondante latéralement. Prenant une position légèrement inclinée en arrière, elle forme d'abord trois plis très-étroits de manière à donner origine à deux superpositions, soit dans l'intérieur, soit à l'extérieur, puis, se dirigeant vers les bords du *sinus rhomboïdal*, elle se termine en forme de demi-fer de lance.

Le premier de ces plis, qui est contigu au lobe

médian, est caché par ce lobe; aussi faut-il, pour le voir, soulever l'angle postérieur du cervelet.

Lorsqu'on a enlevé le lobe électrique et qu'on a coupé longitudinalement la masse allongée, de manière à pénétrer dans le troisième ventricule, si on regarde la partie inférieure du cervelet (Pl. III, *fig.* 5), celle qui forme la voûte du quatrième ventricule, on trouve que les deux premiers plis pénètrent à peu près jusqu'au point correspondant à la moitié du lobe médian, et s'y trouvent en contact avec la lame postérieure du vermis, lequel descend d'abord, puis se tourne en avant et se continuant avec le lobe optique, forme la voûte de l'aqueduc de Silvius. Ces mêmes plis sont dans ce point, et à l'extérieur seulement, en contact l'un avec l'autre comme deux lèvres (*fig.* 5 II); mais intérieurement elles sont soudées et forment les parois postérieur et inférieur du ventricule du vermis, que nous avons vu se continuer avec le quatrième ventricule. Il résulte de là que dans la torpille, peut-être mieux que dans les autres poissons, on peut voir que le cervelet n'est composé que d'une lame pliée en capuchon, qui se continue antérieurement avec les lobes optiques, latéralement et inférieurement avec la moelle allongée et qui, postérieurement, est munie, sur le flanc, de deux appendices. De cette manière, les parois du capuchon produisent intérieurement avec leurs plis le ventricule du lobe médian, et les appendices postérieures étant repliées, forment le curieux feuillet restiforme de ce poisson.

Chacun des lobes latéraux n'est pas seulement appuyé sur les bords des pyramides postérieures, mais il s'y trouve véritablement uni par des fibres médullaires qui passent de ce lobe aux pyramides. C'est de ce lobe latéral que naît, chez la torpille, la plus grande partie de la racine supérieure du nerf de la cinquième paire, qui va se distribuer aux autres parties, presque entièrement aux organes mucifères. Toutefois, d'autres racines de ce même nerf naissent certainement de la moelle allongée avec trois autres troncs nerveux très-distincts, dont nous aurons à parler plus tard.

CHAPITRE V.

DE LA MOELLE ALLONGÉE.

La partie la plus importante du cerveau de la torpille est certainement la *moelle allongée*, parce qu'elle présente un développement supérieur à celui qu'elle a dans les autres poissons non électriques, et, ce qui intéresse davantage, parce qu'elle se compose de certains lobes qui ont une relation intime avec les nerfs de l'organe électrique. La longueur de la moelle allongée d'une torpille âgée est presque la moitié de celle de tout l'encéphale, et sa largeur est plus grande que celle de toutes les autres parties du cerveau. La moelle allongée est en avant limitée et couverte par les *feuillets latéraux* ou *restiformes* du cervelet, lesquels non-seulement s'appuient sur les pyramides postérieures qui forment le bord du *sinus rhomboïdal*, mais sont liés avec celui-ci par des faisceaux de substance blanche ou médullaire. Ces pyramides sont très-grosses, et postérieurement, où elles s'approchent l'une de l'autre, au lieu de former un angle aigu comme dans les autres vertébrés, elles se courbent doucement, de manière à former par leur union postérieure un segment d'une ellipse très-ouverte. Une commissure transversale (Pl. III, *fig.* 1, *q*) assez grosse réunit dans la torpille les deux pyramides postérieures et complète ainsi postérieurement le bord du *sinus rhomboïdal*. Derrière ces pyramides postérieures, on voit clairement en dehors les cordons restiformes ou les pyramides latérales, qui sont encore très-développés dans le point où prennent naissance les nerfs de la cinquième et de la huitième paire. Ces pyramides se distinguent clairement du reste de la portion antérieure (pour se servir du langage de l'anatomie humaine) de la moelle allongée et épinière, à l'aide d'un sillon qui se découvre bien distinctement lorsque tout est mis à nu. Je ne suis pas parvenu à découvrir distinctement les cordons olivaires, car les pyramides antérieures, qui forment à elles seules la face inférieure de la moelle allongée, sont très-longues et nettement séparées entre elles par un sillon longitudinal d'une couleur foncée.

Le *sinus rhomboïdal*, que nous avons déjà décrit, est entièrement rempli par les *lobes électriques*, de manière qu'on ne peut pas en voir la surface sans ôter ces *lobes*, qui, quoique adhérents, peuvent assez aisément se détacher en déchirant quelques fibres médullaires qui les entre-pénètrent et en désagrègent le tissu nerveux granuleux qui réunit les globes électriques au *ruban gris* de la surface du sinus. Tout ce qu'il y a de mieux à faire pour étudier la surface de ce *sinus*, c'est de dilater le sillon longitudinal qui est entre ces deux lobes, et puis de pousser ces lobes à l'extérieur très-doucement, jusqu'à déchirer les fibres médullaires que nous avons décrites : on parvient ainsi à rejeter entièrement ces lobes en coupant tout à fait les gros faisceaux médullaires qui, partant du bord interne des cordons restiformes, y pénètrent. Une telle préparation ne peut se faire que sur des cerveaux qui ont été endurcis par quelques jours d'immersion dans de l'esprit de vin.

Lorsque les *lobes électriques* ont été ainsi enlevés, le sinus rhomboïdal présente une ligne médiane longitudinale, qui est la division des pyramides antérieures. A gauche et à droite de cette ligne, on voit un faisceau blanc, homogène, qui peut être regardé comme la surface postérieure des mêmes pyramides antérieures. Ces faisceaux, qui sont larges d'à peu près un quart du diamètre transversal du sinus, vont un peu en diminuant, à mesure qu'ils descendent vers la moelle épinière. Le reste de la surface du sinus rhomboïdal a une couleur qui est un peu plus cendrée : si on l'observe avec la loupe, on reconnaît qu'elle est parcourue transversalement par un grand nombre de faisceaux de substance blanche.

Examinons maintenant les *lobes électriques*. Jacopi est le premier qui a parlé de cette modification importante du système nerveux central de la torpille, qui est constitué par un renflement placé dans le sinus rhomboïdal. Dans ses *Éléments de physiologie et d'anatomie comparée*, publiés en 1810, il dit : « Derrière le cervelet, et précisément dans l'endroit « où dans tous les autres poissons le cerveau se con- « tinue avec la moelle allongée, il y a dans la torpille « un renflement de substance cendrée dont le vo- « lume est presque supérieur à celui du cervelet et « des hémisphères pris ensemble. C'est de ce renfle- « ment que naissent de chaque côté trois gros troncs « nerveux qui se distribuent, en grande partie, aux « organes électriques. »

On voit très-bien, d'après ce paragraphe, que Jacopi avait non-seulement remarqué l'existence des lobes électriques dans le cerveau de la torpille, mais qu'il connaissait encore le rapport entre ces lobes et les nerfs de la huitième paire qui se distribuent à l'organe électrique. Delle Chiaje décrit aussi la pro-tubérance du sinus rhomboïdal qu'il appelle : *lobo pagliarino* (lobe couleur de paille). Il regarde ces lobes comme formés d'une seule masse, et il n'admet pas sa relation avec l'origine des nerfs élec-triques.

Arrivons à l'étude de la structure des lobes élec-triques. En observant la moelle allongée couverte de ses membranes, on ne distingue pas les masses ou lobes électriques, non plus que les lobes latéraux du cervelet (Pl. I, *fig.* 1); on n'aperçoit que le lobe moyen du cervelet, tandis que les lobes latéraux, les lobes électriques et la moelle allongée ne font qu'une seule masse, des côtés de laquelle sortent les nerfs de la cinquième et de la huitième paire. Lorsque cette partie de l'encéphale a été mise à nu, en enlevant en grande partie ses enveloppes, on voit tout le sinus rhomboïdal rempli de deux gros lobes qui se touchent sur l'axe longitudinal sans adhérer, mais qui au contraire sont rendus bien distincts par une fente verticale et rectiligne qui arrive jusqu'au plan du sinus rhomboïdal, et coïncide avec la ligne longitudinale existant sur ce même plan. Chacun de ces lobes est donc limité par trois faces : l'une courbe, qui est à l'extérieur, l'autre plane, horizontale et inférieure, par laquelle il est appuyé sur le sinus rhomboïdal, et une troisième verticale interne, qui est en rapport avec la face correspondante de l'autre lobe. Le bord extérieur de chaque lobe remonte sur le contour du sinus rhomboïdal; l'extrémité antérieure de ces lobes pénètre au-dessus du cervelet, qui remplit ainsi, en grande partie, le quatrième ventricule (Pl. III, *fig.* 4); leurs extrémités postérieures cachent l'angle du *calamus scriptorius* et quelquefois la commissure transversale qui s'y trouve. La couleur des *lobes électriques* observés sur un individu mort depuis peu est jaunâtre, tirant sur le gris.

En observant au microscope la substance de ce lobe, en la comprimant très-légèrement avec le *compresseur*, on voit qu'elle se compose, en grande partie, d'une ma-

tière granuleuse presque amorphe (Pl. III, *fig.* 8),
transparente et analogue à la *substance gris amorphe*
que Mandl a décrite dans la substance corticale du cerveau. Nous avons vu, au milieu de cette substance
granuleuse du lobe électrique, un grand nombre de
fibres élémentaires à double contour (*ibid.*, *f, f.*)
dont plusieurs paraissaient variqueuses et même à
chapelet. Ces apparences sont évidemment dues à la
compression et à l'action de l'eau employée dans ces
observations. En comprimant la masse granuleuse et
amorphe des lobes électriques, on y découvre de gros
globules d'une matière grise, (*fig.* 8, *g.*) composés
de grains ou globules qui ont un noyau (n.) de substance diaphane, au centre duquel se trouve un cor-
puscule plus opaque. En comprimant davantage, on
voit ces globules se dilater, puis se changer en
disques, dont le point central est augmenté proportionnellement jusqu'à avoir de diamètre presqu'un
quart de diamètre du globule transparent. Ces globules me semblent identiques avec les globules ganglionnaires, découverts par Ehrenberg, qui ont été
décrits par Mandl, et que moi-même j'ai eu occasion
d'observer dans les ganglions de différents nerfs branchiaux de la torpille même (Pl. III, *fig.* 9). Ces globules ganglionnaires sont en très-grand nombre dans
les lobes électriques; mais, proportionnellement à leur
masse, il y existe une plus grande quantité de substance amorphe, granulaire, que dans les ganglions
des nerfs. Quant à la direction des fibres nerveuses,
élémentaires, des lobes électriques, elle varie suivant

le sens horizontal ou vertical, selon lequel a été coupée la tranche qu'on observe.

Si à l'aide d'un rasoir on prend horizontalement une couche très-mince d'un lobe électrique, presque immédiatement au-dessus de sa surface, on voit au microscope, en comprimant cette couche, que les fibres à double contour apparaissent comme deux arcs. Si au contraire la couche a été coupée verticalement, les fibres à double contour apparaissent rectilignes, du côté qui correspond à la partie du lobe appuyé sur le sinus rhomboïdal, et du côté extérieur ces fibres tournent en bas, repliées en anse. On voit encore un grand nombre de ces anses tronquées, mais ayant toujours leur extrémité dirigée vers la base; d'autres fibres ne se terminent pas en anse. Si l'on réfléchit à ce que les terminaisons de ces fibres élémentaires, soit rectilignes, soit à anse, sont toujours dues à une rupture, ce que l'on voit très-bien par le jaillissement de la matière gélatineuse qui est contenue dans la fibre, il est naturel d'admettre que toutes les fibres rectilignes se terminent en anse et *vice versâ*. A l'aide d'une simple loupe, il est facile de distinguer les faisceaux des fibres dont nous parlons.

En faisant une section verticale et transversale de la moelle allongée, de manière à couper les lobes électriques dans le plan dans lequel on voit une des racines des nerfs de la huitième paire pénétrer dans la moelle allongée, on distingue alors que cette racine, ou au moins la partie apparente de celle-ci (*fig.* 6, 8), ne pénètre pas dans la moelle allongée, mais traverse la pyramide latérale, passe au-dessous des pyramides postérieures et pénètre dans les lobes électriques correspondants, dans lesquels elle se répand et rayonne de manière à remplir toute la face de la section (*fig.* 6, *f.*).

Cette disposition peut se distinguer encore très-bien avec une simple loupe. Il est pourtant juste de dire que, malgré cette origine des fibres élémentaires des nerfs électriques que nous avons décrites, il y a d'autres de ces fibres qui émergent de la partie moyenne du sinus rhomboïdal, et pénètrent ainsi les lobes électriques, ce dont on peut s'assurer, quelle que soit la partie du lobe électrique que l'on coupe, excepté les deux extrémités. Il est encore très-facile de voir les racines des nerfs de la huitième paire rentrer dans le lobe électrique correspondant, lorsqu'on détache avec beaucoup de précaution ces lobes du sinus rhomboïdal. Il faut pour cela commencer l'opération de l'intérieur à l'extérieur, soulever les lobes peu à peu avec le manche d'un scalpel, en tâchant de les renverser sur les pyramides postérieures. Tout cela réussit très-aisément jusqu'à ce qu'on arrive au bord externe du sinus, et si on observe alors avec une loupe le plan du lobe électrique mis à découvert, on voit des faisceaux de fibres nerveuses qui partent des troncs des nerfs de la huitième paire, vont au-dessous du lobe électrique (Pl. III, *fig.* 7, 8). On découvre également vers la ligne médiane du sinus rhomboïdal des fibres tronquées, qui pénètrent le lobe (*fig.* 7 m. m.). Avec cette même préparation, on découvre encore, ce qui est pour moi très-important, qu'un tronc de la cinquième paire tire les fibres élémentaires de sa racine du lobe électrique (*ibid.*, *fig. 5*) et que ce tronc est précisément celui qui pénètre dans l'organe électrique, tandis que les autres fibres du même nerf prennent origine ou des pyramides restiformes, ou du lobe latéral du cervelet. Pour bien réussir dans cette observation, il faut opérer sur un cerveau de torpille ayant macéré dans l'alcool concentré pendant six à sept jours.

On peut donc conclure de tout ce que nous avons dit dans ce Chapitre : 1°. que le lobe électrique est formé de deux portions ou lobes distincts; 2°. qu'il est composé en grande partie d'une substance *grise*, *amorphe* et de *globules avec un noyau central*, semblable aux *corpuscules ganglionnaires*; 3°. qu'il y a dans ces lobes un grand nombre de fibres élémentaires qui vont de cet organe même à la moelle allongée, et *vice versâ*; 4°. que tous les troncs nerveux, soit de la huitième, soit de la cinquième paire, qui se distribuent dans l'organe électrique, sont produits par des fibres élémentaires ayant leur origine dans le lobe correspondant, dans l'intérieur duquel elles semblent se replier en anses.

CHAPITRE VI.

NERFS ENCÉPHALIQUES DE LA TORPILLE.

L'encéphale de la torpille n'occupe à peu près que la moitié postérieure du diamètre longitudinal de la cavité du crâne; il en résulte que les quatre premières paires des nerfs cérébraux ont une grande longueur dans cette cavité du crâne, comme il arrive dans la plupart des poissons, et principalement dans les chondro-ptérygiens. Ces premières quatre paires cérébrales se distribuent comme d'ordinaire, et nous ne ferons que décrire leur sortie du crâne.

La première paire (Pl. 1, *fig.* 1) sort par l'angle antérieur externe de la cavité du crâne, où elle grossit pour former le tubercule olfactif antérieur. La seconde paire traverse la paroi externe, entre le quart antérieur et les trois quarts postérieurs de la longueur de cette paroi, qui est dans ce point membraneuse. La troisième paire ou *oculo-musculaire commun* sort du crâne, un peu au-dessus et derrière le point où la paire précédente traverse cette paroi. La quatrième paire sort du crâne en passant très-obliquement à travers sa paroi externe et en haut, c'est-à-dire au-dessus de la troisième paire, et au niveau du bord postérieur du globe de l'œil. Ces quatre premières paires de nerfs cérébraux se distribuent dans les parties presque comme dans les autres poissons ; il n'en est pas de même des autres nerfs, et surtout de la cinquième paire et de la paire vague ou huitième des anciens, qui présentent des différences remarquables.

La cinquième paire se compose essentiellement de deux parties : l'une est exclusive à la torpille et se distingue de l'autre par son volume, par son origine et par sa distribution. C'est celle qui se distribue à la partie antérieure de l'organe électrique, tandis que l'autre forme la partie normale de la cinquième paire. Ces deux portions, qui, comme on l'a vu, ont une origine différente, paraissent se confondre à leur sortie du crâne; mais il est toujours possible de les distinguer avec un peu d'attention. La grande ouverture par laquelle elles sortent du crâne, mérite d'être décrite. On remarque sur toute l'étendue de la portion moyenne de la paroi externe du crâne, une large ouverture qui n'est recouverte que dans sa moitié antérieure où la dure-mère forme une espèce de cloison membraneuse à bords concaves et libres postérieurement. Le bord postérieur de cette grande ouverture est formé par la paroi solide de l'organe de l'ouïe, et le nerf de la cinquième paire sort à travers l'espace compris entre ce bord et le bord concave de la cloison de la dure-mère.

Sur les limites mêmes de cette ouverture, ce nerf se divise en deux troncs qui sont séparés par une couche cartilagineuse, allongée, qui semble tenir à la paroi externe du crâne. Le tronc antérieur passe en avant de la cloison de la dure-mère, et sur une espèce de gouttière cartilagineuse qui se trouve entre cette cloison fibreuse et la cloison cartilagineuse. Le tronc postérieur se porte presque directement à l'extérieur entre le bord postérieur de la cloison cartilagineuse et le côté antérieur de la paroi solide de l'organe de l'ouïe. Ce second tronc contient toute la partie de ce nerf destinée à l'organe électrique, et une portion de la cinquième paire normale.

Le tronc antérieur se partage en différents faisceaux qui peuvent se distinguer en deux groupes, relativement à leur position par rapport au globe de l'œil, c'est-à-dire en *groupe oculaire interne*, et en *groupe oculaire externe*. Le *groupe oculaire interne* (Pl. III, *fig.* 1, c) se compose de deux nerfs principaux. Le premier de ces nerfs (E) tire son origine du *feuillet restiforme* de Serres, et sort du crâne en se plaçant au-dessus de tous les autres nerfs qui composent ce groupe et le groupe suivant. En avant et vers le pédoncule de l'œil, ce nerf (E) se sépare du suivant (D), se porte plus en dedans, et après avoir passé sur les muscles de l'œil, se termine dans la masse des *follicules muqueux* qui se trouvent au-devant du crâne. Le second nerf (D) prend origine au flanc de la moelle allongée, puis il s'approche et s'unit, à la sortie du crâne, au nerf précédent; mais avant d'arriver au pédoncule de l'œil, il se sépare de celui-ci, s'introduit dans les muscles de l'œil, ayant à son côté interne (Pl. I, *fig.* 1) les muscles *droit supérieur*, *droit interne* et *oblique supérieur*, et à son côté extérieur, les autres muscles et les pédoncules cartilagineux de l'œil même. Au niveau du bord antérieur du *muscle oblique supérieur*, ce nerf sort d'entre les muscles de l'œil, s'approche de nouveau du nerf précédent pour pénétrer avec lui dans la même masse des *follicules muqueux*. Ces deux nerfs, dans leur trajet, envoient quelques filaments nerveux aux téguments de l'œil. Le second groupe ou *oculaire externe* (B) prend origine en partie des *feuillets restiformes*, et en partie de la moelle allongée. A sa sortie du crâne, il se trouve au côté interne et un peu inférieurement au groupe précédent; il se dirige en avant du côté externe de celui-ci et au-dessous de l'œil, et parvenu à la base de l'*arc céphalique* de la nageoire, il se sépare en différents troncs; avant de parvenir dans ce point, il se divise en deux grosses branches, qui semblent correspondre, par leur distribution, au maxillaire supérieur des autres vertébrés. Le premier de ces nerfs (**F**) parvenu au-dessous de l'œil, en suivant le tronc principal, se tourne en bas et un peu en dehors; il suit alors les muscles des mâchoires auxquels il donne plusieurs filaments; ceux-ci se rendent principalement aux muscles de la mâchoire supérieure et à la peau du bord antérieur de la mâchoire inférieure. Enfin la plus grande partie de ce nerf va se ramifier dans le muscle qui borde l'angle extérieur de la bouche (*fig.* 10, **F′**), et ensuite se tournant en arrière et puis en avant, il se termine enfin sur la partie moyenne postérieure de la même mâchoire. Le second de ces nerfs (*fig.* 1, **X**) se détache du nerf principal, ou second groupe, à son passage au-dessous de l'œil, et ne tarde pas à se diviser en deux faisceaux nerveux.

Le faisceau antérieur (*fig.* 10, *a*) se sépare en plusieurs filets, qui se repliant en bas et en avant vont dans la partie de l'appareil *folliculaire nerveux*, que nous décrirons plus tard, et qui est situé à côté des narines et de la face inférieure de l'extrémité du museau. Le faisceau postérieur (Pl. 2, *y*), après avoir envoyé en arrière un filament nerveux dont nous parlerons ailleurs, se tourne en dedans entre la mâchoire inférieure et les cartilages nasaux sur la face postérieure à laquelle il est contigu; s'approche du faisceau du côté opposé. Alors ces deux nerfs réunis se dirigent en avant horizontalement, et pénètrent, presque parallèlement, à travers l'intervalle qui sépare les deux cellules cartilagineuses des narines, et dans ce point ils se trouvent au-dessus de la membrane fibreuse qui soutient les *follicules nerveux* que nous avons découverts dans l'extrémité du museau ; ils se séparent ensuite en filaments très-minces dont plusieurs se perdent dans du tissu cellulaire rempli de mucus, tandis que les autres, passant à travers la membrane fibreuse, vont former les follicules ganglionnaires. Le petit filament que nous avons déjà indiqué (*fig.* 10, *a*) se replie d'abord à l'intérieur, marchant sur la face externe du cartilage nasal, et revenant ensuite en arrière, se dirige sur les muscles de la mâchoire inférieure, puis se recourbant de nouveau en dehors, vient se perdre dans l'angle de la bouche. La partie principale de ce second groupe oculaire externe se sépare en différentes ramifications : 1°. un gros faisceau nerveux (*fig.* 1, *z*) tourne autour de l'apophyse cartilagineuse qui est placée au-devant de l'œil, s'enfonce un peu et alors se sépare de nouveau en deux branches; l'interne se dirige vers les follicules muqueux, supérieurs, tandis que l'autre se porte aux mêmes follicules qui se trouvent en avant du museau ; 2°. un second faisceau nerveux (*fig.* 1, *e*) un peu plus petit que le précédent, se sépare un peu plus en avant du nerf principal, et ne tarde pas à pénétrer dans un trou de l'arc céphalique de la nageoire. Il vient aboutir à la face inférieure de cet arc et plus exactement entre la face inférieure sillonnée de cet arc et la membrane fibreuse qui est tendue sur les bords de ce sillon. C'est ici que ce faisceau se sépare en plusieurs ramifications, qui, traversant la membrane, vont former sur sa face inférieure les *follicules nerveux* de la première série (*fig.* 10, *4*), ou ceux de la série antérieure de la nageoire, qui sont limités au seul arc céphalique de la même nageoire. 3°. Le troisième faisceau, qui n'est que la continuation du groupe nerveux principal (*fig.* 1, *m*), est situé au-dessus du second faisceau (V) et à l'extérieur du premier (Z); il suit de ce point la courbe de la nageoire, et pénétrant parmi les *tubes mucifères* qui partent des *follicules mucifères*, et qui suivent cette arcade, donne plusieurs ramifications; celles-ci suivent en partie ces tubes le long de l'arc de la nageoire; tandis que le reste traverse la direction des mêmes tubes, et se porte à la peau du bord antérieur de la même nageoire.

Jusqu'ici nous avons décrit les deux groupes (C, B) qui, étant réunis, forment le premier des deux troncs dans lesquels la cinquième paire se sépare à sa sortie du crâne. Le second tronc que nous allons décrire est peut-être plus important tant à raison de la grande différence des parties dans lesquelles il se distribue, qu'à cause de son volume. Il sort, comme nous l'avons déjà dit, par un grand trou qui se trouve entre la paroi solide de l'organe de l'ouïe et le bord postérieur d'une cloison cartilagineuse. Sur la limite même de ce tronc paraît en avant un petit nerf (Pl. III, *fig.* 1, *i*) qui, traversant la partie postérieure de la cloison cartilagineuse, se porte sur l'évent et se distribue à sa membrane muqueuse et cutanée. Le tronc principal qui sort par la grande ouverture déjà indiquée, se sépare presque aussitôt en deux gros faisceaux, dont l'un postérieur est très-gros, (L) l'autre antérieur (A) un peu moins volumineux. Le faisceau postérieur (L) se porte d'abord transversalement, puis en arrière, et reprenant ensuite son cours transversal, tourne derrière la protubérance cartilagineuse qui soutient les deux mâchoires, et alors, se retournant de nouveau en avant, pénètre dans *l'organe électrique* et le parcourt presque parallèlement à l'axe du corps (Pl. I, II). C'est le premier nerf électrique comptant de devant en arrière. Le faisceau antérieur (A) tournant derrière l'évent, se dirige en avant parallèlement au côté externe du gros faisceau nerveux (B), que nous avons décrit sous le nom de *groupe oculaire externe*. Parvenu vers la base de l'arc céphalique de la nageoire, il se partage en quatre ramifications nerveuses dont le volume augmente de l'interne à l'externe. 1°. La première (Pl. III. *fig.* 1, *h*), ou la plus interne des trois autres est très-mince ; elle se dirige en avant et un peu en dedans et va s'anastomoser avec le second faisceau nerveux (V) du groupe oculaire externe précédent avant que ce faisceau nerveux ait pénétré dans la base de l'arc céphalique de la nageoire, comme nous l'avons ci-dessus indiqué ; 2°. une autre branche de cette même ramification (B) se porte directement à la face interne de l'arc céphalique et pénètre au delà en traversant un trou; 3°. la seconde ramification nerveuse (*d*), quoiqu'elle soit un peu plus grosse que la première, est pourtant beaucoup plus mince que les deux autres dont il nous reste à parler. Elle se porte directement en avant, parallèlement à l'axe du corps, et traverse aussi par un trou particulier l'arc céphalique de la nageoire un peu en dehors du faisceau mentionné (V) du groupe oculaire externe déjà décrit. Ce rameau, après avoir traversé l'arc céphalique, se trouve au-dessus de la membrane fibreuse qui soutient les *organes folliculaires nerveux* de la première série, à la formation desquels elle contribue de concert avec le faisceau nerveux (V) du groupe oculaire externe ; 4°. la troisième ramification nerveuse (*k*), bien plus grosse que les deux précédentes, se dirige presque aussitôt à l'extérieur, et suivant le bord interne ou concave de l'axe céphalique et de l'arc brachial de la nageoire, distribue dans tout son trajet un filet nerveux à chacun de tous les *organes folliculaires nerveux* de la seconde série (5, *fig.* 10) ou pour mieux dire, elle sert avec ses filets à la formation de ces follicules, de sorte que cette ramification s'anéantit au terme de la seconde série des organes folliculaires mêmes.

5°. Enfin la quatrième ramification nerveuse (Pl. III, *fig.* 1 et 10, *r*), la plus volumineuse et la plus externe des trois précédentes, se dirige, ainsi que la troisième, à l'intérieur, en suivant le bord concave de la nageoire et arrive enfin au groupe des *follicules muqueux* (*fig.* 10, 6) situés vers la moitié du bord concave de la nageoire même, dans lesquels elle se perd en grande partie : quelques autres petites divisions accompagnent les tubes muqueux qui naissent de ce groupe de follicules.

Avant de terminer l'étude de ce second tronc de la cinquième paire, il convient d'indiquer quelques autres nerfs qui, quoique assez petits, peuvent avoir un grand intérêt pour la détermination du groupe nerveux auquel ils appartiennent. Ces nerfs, très-petits, sont au nombre de deux et sortent de l'angle que forment en se séparant les deux gros faisceaux nerveux (L, A), que nous avons décrits plus haut. L'antérieur (G) de ces deux petits nerfs est le plus mince et le plus délicat : on peut dire qu'il appartient en commun aux deux gros faisceaux nerveux (Pl. III, *fig.* 1, L, A), puisqu'il part de leur bifurcation. Dirigé transversalement en dehors, il pénètre derrière la mâchoire inférieure ou postérieure, puis, se portant en dehors et en avant, se place sous la membrane muqueuse de la paroi inférieure de la bouche, à laquelle membrane il se distribue, à peu près de la même manière que le rameau lingual de la cinquième paire chez les vertébrés supérieurs ; enfin il se termine derrière l'angle de la mâchoire inférieure.

L'autre nerf postérieur (H), plus volumineux que le précédent, se sépare du gros faisceau nerveux (L) ou nerf électrique de la cinquième paire, et, en se dirigeant en dehors, se divise derrière les mâchoires en plusieurs filets nerveux, qui se rendent aux muscles environnants et à ceux de l'appareil hyoïdien.

La sixième paire des nerfs cérébraux (Pl. II, *fig*. 6), à peine sortie de la partie antérieure de la moelle allongée, se dirige en avant et un peu en dehors, et sort du crâne par la même ouverture par laquelle passe le premier tronc de la cinquième paire, mais en perçant la dure-mère un peu au-dessous. Il se dirige en avant sur le fond de la gouttière sur laquelle passe le premier tronc de la cinquième paire, et ensuite, arrivant au pédoncule musculaire de l'œil, il plonge dans le *muscle droit externe*.

La septième paire, ou l'*acoustique* (Pl. III, *fig*. 1, 7), étant très-rapprochée de la cinquième paire de laquelle elle semble faire partie, pénètre dans l'organe de l'ouïe avec le second tronc de la cinquième paire.

La huitième paire (*nerf vague*), lorsqu'elle est sortie du crâne, se partage en six troncs principaux. Les quatre premiers (Pl. III, *fig*. 1, U, T, S, R,) passent entre les cinq cavités branchiales, en donnant aux muscles intrinsèques et à la membrane muqueuse des branchies les nerfs nécessaires à la respiration, tandis que la plus grande portion de ces nerfs passe outre, pour atteindre l'organe électrique et pour s'y ramifier. Le cinquième tronc (P), plus postérieur et plus interne, est celui qui se distribue à l'estomac, tandis que le sixième (**Q**) est le nerf appelé *latéral* ou *récurrent*, dont nous parlerons plus tard.

Avant d'aller plus loin, il faut noter que cet assemblage de nerfs sort du crâne par deux grands trous bien distincts, quoique très-rapprochés. Le premier tronc (**U**) passe seul par le trou le plus antérieur, tandis que les cinq autres pris ensemble passent par le plus postérieur.

La huitième paire présente sur la face supérieure six renflements ganglionnaires de forme à peu près ovale et allongée, tous bien distincts entre eux, et occupant le trajet des ramifications nerveuses, déjà séparées des troncs principaux. Quatre de ces ganglions occupent le trajet de quelques rameaux qui se distribuent à la membrane muqueuse branchiale, en suivant le cours de l'axe branchial. Quoique plus ou moins rapprochés des nerfs électriques, ces rameaux, à cause des ganglions particuliers qui les distinguent et à cause de la facilité avec laquelle on les sépare des nerfs électriques sans aucun déchirement, constituent manifestement un système distinct et représentent le nerf vague proprement dit, en union pourtant avec le cinquième tronc (**P**), qui est aussi pourvu d'un renflement ganglionnaire et qui va se ramifier à l'œsophage et à l'estomac.

Les nerfs électriques de cette huitième paire, qui sont privés, comme ceux de la cinquième, de tout appareil ganglionnaire (ce qui est prouvé par les observations microscopiques les plus scrupuleuses), ne seraient, conformément aux principes de Cuvier, que de nouveaux nerfs ajoutés pour une nouvelle fonction.

Quoique d'autres ramifications, plus ou moins adossées aux nerfs électriques, se distribuent encore aux branchies, néanmoins il faut noter qu'elles sont privées de renflement ganglionnaire, et qu'elles vont se distribuer particulièrement aux muscles intrinsèques des branchies mêmes. L'autre ganglion, qui fait partie des six que nous avons déjà cités, appartient au *nerf latéral* (Q), et se trouve dans le point où ce nerf sort du crâne, comme nous le verrons en traitant spécialement de ce nerf. Examinons, en attendant, les particularités de ces six troncs nerveux.

1°. Le premier tronc (U), presque à sa sortie du crâne, présente un rameau distingué par un renflement ganglionnaire. Ce rameau est situé, avec son ganglion, au bord antérieur du tronc principal, avec lequel il se rend aux branchies. Lorsque ce tronc et le rameau précédent sont arrivés au côté interne des branchies mêmes, celui-ci se porte à l'angle interne de la première cavité branchiale, où il se partage en deux rameaux secondaires : l'un, plus antérieur, pénètre derrière le cartilage de la paroi antérieure de la première cavité branchiale, pour suivre son arc branchial, en se ramifiant sur la membrane muqueuse des branchies; l'autre passe derrière la paroi postérieure de la seconde cavité branchiale, pour se distribuer aux muscles intrinsèques de cette branchie.

Le tronc principal (U), avant de pénétrer entre les branchies, donne naissance par son côté postérieur à une autre ramification, laquelle se distribue aux muscles intrinsèques de la paroi antérieure de la seconde cavité branchiale. Le même tronc détache du côté inférieur un troisième rameau qui se dirige en bas et se rend aux muscles cités de la région inférieure des branchies.

Enfin, le tronc principal traverse l'espace que les deux parois contiguës de la première et de la seconde cavité branchiale laissent entre elles, pour pénétrer et se perdre dans l'organe électrique.

2°. Le deuxième tronc (T) donne un nerf pourvu d'un renflement ganglionnaire dans le point où il se sépare du tronc. Ce nerf se divise également au côté interne des branchies en deux rameaux secondaires, dont l'antérieur, suivant le deuxième arc branchial, se distribue à la membrane muqueuse de la deuxième cavité branchiale, tandis que l'autre rameau se porte aux muscles intrinsèques de la paroi postérieure de la même cavité. Le tronc principal envoie, du côté inférieur aux muscles intrinsèques de la région inférieure des branchies et du côté postérieur, un autre nerf qui se distribue aux muscles de la cavité antérieure de la troisième cavité branchiale. Quant au tronc principal, pénétrant entre les parois contiguës de la deuxième et de la troisième cavité branchiale, il continue son cours dans l'organe électrique comme le précédent, derrière lequel il se trouve.

3°. Il faut en dire autant du troisième tronc (S), qui donne ordinairement trois rameaux des trois côtés antérieur, postérieur et inférieur. Le premier est comme les deux précédents pourvu d'un ganglion de la même dimension. Ces trois rameaux se distribuent respectivement, et comme les précédents, aux parties analogues de la troisième et de la quatrième cavité branchiale. La partie du tronc qui est la plus grosse, pénétrant entre la troisième et la quatrième cavité branchiale, se porte à l'organe électrique.

4°. Le quatrième tronc (R), qui est bien plus petit que les trois précédents, peut être considéré comme composé de deux moitiés du même volume. L'antérieure est pourvue d'un renflement semblable à ceux que nous avons déjà indiqués, la postérieure en est tout à fait privée, et quoiqu'elles soient adossées ensemble vers le quatrième intervalle branchial, elles se maintiennent néanmoins distinctes pour se distribuer, l'antérieure aux branchies, la postérieure à l'organe électrique. La moitié antérieure se partage en deux rameaux principaux, dont l'un suit l'axe branchial, et l'autre la paroi postérieure de la quatrième cavité branchiale, pour se distribuer à ses muscles. La moitié postérieure distribue quelques filaments nerveux à la paroi antérieure de la cinquième cavité branchiale, et, en se trouvant alors en rapport avec l'angle postérieur interne de l'organe électrique, tourne derrière cet angle, et envoie la plupart de ses filets nerveux à l'organe lui-même.

5°. Le cinquième tronc (P), qui va presque entièrement à l'estomac, présente un renflement ganglionnaire très-gros dans le point où il sépare les autres nerfs, et, parvenu au niveau de la dernière cavité branchiale, y donne des filaments nerveux très-minces, dont l'un suit le cinquième arc branchial.

6°. Le sixième et dernier tronc (Pl. I, R, R; Pl. III, Q), pourvu aussi d'un renflement ganglionnaire, constitue le *nerf récurrent* ou *latéral*.

Ce nerf à son issue du crâne se trouve au-dessus du premier tronc de la huitième paire que nous avons décrit, et, passant au-dessus des troncs suivants, se dirige en arrière et parcourt le dos et la queue dans toute leur longueur, à peu près jusqu'à la nageoire caudale. Dans ce trajet, ce nerf se trouve au-dessus des nerfs spinaux dans la région dorsale et à l'extérieur de ces nerfs dans la queue. Il est plongé dans une masse musculaire qui se distingue par une couleur rouge foncée semblable à celle des *muscles splé-niques* du cou dans l'homme. Ce nerf donne des filaments nerveux très-minces à la masse musculaire qu'il parcourt, et les plus considérables d'entre ceux-ci se dirigent à l'extérieur en parcourant obliquement en arrière chaque section musculaire formée par les couches aponévrotiques transversales. Il paraît que ce nerf ne s'anastomose pas avec les nerfs spinaux, dont il croise la direction. Vers l'extrémité de la queue, le nerf latéral se sépare en plusieurs fila-ments qui se perdent dans les gaînes cellulaires des tendons qui donnent le mouvement à la nageoire cau-dale.

D'après tout ce que nous avons dit on peut con-clure : que la cinquième et la huitième paire dans la torpille, contiennent non-seulement les rameaux nerveux ordinaires, mais encore d'autres rameaux particulièrement destinés à l'organe électrique ; que ces nerfs ne prennent aucune part aux renflements ganglionnaires propres en général aux autres portions de ces mêmes nerfs. N'oublions pas que le quatrième lobe ou lobe électrique peut, par sa structure intime, être regardé comme une espèce particulière de ganglion, dans lequel les fibres élémentaires nerveuses se replient en anses, et se mettent en rapport avec des globules ou *corpuscules ganglionnaires*, et se continuent peut-être jusqu'à la moelle allongée. De cette manière les nerfs électriques, au lieu d'avoir leurs parties ganglionnaires relatives en dehors de la masse encéphalique, les auraient réunies à la masse cérébrale même, et situées précisément au-dessus du sinus rhomboïdal. Il faut remarquer encore que les nerfs de la huitième paire, qui n'ont pas de ganglions, et qui vont aux branchies, se distribuent presque entièrement aux muscles propres de ces branchies mêmes, tandis que les ramifications de la huitième paire qui ont dans leur trajet des renflements ganglionnaires, se portent presque exclusivement à la membrane muqueuse branchiale, et paraissent être, par conséquent, entièrement destinées à la respiration.

CHAPITRE VII.

DES NERFS DANS L'ORGANE ÉLECTRIQUE.

Nous avons vu dans le Chapitre précédent que les nerfs qui vont à l'organe électrique sont : 1°. Un gros tronc de la cinquième paire ; 2°. trois des plus grands troncs de la huitième ; 3°. une petite ramification de la huitième paire.

Jacopi avait déjà observé les très-gros troncs de la huitième paire. Carus, le premier, a trouvé la ramification de la cinquième paire, et nous avons vu la ramification du quatrième groupe.

Nous avons déjà démontré que tous ces nerfs prennent leur origine par des fibres élémentaires à double contour répandues dans les lobes électriques, lesquelles, réunies dans un nombre correspondant de faisceaux à la partie inférieure de ces lobes, traversent les pyramides latérales en sortant de la moelle allongée. Ces fibres m'ont paru au microscope parcourir, sans subir aucune altération, chacun des faisceaux, et se diviser en plusieurs faisceaux toujours plus minces pour se distribuer enfin dans les différents prismes de l'organe. Il n'y a pas de ganglions sur ces nerfs, et ce fait très-intéressant n'est pas seulement démontré par leur homogénéité et par leur apparence nacrée, mais je m'en suis assuré directement par l'observation microscopique. Le défaut de ganglion dans les nerfs électriques est donc leur caractère constant, et en effet toutes les ramifications de la cinquième paire qui vont aux follicules muqueux, comme celles de la huitième paire qui sont destinées aux branchies et à l'estomac, et à former le nerf latéral, ont toutes des ganglions.

Ces deux premières séries des nerfs de l'organe, après avoir traversé l'enveloppe cartilagineuse cérébrale, et après avoir passé entre les cavités branchiales, pénètrent entre le prisme de l'organe électrique, se resserrant dans le sens horizontal, et s'étendant dans le sens vertical, sous la forme d'un ruban, de manière à ne pas trop se dilater et à laisser la place au prisme de l'organe. Le faisceau secondaire qui se dirige à droite et à gauche de l'organe, a la même forme, et se distribue également en partie en haut et en partie en bas (Pl. I, *fig.* 2), de manière à distribuer ses fibres sur tous les diaphragmes dont les prismes sont composés. Le seul nerf que nous avons vu se détacher du dernier groupe de la huitième paire, n'entre pas immédiatement dans l'organe; avant d'y pénétrer, il le côtoie par un espace assez long.

Nous avons déjà vu comment les nerfs destinés à l'organe électrique, en pénétrant entre les prismes, parviennent jusqu'à chacun de ceux auxquels ils appartiennent. Il m'a été impossible jusqu'ici de découvrir comment les filaments nerveux passent sur chacun des diaphragmes dont les prismes sont composés, mais j'ai vu très-nettement qu'il n'y a pas un seul faisceau nerveux qui pénètre le prisme, et que ce sont seulement les fibres élémentaires de ces nerfs qui s'y distribuent; et j'ai très-bien observé comment ces fibres se comportent. Cette observation est délicate et difficile; aussi je crois devoir décrire la méthode que j'ai suivie pour parvenir à la faire.

Ces fibres élémentaires, s'appuyant sur chaque diaphragme du prisme, il faut avoir sur le porte-objet du microscope un de ces diaphragmes bien isolé. Il m'a été presque impossible d'y parvenir, à cause de leur trop peu d'épaisseur et de la substance muqueuse qui les enveloppe : lorsqu'on coupe horizontalement une portion de l'organe, la section du prisme n'est jamais plane, mais toujours courbe et gonflée. Il faut donc se contenter d'observer des parties d'un diaphragme en prenant une lame très-mince de ces prismes qui contiennent le moins possible de ces diaphragmes. Je coupe pour cela une tranche très-mince et horizontale de l'organe, en suivant un plan parallèle à sa surface ventrale ou dorsale. On obtient ainsi une section de chaque prisme qui apparaît comme une espèce d'hémisphère, ce qui est dû à la pression supportée par l'intérieur du prisme; je coupe alors avec une paire de petits ciseaux à lame courbe, un de ces hémisphères, et je le plonge dans de l'eau, où je le laisse pendant quinze à vingt minutes. Il se gonfle dans ce liquide, et alors je le prends par le bord avec des pinces, et je l'agite fortement. De cette manière, les morceaux du diaphragme qui ont été coupés se séparent les uns des autres, et il arrive toujours que quelqu'un se détache, ou en totalité ou en grande partie. C'est ce morceau détaché que je cherche à porter sur les verres du compresseur

avec la pointe d'une aiguille, en prenant le soin de
ne pas l'amincir, de ne pas le doubler ou le plier.
En employant un grossissement très-fort, en réglant
convenablement la lumière, et en comprimant légèrement le compresseur, on peut très-bien voir la
distribution des fibres élémentaires nerveuses sur les
diaphragmes.

Ces fibres forment des mailles ordinairement octo-
gones, dont les côtés sont, pour chacun, composés
d'une seule fibre élémentaire nerveuse, laquelle, en
se bifurquant, produit les côtés des mailles voisines
(Pl. 1, *fig.* 3, *f*, *f.*).

C'est dans l'hiver de 1840 que j'ai découvert ce
fait ; je l'ai communiqué au congrès de Florence
au mois d'octobre de la même année et il a été
publié dans les actes du congrès. J'ai eu occasion
par la suite de répéter cette même observation que
j'ai toujours trouvée exacte ; de sorte que je n'ai plus
aucun doute sur les mailles nerveuses dont j'ai parlé,
et sur la dichotomie des fibres élémentaires nerveuses, à l'aide de laquelle les mailles sont formées
par la ramification successive et par une espèce de
soudure d'une seule fibre élémentaire. Les côtés de
ces mailles ne sont pas tous égaux entr'eux, pas plus
que les mailles elles-mêmes. La fibre élémentaire de
ces mailles offre tout à fait la même structure et le
même diamètre que la fibre qui forme les nerfs qui
vont à l'organe électrique, et qui se ramifient entre les
prismes. Il est même très-facile de s'assurer que ces
fibres ne sont qu'une continuation de celles des

mêmes nerfs, en observant au microscope une tranche transverse très-mince d'un prisme, à laquelle soit
uni un filet nerveux. On parvient alors très-souvent
à suivre les fibres de ces nerfs sur les diaphragmes,
et on les voit alors se répandre isolément, se di-
visant ou se dichotomisant toujours pour former les
mailles. Si on comprime la pièce qu'on observe, on
voit le nerf se décomposer en envoyant successivement les fibres élémentaires dont il est formé sur tous
les diaphragmes le long desquels il marche. Ces fibres
élémentaires se détachent ordinairement à angle
droit du faisceau, pour pénétrer dans le diaphragme
auquel elles sont destinées et sur lequel elles s'étendent en mailles. Il est possible, par un faible grossissement, d'apercevoir ces mailles, mais il faut toujours
que le pouvoir amplifiant soit fort pour que l'on puisse
s'assurer qu'elles proviennent des fibres élémentaires
à double contour, qu'elles ne se divisent jamais et
qu'elles ne font que se ramifier en se bifurquant.

Cette observation est, comme nous l'avons déjà
dit, toujours très-difficile, et il n'est pas rare d'avoir
sur le porte-objet dans le même temps, deux ou trois
diaphragmes qui se superposent, ce qui pourrait tromper l'observateur, et lui faire croire que la division de
la fibre élémentaire en deux troncs, est due à un
dédoublement d'une fibre; mais cette apparence ne
serait que l'effet de la superposition des mailles des
deux diaphragmes; ce dont il est très-facile de s'assurer en changeant légèrement la place de l'objet ou en
le comprimant plus ou moins. On est aussi quelque-

fois induit en erreur, en voyant que fréquemment
ce n'est pas exactement à l'angle de la maille que
les deux fibres élémentaires se réunissent en une
seule; quelquefois elles marchent séparées et ne sont
que simplement rapprochées : mais avec de forts
grossissements, on ne tarde pas à voir que ces deux
fibres se réunissent en une.

Il est donc prouvé que les fibres élémentaires à
double contour sont disposées sur le diaphragme des
prismes de l'organe, de manière à former avec leur
bifurcation des mailles généralement hexagones. Ces
mailles, comme nous l'avons déjà dit, ne sont presque jamais toutes égales entre elles : de même, leurs
côtés ne sont pas tous égaux : j'avais cru d'abord
que cette inégalité provenait de la manière de faire
l'observation, mais je me suis assuré du contraire,
en observant un diaphragme qui n'était pas comprimé et qui nageait dans une goutte d'eau : toutefois
c'est à la compression qu'on doit attribuer les flexuo-
sités des fibres élémentaires; car on ne les voit pas
ainsi lorsqu'on regarde un diaphragme qui nage
dans de l'eau.

Quant aux rapports qui existent entre les mailles
des diaphragmes les plus voisins, je crois, comme
je l'ai déjà annoncé au congrès de Florence, que la
disposition de ces mailles est identique, de manière
à produire la coïncidence des côtés et des angles de
celles qui se trouvent placées soit en dessous soit au-
dessus l'une de l'autre (Pl. 1, *fig.* 3).

Il n'est pas toujours facile, et quelquefois même

il est impossible de faire cette observation surtout avec de forts grossissements, parce qu'il n'arrive que très-difficilement que plusieurs diaphragmes se trouvent placés dans la situation naturelle. Ce n'est qu'en renouvelant plusieurs fois les observations qu'on peut réussir, et il faut que la tranche de l'organe qu'on examine ne contienne jamais plus de trois ou quatre diaphragmes. Lorsqu'on a plusieurs fois répété l'observation microscopique de l'organe électrique et qu'on est parvenu ainsi à se faire une idée nette de sa structure, et à bien distinguer les fibres élémentaires nerveuses, même avec de faibles grossissements, on peut voir très-aisément la superposition des mailles des différents diaphragmes. Il faut pour cela prendre une tranche horizontale d'un des prismes auquel on ait précédemment, à coups de ciseaux, ôté presque toute la surface du prisme, excepté sur une face à laquelle restent attachés les différents diaphragmes du prisme. On plonge dans l'eau la pièce ainsi préparée ; ce liquide pénètre entre les diaphragmes et les dilate, et on réussit alors, même avec de faibles grossissements, à voir les mailles et leur correspondance entre les différents diaphragmes ; il est inutile de dire qu'il faut opérer sur l'organe d'une torpille très-fraîche, et qu'il est bon aussi d'agiter légèrement les morceaux du prisme qu'on a tenus dans l'eau, avant de les observer.

En parlant des mailles des fibres élémentaires nous les avons décrites comme si elles faisaient partie de la substance même du diaphragme. En effet,

je me suis assuré par l'observation, qu'il n'y a
qu'un seul de ces réseaux sur chaque diaphragme,
lequel se voit comme dessiné sur lui, et non pas en
saillie sur l'une ou sur l'autre de ses faces. Cette observation m'a fait concevoir l'idée que chaque diaphragme se composait de deux membranes très-
minces, adossées l'une à l'autre, et entre lesquelles
se trouverait le réseau nerveux. J'avais déjà émis, dans
un autre mémoire, l'idée que chaque prisme de l'organe était formé d'un grand nombre de cellules
membraneuses superposées l'une à l'autre, comprimées entre elles, presque soudées et renfermant entre
les faces qui se touchent les vaisseaux sanguins et les
fibres élémentaires nerveuses. Il est impossible de
démontrer directement la réalité de cette supposition,
mais ce qu'il est possible de prouver par l'observation, c'est comme, je l'ai déjà dit, que le réseau
nerveux n'est pas contenu entre un diaphragme et
l'autre, mais que réellement il fait partie du diaphragme même.

Après avoir décrit la distribution des fibres élémentaires dans le diaphragme, ou comme ces fibres
leur sont données par les nerfs, qui montent entre
les prismes, il aurait été important, en suivant
les idées des anatomistes modernes sur la terminaison de ces fibres, il aurait été important, dis-je,
d'étudier comment les fibres élémentaires centri-
fuges deviennent centripètes ou *vice versâ*. Les difficultés qui se sont présentées dans l'étude de ce
sujet ne me permettent de publier que des résultats

qui ne sont pas, pour moi, suffisamment prouvés par
l'observation; et, comme dans ce mémoire, je n'ai
d'autre but que d'exposer tout simplement des faits
bien constatés, je ne m'arrêterai que très-légèrement
sur ce point sur lequel je ne puis guère présenter que
des suppositions. Je me borne donc à faire observer
1°. que la structure des réseaux des fibres élémentaires
que j'ai trouvées dans le diaphragme de l'organe électrique, ne peut être conçue relativement à sa conti-
guïté avec les fibres élémentaires des troncs nerveux,
que dans une des manières suivantes : ou la structure de ce réseau est due à deux fibres seulement,
l'une centripète et l'autre centrifuge; ou bien elle
est due à plusieurs fibres; 2°. on pourrait concevoir
la première de ces hypothèses en admettant que la
fibre qui, de centrifuge devient centripète pour
chaque diaphragme, en parcourt le périmètre, et distribue dans l'intérieur de ce périmètre, ou sur la surface du diaphragme, des ramifications qui composent
le réseau; 3°. dans la seconde hypothèse, il faudrait
admettre qu'il y a plusieurs fibres élémentaires qui
se jettent sur un même diaphragme, et s'anastomo-
sent entre elles, formant de cette manière l'espèce
de réseau dont il est ici question.

Mais je le répète, par l'observation, je n'ai jamais pu
bien connaître comment les fibres élémentaires, ou
les différentes ramifications nerveuses qui passent à
côté des diaphragmes, se comportent avec le réseau
de ces cloisons. Il faudrait pour cela pouvoir observer
un seul diaphragme qui fût encore attaché à la por-

tion correspondante de l'enveloppe aponévrotique de son prisme, afin qu'il fût toujours en relation avec les nerfs, qui se ramifient entre les prismes et qui se distribuent sur les diaphragmes voisins; mais je n'ai pu y réussir. J'ai vu souvent et très-aisément des filaments nerveux pénétrer dans le prisme par trois ou quatre points de son périmètre, ce qui s'accorderait avec la seconde hypothèse. Mais dans le doute que ces filaments appartiennent, non pas à un seul diaphragme, mais à plusieurs, je n'ose encore me décider. Je conclurai donc que, bien que la première supposition sur les rapports entre les mailles des fibres élémentaires nerveuses des diaphragmes et des fibres élémentaires des nerfs qui pénètrent entre les prismes, soit plus en harmonie avec les idées que nous avons maintenant sur la terminaison périphérique des nerfs, toutefois, il ne me paraît pas impossible que, dans un organe destiné à des fonctions spéciales, les nerfs se terminent d'une manière autre que dans tous les autres cas.

CHAPITRE VIII.

DES VAISSEAUX SANGUINS DES ORGANES ÉLECTRIQUES DE LA TORPILLE.

Lorsqu'on observe l'organe électrique sur une torpille vivante ou récemment tuée, on a de la peine à distinguer les vaisseaux sanguins, tant ils sont ténus, mais si on injecte l'animal avec de la gélatine ou avec du suif coloré au moyen du cinabre, on découvre très-aisément, à l'aide d'une loupe, un grand nombre de ramifications artérielles qui se distribuent sur chaque diaphragme, toujours en se bifurquant et en conservant sur toute l'étendue de ces cloisons à peu près le même diamètre.

J'ai pu compter sur un diaphragme de sept à huit de ces ramifications vasculaires ; mais ce diaphragme ayant très-peu d'épaisseur et étant presque en contact avec d'autres dans la tranche la plus mince de l'organe qu'on puisse couper, on voit toujours en même temps un très-grand nombre de vaisseaux capillaires qui se croisent dans toutes les directions : et, par ces mêmes raisons, il faut conclure que la quantité de ces vaisseaux capillaires qui appartient à l'ensemble de l'organe est immense.

La méthode que j'ai employée pour isoler les diaphragmes, afin de découvrir les fibres nerveuses, est celle à laquelle j'ai eu recours pour observer la disposition des vaisseaux injectés des diaphragmes.

Les ramifications artérielles qui donnent à l'organe ses vaisseaux capillaires, parviennent aux prismes électriques en suivant la même route que le nerf et en augmentant de diamètre à mesure que de nouveaux vaisseaux y aboutissent ; elles parviennent enfin jusqu'aux cavités branchiales, où leur disposition est très-remarquable.

CHAPITRE IX.

DES ORGANES MUCIFÈRES.

Quoique ces organes, découverts par Lorenzini et décrits par d'autres savants, n'aient aucune relation connue avec la fonction électrique de la torpille (car on les trouve dans toutes les raies et les squales), j'ai pensé qu'il serait de quelque intérêt de les étudier de nouveau, et d'en chercher l'usage. Ces organes sont réunis en quatre masses disposées symétriquement en deux pour chaque côté de la moitié antérieure de l'animal; deux de ces masses se trouvent dans le museau, au-devant des narines, et se distinguent en masse supérieure (Pl. III, *fig.* 11, *a c*) et en masse inférieure; les deux autres sont placées sur le tiers antérieur de l'arcade cartilagineuse de la nageoire en contact de l'organe électrique (Pl. I, *fig.* 1, *f*. Pl. III, *fig.* 10, 6). Ces organes consistent en groupes de vésicules globuleux (Pl. III, *fig.* 15, *f f*) qui se continuent en forme de tubes, parfaitement cylindriques (T. T), si ce n'est au point de départ où ces tubes paraissent étranglés. Ces mêmes tubes réunis en faisceaux parcourent un espace plus ou moins long au-dessous de la peau, et débouchent à la peau même, en plusieurs séries, les uns du côté dorsal, les autres du côté ventral. Toutes les ouvertures de ces tubes forment deux séries (Pl. I, *fig.* 1, et Pl. II, 10 et 10), qui marchent parallèlement entre la limite extérieure de l'organe électrique et le bord du corps de l'animal, et se trouvent l'une sur le dos, l'autre sur le ventre.

Nous avons déjà vu quel est le rapport des positions de ces organes et de leurs canaux avec la série interne des follicules ganglionnaires, et nous avons déjà vu quels sont les nerfs qui se distribuent dans les organes mucifères; nous n'avons plus qu'à en décrire la structure. Ces organes sont formés de globules ou sphères composées chacune d'une membrane qui se continue dans le long tube excréteur, et qui reçoit du côté opposé un filament nerveux considérable (Pl. III, *fig.* 15, *r*; et 16, *r*). La membrane qui forme la sphère et qui se continue dans le tube, se continue également sans interruption sur le nerf : l'observation microscopique m'a seulement prouvé que la membrane appartenant au nerf est plus mince que celle de l'ampoule et du tube. Cette membrane est parfaitement diaphane, et je n'ai pu y découvrir que quelques vaisseaux sanguins très-déliés se ramifiant à sa surface. Tous les tubes et leurs globules sont entièrement remplis d'une matière glaireuse qui a toute l'apparence de l'albumine et qui est assez dense, sans avoir aucune viscosité. Chaque globule contient dans son intérieur du côté opposé aux tubes, trois capsules ou vésicules bilobées (Pl. III, *fig.* 16, *c*) du côté du nerf autour duquel on voit converger ces vésicules. A l'aide du compresseur, on peut bien s'assurer de cette structure, car à mesure que la compression augmente on voit d'abord ces vésicules tendues, puis crever et enfin se vider. Ces vésicules intérieures n'adhèrent pas à la membrane interne de la sphère, mais elles n'y sont que simplement appuyées, et en effet on les voit changer de place avec la compression. Ces vésicules sont liées à la membrane du globule par de petits vaisseaux sanguins et par des ramifications nerveuses (Pl. III, *fig*. 16, *d*), qui viennent du nerf de l'ampoule. C'est avec la compression qu'on parvient à découvrir la disposition que nous avons décrite; lorsqu'on fait crever ces vésicules par ce moyen, on voit les fibres élémentaires nerveuses qui se ramifient et se répandent sur la face interne de chacune des vésicules. J'ajouterai que lorsque la compression est trop forte, on voit d'abord les fibres élémentaires se tendre et retenir en quelque sorte les vésicules (Pl. III, *fig*. 16, *d*); à la fin, ces fibres se déchirent et on voit sortir par le tube les fragments des capsules intérieures. L'humeur qui est contenue dans ces organes s'écoule continuellement sur la peau par l'orifice des tubes, et cela n'arrive pas seulement pendant la vie, mais encore quelque temps après la mort, si le cadavre est conservé dans un lieu humide. Quelle est la composition de cette humeur? quel en est l'usage? Ce sont des questions que je ne puis pas résoudre.

CHAPITRE X.

APPAREIL FOLLICULAIRE NERVEUX.

Nous ignorons si personne a jusqu'ici fait mention de ce singulier appareil. Nous en avons parlé pour la première fois, en 1840, au congrès de Florence; depuis, nous avons continué à nous occuper du même sujet. Nous avons cherché ce même appareil dans d'autres poissons, comme dans la torpille, mais nous n'avons rien trouvé; enfin nous ne savons pas jusqu'ici quelle en est la véritable nature, ni quel en est l'usage.

Cet appareil se trouve sur le bord autour de la partie antérieure de la bouche et des narines, et s'étend sur la périphérie de la partie antérieure des organes électriques et même sur la moitié antérieure de leur côté externe où il repose sur le cartilage de la nageoire, et sur les membranes aponévrotiques qui en couvrent la surface. Quelques parties de ce même appareil se trouvent du côté du dos, mais la plus grande partie est du côté du ventre. Il est formé par de grandes séries linéaires de follicules ou de cellules membraneuses fermées, à doubles parois (Pl. III, *fig.* 10, 4, 4 et 5, 5; *fig.* 12 et 13), remplies d'une humeur gélatineuse, et renfermant chacune une petite masse de substance granuleuse amorphe qui a beaucoup de l'aspect de la matière grise amorphe des hémisphères cérébraux. Un rameau nerveux donne des fibres à cette masse granuleuse, tandis que d'autres de ces fibres réunies en faisceaux sortent du follicule, pénètrent la masse grise du follicule contigu et se réunissent avec son nerf.

Les nerfs qui se distribuent dans cet appareil viennent exclusivement de la cinquième paire et plus particulièrement des branches qui naissent de la portion antérieure de la racine. Chaque follicule (Pl. III, *fig.* 12, 13) est d'une forme sphéroïdale légèrement comprimée du côté qui adhère au follicule voisin, et son diamètre est d'environ une ligne; j'ai trouvé que ces dimensions sont les mêmes dans des torpilles âgées et longues à peu près d'un pied, comme dans une petite torpille qui n'avait que dix pouces de longueur. Ces follicules ne sont jamais libres ou flottants dans l'humeur gélatineuse qui est si abondante dans ces poissons; au contraire ils sont toujours fixés solidement et on dirait que la nature a eu un soin particulier pour les placer sur des expansions aponévrotiques bien fixées, comme celle du museau ou bien sur des rubans tendineux (*fig* 12, 13, *c c*), qui n'ont d'autre usage et qui s'étendent le long de la nageoire. Lorsqu'on examine au microscope l'humeur gélatineuse qui enveloppe ces follicules, on voit un grand nombre de filaments fibreux (*fig.* 13, *h i*) fixés sur tous les points de ceux-ci, et qui se répandent dans l'humeur, comme pour leur donner plus de solidité.

Chaque follicule est formé de deux membranes, (*fig.* 14, *g. f*) qui adhèrent entre elles du côté où elles sont appuyées au tendon qui soutient cet organe, tandis que du côté opposé elles sont éloignées à peu près d'un tiers du diamètre vertical du follicule. Ces organes peuvent être très-bien aperçus par le plus léger grossissement, et il n'y a pour cela qu'à ôter précédemment la plus grande partie de la matière gélatineuse qui les enveloppe, et de les soumettre ensuite à une compression légère pour en découvrir les parties internes. Les follicules représentés dans la troisième planche, *fig.* 12, 13, 4, ont été dessinés dans le moment où ils étaient comprimés, et placés de manière à les voir en plan et en profil. Dans un follicule ainsi comprimé, parmi ceux qui appartiennent à la série latérale et interne (*fig.* 12, 13), s'il est vu de profil, on découvre d'abord la portion coupée (C, C) du ruban tendineux qui soutient le follicule; on voit ensuite la membrane externe (G, G) qui renferme l'autre (F, F), dans laquelle se trouve la masse arrondie (E), qui est la substance granuleuse amorphe grise, rougeâtre, et semble reposer sur les parois inférieures de la membrane interne. La membrane externe adhère avec son bord inférieur au tendon qui se trouve au-dessous, de manière qu'entre cette paroi externe du follicule, et l'interne, se trouve un vide dans lequel parcourt la ramification nerveuse (D), laquelle adhère à la face inférieure de la masse arrondie de matière granuleuse.

Dans les follicules de la série longitudinale de la nageoire dont nous parlons ici, la ramification nerveuse qui vient de la cinquième paire (*fig.* 12, 13, *a, a*), et qui est destinée à se distribuer (*b, b*) dans ces organes, passe préalablement par un trou en forme de boutonnière (*n, n*), qui est dans le tendon. Dans les follicules qui se trouvent sur les aponévroses du museau, le nerf y arrive du côté opposé de l'aponévrose, passe à travers celle-ci par un trou correspondant exactement, comme nous l'avons vu arriver pour le tendon. Après que le nerf a traversé le trou, il se replie au-dessous de la masse granuleuse, et va sortir de nouveau au-dessous des follicules et du côté opposé à celui de son entrée (*fig.* 12, *l*). Il faut noter que ce filet nerveux est bien plus mince lorsqu'il sort que lorsqu'il entre, réuni à un filament extrêmement mince (*l*). C'est ce petit filament qui, marchant sur le ruban tendineux, pénètre dans les follicules contigus, et se réunit avec son nerf dans le point où, après avoir traversé le trou du tendon, il se plie au-dessous de la masse granulaire amorphe (*k*).

En observant au microscope la masse arrondie et granuleuse mise à plat sur le compresseur, et, après lui avoir ôté les enveloppes du follicule et du tendon, on voit le nerf qui la parcourt dans sa plus grande longueur, la ramification anastomosée qui vient du follicule précédent (*fig.* 14) et le filament très-mince propre, qui se continue dans le follicule suivant. On voit encore que le nerf du follicule donne dans son trajet au-dessous de la masse granuleuse, un grand nombre de fibres élémentaires qui se répandent dans cette masse, et c'est pour cela que ce nerf devient si mince. Je ne suis jamais parvenu à voir nettement la terminaison de ces fibres, qui se répandent dans la masse granuleuse. Quelquefois j'ai cru voir que, se repliant en anse, ces fibres revenaient au nerf. Je suis dans la même incertitude relativement à la marche des fibres élémentaires du tronc anostomosé, qui vient du follicule précédent. Quelquefois j'ai vu ces fibres rebrousser chemin vers le trou du tendon et se réunir à celles du nerf qui le traverse, pour retourner vers le centre. Dans d'autres cas, j'ai vu ces fibres suivre leur direction primitive et se diriger vers le côté opposé de la masse de matière granuleuse avec les autres. Je crois donc que les fibres élémentaires du faisceau anostomosé ne suivent pas toutes la même direction et qu'il y en a qui se portent en avant dans la masse amorphe, et d'autres qui retournent en arrière, en passant par le trou du tendon.

J'avais annoncé d'abord au congrès de Florence que des filaments fibreux très-minces, qui partent du tendon et de la connexion du follicule avec ce tendon, étaient de nature nerveuse; mais mes observations postérieures faites avec bien plus de soin, m'ont prouvé que je m'étais trompé. Les fibres que j'avais annoncées comme étant nerveuses ne peuvent pas l'être : 1°. parce qu'elles ne sont pas de la même grosseur partout; elles sont plus volumineuses à la base qu'à leur sommité supérieure; 2°. parce qu'elles sont entièrement

remplies et non pas tubuleuses, comme les nerfs;
3°. parce qu'elles se ramifient avec irrégularité,
et 4°. enfin, parce qu'elles n'ont pas cette apparence
noire propre de la fibre nerveuse, mais qu'elles
sont au contraire jaunâtres. Je me suis confirmé
dans cette opinion lorsque j'ai connu les véritables
rapports entre les fibres nerveuses et les masses
amorphes dans lesquelles elles se répandent.

La structure des follicules qui appartiennent à la série
interne de la nageoire, et que nous avons décrite, est
tout à fait identique à celle des follicules qui se trouvent aux autres parties du corps de l'animal. La différence se réduit à la structure de leur base et à la
manière dont elles y sont attachées. Pourtant il
arrive quelquefois qu'au lieu d'une seule ramification, il y en a deux qui vont au même follicule
(*fig.* 13, D'), et, dans ce cas, le follicule contient deux
masses de matière granuleuse amorphe. J'ajouterai
encore que, quoique ces follicules se montrent tous
plongés dans une masse gélatineuse en apparence
homogène, ceux qui forment les séries des nageoires
semblent contenus dans une enveloppe commune
d'une couleur jaunâtre qui renferme tous les follicules
de la même série (*fig.* 13, *m*, *m*) : c'est du moins ce
qu'on voit toujours en observant des portions de ces
séries plus ou moins comprimées.

Il ne nous reste plus maintenant qu'à décrire
la forme, la position et la liaison de ces différentes
séries.

Tous les follicules qui forment l'appareil que nous avons appelé *folliculaire nerveux* composent un système continu et disposé en séries linéaires, paires et symétriques, qui se trouvent en grande partie sur la face inférieure ou ventrale du poisson. Il n'y en a qu'une très-petite portion sur la face dorsale ou supérieure. Ces deux séries inférieure et supérieure se rattachent l'une à l'autre en passant à travers des trous qui se trouvent de chaque côté du museau (Pl. II, 13, 14, 15; Pl. III, 10, 11) et que nous distinguerons en premier, en second et en troisième trou, en comptant du trou interne de chaque côté. 1°. La série antérieure de l'arc céphalique contient douze follicules de chaque côté (*fig.* 10, 4, 4), et se continue sur la face supérieure du museau avec quatre follicules, passant à travers le troisième trou externe qui est le plus grand (15); 2°. la seconde série placée le long du bord interne de la nageoire est composée de trente-neuf follicules de chaque côté (*fig.* 10, 5, 5); 3°. la série située à côté des narines arrive jusqu'au point où le ruban tendineux qui la soutient est inséré dans la base de l'arc céphalique (*fig.* 10). Cette série se compose de huit follicules de chaque côté; 4°. la quatrième série, placée tout entière sur un même plan, occupe un espace pentagonal et se trouve au dedans des narines; c'est vers celle-ci que convergent toutes les séries précédentes. On peut distinguer dans cette même série différentes séries secondaires parmi lesquelles nous signalerons les suivantes; A, une rangée située sur la ligne médiane de l'angle postérieur et de trois follicules; B, une rangée placée aux deux côtés opposés et formée de neuf follicules pour chaque côté; C, une rangée placée aux deux côtés externes et se composant de quatre follicules du côté droit, et de sept du côté gauche, les dernières desquelles sont les plus petites de toutes. Ces deux séries se continuent sur la face dorsale du museau avec trois follicules en passant à travers un second trou. D, un groupe situé sur l'arc de la surface pentagonale : on trouve dans celui-ci différents follicules qui sont plus ou moins régulièrement disposés en séries longitudinales, distinguées en deux portions, dont la droite est de seize follicules et la gauche de treize. Les séries irrégulières de cet espace se prolongent à travers le dernier trou du bord antérieur du museau, et sur sa face supérieure, ou elles s'étendent en deux séries parallèles qui vont de ce trou jusqu'aux angles antérieurs du crâne (*fig.* 11 , *d*). De ces deux séries celle située à droite est formée de douze follicules , et celle placée à gauche de neuf, les derniers desquels paraissaient les plus gros, au moins sur l'individu que nous avons décrit.

Il est très-probable que le nombre de ces follicules n'est pas le même dans tous les individus. Ce que nous avons dit est suffisant pour donner une idée exacte de la disposition de ces organes , et ne peut être vrai qu'approximativement quant à leur nombre. A propos de ce nombre, nous ajouterons que l'individu d'après lequel nous avons donné la description de l'appareil nerveux folliculaire, contenait en tout deux cent quatorze follicules, parmi lesquels cent soixante dix-neuf appartenaient à la face ventrale, et trente-cinq à la dorsale. Tous ces organes sont disposés symétriquement sur les deux moitiés du poisson : il n'y en a que trois qui occupent la ligne médiane à l'angle postérieur de la surface pentagonale inférieure du museau.

FIN.

CONSIDÉRATIONS GÉNÉRALES

SUR LA STRUCTURE ET LA COMPOSITION DE L'ORGANE ÉLECTRIQUE DE LA TORPILLE.

Le travail remarquable de mon collègue, M. Savi, est certainement de nature à fixer l'attention des naturalistes et à servir de base à des recherches de physique qui pourraient mettre sur la voie pour expliquer la fonction de l'organe des póissons électriques. Si l'on rapproche les conclusions auxquelles M. Savi est parvenu en étudiant la torpille, de celles beaucoup plus imparfaites auxquelles sont arrivés les anatomistes qui se sont occupés des autres poissons électriques et spécialement du gymnote, il me semble que l'on doit admettre qu'en général ce sont les mêmes nerfs qui se distribuent dans les organes électriques.

On trouve aussi la même structure dans ces organes, qui résultent de la réunion de prismes formés par des espaces cellulaires remplis d'une solution d'albumine et sur les parois desquels se répandent les vaisseaux sanguins et les ramifications nerveuses. La structure identique de toutes les cellules prouve évidemment, pour moi, qu'elles sont les organes élémentaires de l'appareil électrique. Et, en effet, j'ai démontré expérimentalement qu'une très-petite portion d'un prisme donne une décharge électrique correspondante lorsqu'on irrite son filament nerveux. Il est naturel que l'effet soit considérablement augmenté, quand tous les organes élémentaires qui forment les quatre cents prismes de l'appareil électrique d'une torpille, fonctionnent en même temps. Cependant je ne puis partager l'avis de ceux qui regardent cet appareil comme analogue à une spirale qui donne l'extra-courant. Nous avons déjà vu que les états électriques des nouvelles faces qu'on peut former en coupant horizontalement l'organe d'une torpille, devraient (en admettant cette hypothèse) être opposés, à ceux qu'on trouve par l'expérience. Et avant tout, il nous reste encore à découvrir par quels moyens la force nerveuse et l'électricité peuvent se transformer l'une dans l'autre, ou au moins comment l'une peut exciter l'autre à l'aide d'une organisation particulière. La terminaison en anse des ramifications nerveuses, dans le lobe électrique, et dans les organes élémentaires de l'appareil électrique, telle que M. Savi l'a découverte, est un fait de la plus haute importance et qui permet d'entrevoir une nouvelle analogie entre ces deux forces. La composition de l'organe est très-simple : Si l'on coupe un organe dans tous les sens et si on le met dans un entonnoir, on verra s'écouler un liquide qui n'est qu'une solution aqueuse d'albumine avec un peu de sel marin. Lorsqu'on analyse l'organe en masse, on trouve dans cette même solution les corps gras de ses nerfs.

Je n'ai plus qu'à ajouter une remarque qui me semble de quelque importance relativement au rapport qui existe entre la disposition des prismes de l'organe électrique et ses états électriques. Les prismes dans la Torpille sont dirigés normalement à la longueur de l'animal, c'est-à-dire du dos au ventre : dans le Gymnote, ces prismes sont dirigés parallèlement à la longueur de l'animal, c'est-à-dire de la queue à la tête ou *vice versâ*. Toujours est-il que, dans ces deux poissons, les états électriques opposés sont aux extrémités des prismes, c'est-à-dire le dos et le bas-ventre pour la Torpille, la queue et la tête pour le Gymnote.

C. M.

EXPLICATION DES PLANCHES

DE LA TORPILLE.

PLANCHE PREMIÈRE.

Anatomie de la *Torpille-Galvani*. Risso.

FIGURE 1.

Torpille-Galvani mâle, vue par la face supérieure, et préparée de manière à offrir le système cérébro-spinal.

R, R. *Nerf récurrent.*

D, C. Organes électriques.

D. L'organe électrique droit, auquel on a enlevé seulement une portion superficielle.

C. Organe électrique gauche, auquel on a enlevé toute la moitié supérieure, pour mettre à découvert les divers troncs nerveux qui s'y distribuent. Les rameaux des différents nerfs et leurs ramifications ne sont pas indiqués ici, étant représentés plus distinctement *fig.* 1 de la Planche III.

M. Narines.

O. Yeux.

N. Groupe des *Organes mucifères*.

F. Groupe latéral des mêmes organes.

11, 11. Canaux excréteurs des organes mucifères.

10, 10. Trous au moyen desquels lesdits canaux s'ouvrent à la surface de la peau.

12, 12. Trous excréteurs des deux gros canaux mucifères qui parcourent tout le corps de l'animal.

S, S. Ceinture.

G. Cartilage de la nageoire pectorale.

B. Petites cases branchiales.

E. Évents.

FIGURE 2.

Coupe transversale et verticale du tronc de la torpille, passant par l'origine des nerfs de la huitième paire.

E, E. Organes électriques formés par les colonnettes, ou prismes verticaux P, P, P.

8, 8. Nerfs de la huitième paire qui se rendent à l'organe électrique, en passant au milieu des petites cases branchiales.

N. Ramifications de la huitième paire qui vont se distribuer aux prismes de l'organe électrique.

L. Lobes électriques de la moelle allongée.

O. Organe de l'ouïe.

F, F. Cavité de la bouche.

C. Cartilage de la nageoire pectorale.

g. Muscle de l'extrémité marginale de la nageoire.

m. Section des tubes mucifères.
f. Organes folliculo-ganglionnaires.

FIGURE 3.

Deux des diaphragmes composant les prismes de l'organe électrique, pour montrer la distribution du réseau nerveux.

b b. Diaphragme supérieur.
f, f, f. Fibres élémentaires nerveuses, lesquelles se bifurquent, et forment les mailles nerveuses dont chaque diaphragme est rempli.
a, a. Diaphragme inférieur, dans lequel paraît le même réseau nerveux, disposé de la même manière.
v. Vaisseau sanguin du diaphragme.

PLANCHE II.

Torpille Narce, Risso, mâle, vue de la partie inférieure, ou du ventre, la cavité abdominale étant ouverte; une grande partie du tube digestif a été mise à découvert pour faire voir la distribution du pneumogastrique sur l'œsophage et sur l'estomac. La partie inférieure de la colonne vertébrale et de la moelle cérébrale étant enlevée, on distingue la moelle épinière, avec les racines de ses nerfs, et la face inférieure du cerveau tout entier.

G, P, 1. Glande pituitaire et ses diverses parties.
6. Nerfs de la sixième paire.
3. Nerfs de la troisième paire.
1, Rameau de la cinquième paire qui se distribue sur l'évent.
A B F X. Rameaux de la cinquième paire.
y. Rameau de la cinquième paire qui se distribue sur les organes folliculo-nerveux, placés à la partie inférieure du museau.
O, D. Organe électrique revêtu de la peau.
O, S. Organe électrique du côté opposé, coupé horizontalement pour montrer comment se distribuent dans son intérieur les nerfs de la cinquième et de la huitième paire.
11. Canaux mucifères qui s'ouvrent dans la peau du ventre.
10, 10, 10, 10. Ouvertures des canaux mucifères.
12. Canaux mucifères qui vont s'ouvrir sur le dos.
E. Évent.
N. Narines.
13, 13; 14, 14; 15, 15. Ouvertures par lesquelles passent les diverses séries des organes folliculo-nerveux.
A. Anus.
O, P. Ouvertures péritoniales.
E, S. Œsophage.
S *t.* Estomac.

PLANCHE III.

FIGURE 1.

Encéphale et nerfs encéphaliques.

I. *Cerveau*, ou première masse cérébrale.
II. Seconde masse cérébrale, ou *lobes optiques*.

III. *Cervelet*. La partie gauche est entière ; à droite on a enlevé la portion supérieure, pour en montrer la cavité qui communique avec le quatrième ventricule.

IV. Moelle allongée, et *lobes électriques*.

1. Nerfs de la *première paire*, ou *olfactifs*.

2. Nerfs de la *seconde paire*, ou *optiques*.

3. Nerfs de la *troisième paire*, ou oculo-moteurs communs.

4. Nerfs de la *quatrième paire*, ou nerfs *pathétiques*.

5. Nerfs de la *cinquième paire*, ou nerfs *trijumeaux*.

6. Nerfs de la *sixième paire*, ou *oculo-moteurs externes*.

7. Nerfs de la *septième paire* (ancienne nomenclature), ou nerfs *acoustiques* ; huitième paire de la nomenclature moderne.

8. Nerfs de la *huitième paire* (ancienne nomenclature), ou nerfs *pneumo-gastriques*, dixième paire de la nomenclature moderne.

G, P n. Glande pinéale.

g. Commissure transversale des pyramides postérieures.

A, B, C, D, E, F, G, I, E, N, X, Z, b, d, h, k, m, r, diverses ramifications de la *cinquième paire*.

P, Q, R, S, T, U. Ramifications du nerf pneumogastrique.

L. Rameau du nerf *trijumeau*, ou cinquième paire, qui va s'épanouir dans *l'organe électrique*.

U, T, S. Les trois grandes ramifications du pneumogastrique qui vont se distribuer dans *l'organe électrique*.

R. Rameau délié, dont une partie paraît se rendre dans *l'organe électrique*.

Q. Nerf *latéral et récurrent*, muni d'un ganglion à sa base.

P. Rameau qui se rend à l'œsophage et à l'estomac.

FIGURE 2.

Encéphale vu latéralement.

I. Cerveau.
II. Lobes optiques.
III. Cervelet.
IV. Lobes électriques et moelle allongée.

{ Les mêmes chiffres indiquent les mêmes parties dans les *fig*. 3, 4 et 5 qui suivent.

1. Nerf olfactif.
2. — optique.
3. — oculo-moteur commun.
4. — pathétique.
5. — trijumeau.
8. — pneumogastrique.
e. lobe latéral du cervelet, ou feuillets restiformes.

FIGURE 3.

Le même encéphale, aussi ouvert longitudinalement et verticalement, auquel on a enlevé les *lobes électriques*, pour montrer le sinus rhomboïdal, et la face interne de la *pyramide postérieure*, gauche, avec les ouvertures par lesquelles passent les racines des nerfs qui se rendent à l'organe électrique, en partant du lobe électrique.

f. Ouvertures par lesquelles passent les racines des rameaux de la huitième paire, qui se rendent à l'organe électrique.

g. Ouverture par laquelle passent les racines du rameau de la cinquième paire, qui se rend au même organe.

FIGURE 4.

Section longitudinale et verticale de l'encéphale pour montrer les divers ventricules, et la face intérieure du *lobe électrique gauche.*

a. Ouverture supérieure du troisième ventricule.
b. Cavité du lobe du milieu du *cervelet,* communiquant avec le quatrième ventricule.
d. Canal qui s'étend vers la glande pituitaire.

FIGURE 5.

Encéphale vu par la face inférieure, ouvert et écarté dans sa partie postérieure, pour montrer comment les lobes latéraux (*c*) se forment par un repli (*h*) de la lame qui forme le lobe du milieu.
g. Ouverture par laquelle le quatrième ventricule s'étend dans le lobe médian.

FIGURE 6.

Section verticale et transversale de l'encéphale.
M A. *Moelle allongée* de la *pyramide postérieure.*
L E. *Lobes électriques,* pour montrer comment le nerf de la huitième paire (8) tire ses fibres du lobe électrique (*J*), où on les voit comme irradiées.

FIGURE 7.

Lobe électrique droit détaché du *sinus rhomboïdal,* pour montrer les *racines des rameaux électriques de la huitième paire* (8), et les racines du rameau électrique de la cinquième paire (5), qui pénétrent dans sa substance et latéralement par la face inférieure de ce lobe, qui est celle qui se présente de face.
O, O. Face latérale interne du *lobe électrique.*
m, m. Fibres élémentaires nerveuses déchirées, lesquelles passent de la moelle allongée dans le lobe électrique.

FIGURE 8.

Petit fragment du lobe électrique, observé au microscope d'Amici, grossissant six cents fois en diamètre. Au milieu de la substance amorphe, d'un gris jaune on découvre un nombre infini de globules (*g*) munis d'un noyau (*n*), avec point central, et de nombreuses *fibres élémentaires nerveuses* (*J*). à double contour, lesquelles se replient.

FIGURE 9.

Portion de ganglion d'une ramification branchiale du nerf de la huitième paire.

f. Fibres élémentaires nerveuses.

g. Corpuscules ganglionnaires.

FIGURE 10.

Préparation de la tête et extrémité antérieure des nageoires, vues par la partie ventrale, pour montrer les appareils *folliculo-nerveux* et *mucifères*. Les organes électriques ont été enlevés. Sur la face antérieure du museau, on a mis à découvert les diverses séries des follicules nerveux du museau. Et à la partie droite, après avoir enlevé aussi cette portion de tunique fibreuse sur laquelle s'appuient les appareils, on voit :

Y. Nerf qui envoie les ramifications auxdits follicules.

5, 5, 5. Série postérieure des follicules, posée sur l'arc cartilagineux de la nageoire.

4, 4. Série antérieure des mêmes follicules, posée sur l'extrémité de la nageoire.

6. Groupe des *follicules mucipares* de la nageoire. On voit les tubes *mucipares* qui, partant de ces follicules, s'ouvrent l'un après l'autre à la superficie de la peau. Près du museau, du côté gauche, cette même figure montre des *ouvertures* et des *tubes mucipares* provenant des groupes de follicules placés sur le museau.

F. Rameau qui se distribue aux muscles de la bouche.

X, *a, a,* Y. Rameaux qui se distribuent et aux muscles de la bouche, et à l'appareil folliculaire nerveux du museau.

Z. Rameau qui se rend aux *feuillets muqueux*, supérieurs et inférieurs, du museau.

d. Rameau qui se rend à la série antérieure de *l'appareil folliculaire nerveux*.

K. Rameau qui se distribue à la série postérieure du même appareil.

r. Rameau qui se rend au groupe des *follicules mucipares* de la nageoire.

13; 14, 14; 15, 15. Ouvertures par lesquelles passent les séries des feuillets nerveux du museau, qui se rendent sur la face dorsale du museau.

N. Cavité nasale droite, ouverte.

FIGURE 11.

f. e d. Partie supérieure du museau, pour montrer les six séries des appareils folliculaires nerveux qui proviennent de la partie inférieure du museau même, en passant par les six ouvertures marginales indiquées dans la précédente figure par les n°ˢ 13, 14 et 15.

a. b. Follicules mucifères qui envoient leurs tubes (11, vers la partie postérieure.

O. OEil.

FIGURE 12.

Portion de la série postérieure des *appareils folliculaires nerveux*, composée de trois follicules, vue de côté et beaucoup grossie.

c, c, Tissu tendineux, appui des follicules.

g. Tunique externe du follicule.

f. Tunique interne.

a, a. Rameau de la cinquième paire qui envoie les filaments aux follicules.

b, b, b. Ramifications nerveuses qui pénètrent dans le follicule, et traversent
le tissu tendineux.

c. Masse granuleuse amorphe, à travers laquelle pénètre le rameau nerveux
du follicule.

h, i. Filaments fibreux qui s'épanouissent et se courbent dans la mucosité
dont les follicules sont entourés.

FIGURE 13.

Autre portion de la même série vue horizontalement.

D. Follicule dans lequel pénètrent deux nerfs, et dans lequel sont deux
masses granuleuses.

a, a. Rameau de la cinquième paire, qui envoie les filaments *b, b, b,* aux
divers follicules.

c, c. Tissu tendineux vu horizontalement.

n, n, n. OEillets, ou petites fissures longitudinales, que les filaments nerveux traversent pour pénétrer dans les follicules.

m, m. Tunique cellulaire qui paraît envelopper la série des follicules.

FIGURE 14.

Follicule des appareils ci-dessus indiqués, beaucoup plus grand que
nature, et légèrement comprimé.

c, c. Tissu tendineux.

c. Masse granuleuse amorphe.

b. Filament nerveux qui traverse le tissu, et pénètre dans la masse granuleuse, y jette quelques fibres élémentaires, le traverse, courbé en *d ;*
une petite portion se prolonge jusqu'à *e,* et sortie de nouveau du
follicule, en *f,* va s'anastomoser avec le nerf du follicule suivant.

K. Filament anastomotique envoyé par le nerf qui a traversé le follicule précédent.

FIGURE 15.

Groupe de quelques *follicules mucifères* de l'arcade de la nageoire, beaucoup grossis.

n. Rameau nerveux qui envoie aux follicules un nombre de filaments égal
à celui de ces organes.

f, f. Follicules mucifères, d'où partent les tubes mucifères (*t, t, t.*).

c, c, c. Les capsules internes des follicules.

FIGURE 16.

Follicule mucifère, beaucoup plus grand que nature, et un peu aplati
par le compresseur.

t. Tube mucifère.

c, c, c. Capsules internes, poussées vers le tube, par l'effet de la compression.

d. Fibres élémentaires nerveuses, provenant du filament nerveux *r,* et allant
se répandre sur les capsules.

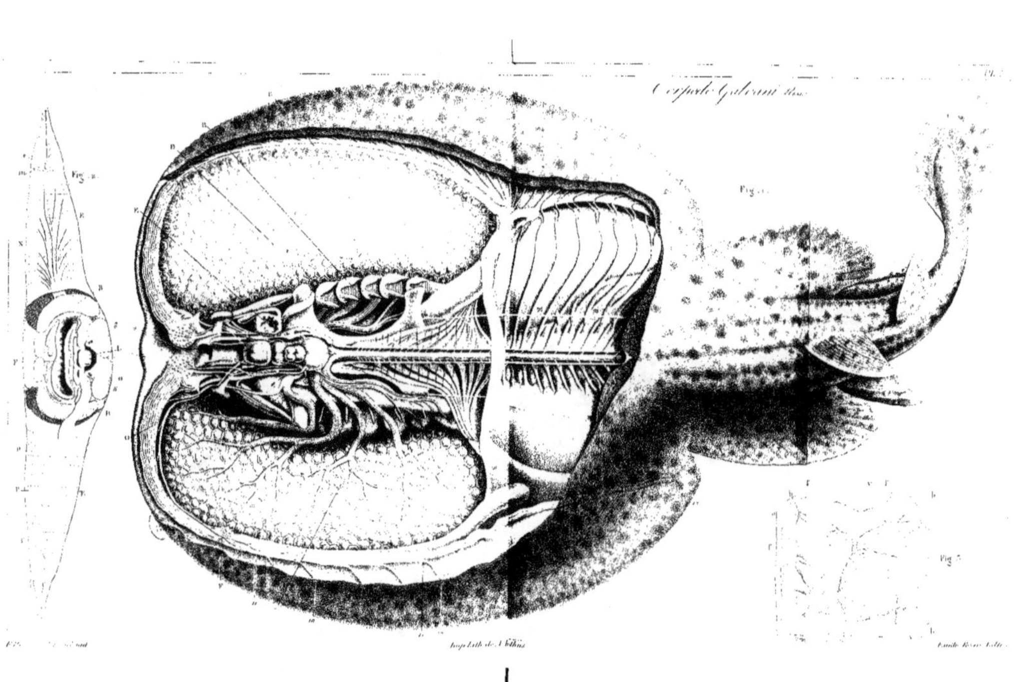
Corpusde Galvani tas.
Fig. 2.
Fig. 5.
Imp. Lith. de A Valkus

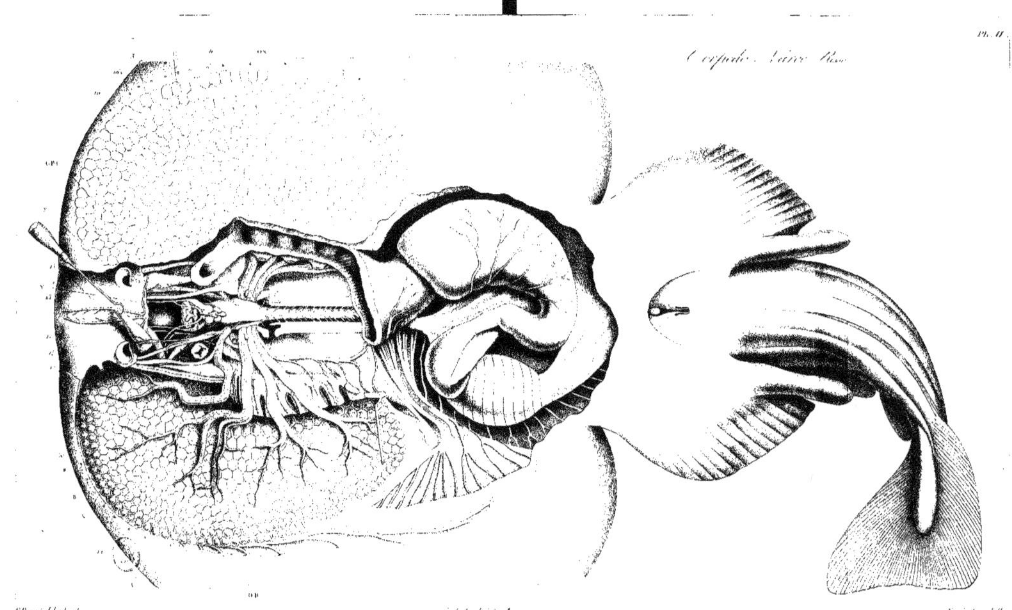

F. Pieraci del al nat.   imprimerie de Lemercier   Sonderheau Lith.

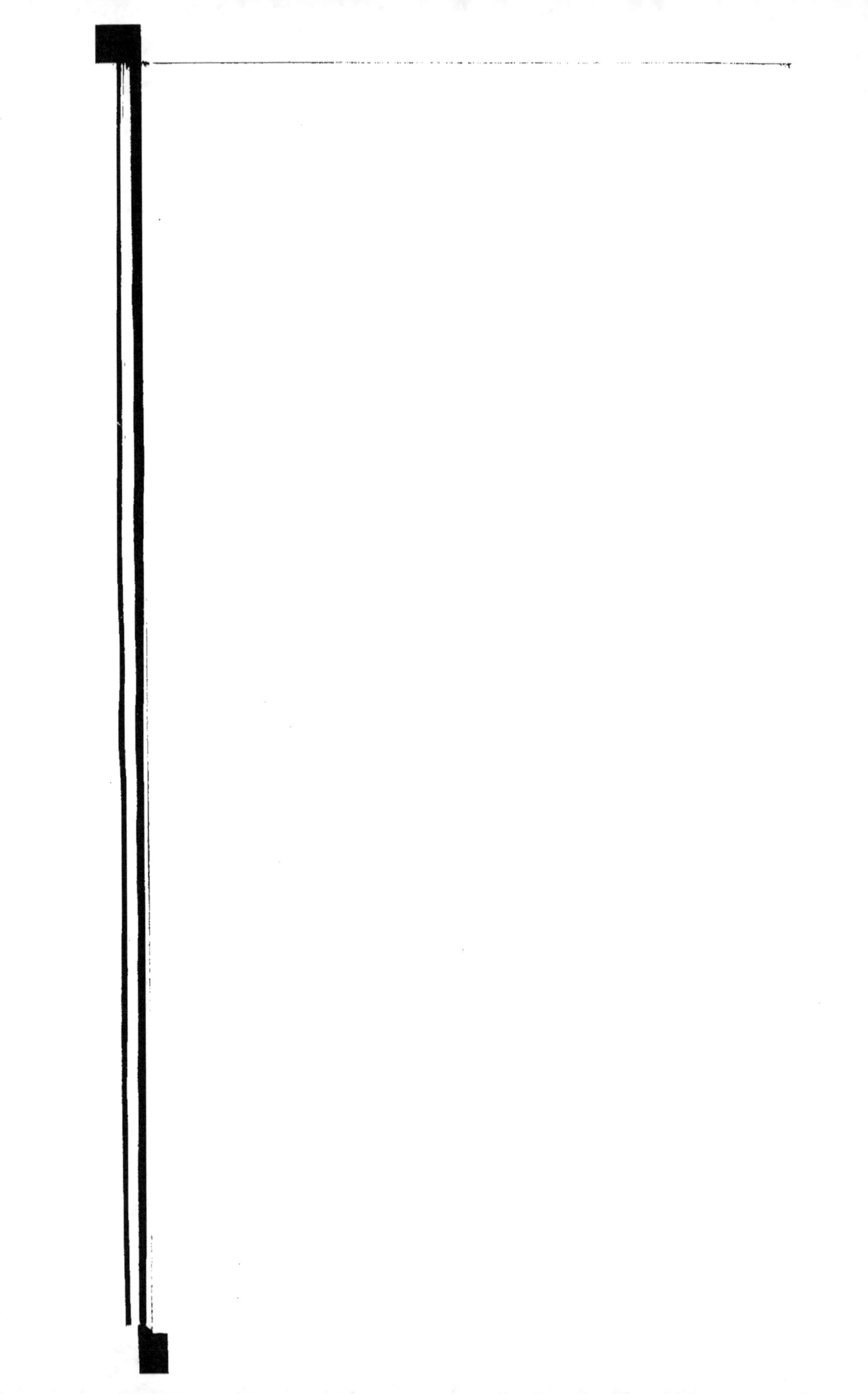

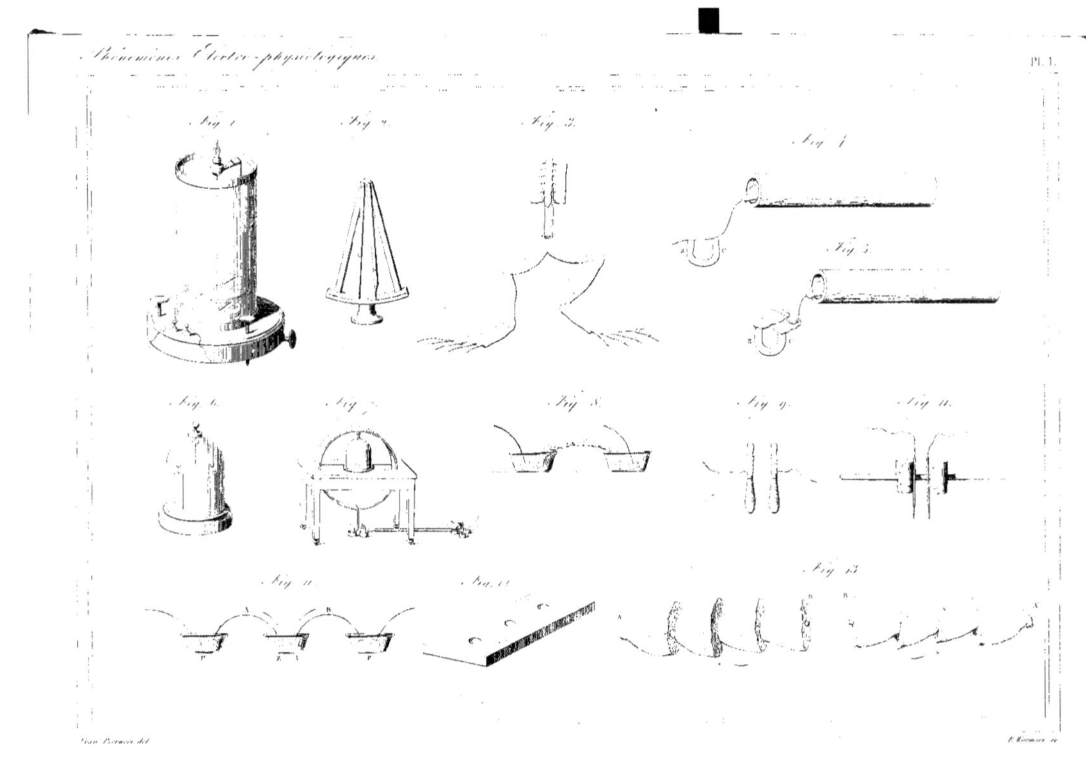
Fig. 1.
Fig. 2.
Fig. 3.
Fig. 4.
Fig. 5.
Fig. 6.
Fig. 7.
Fig. 8.
Fig. 9.
Fig. 10.
Fig. 11.
Fig. 12.
Fig. 13.

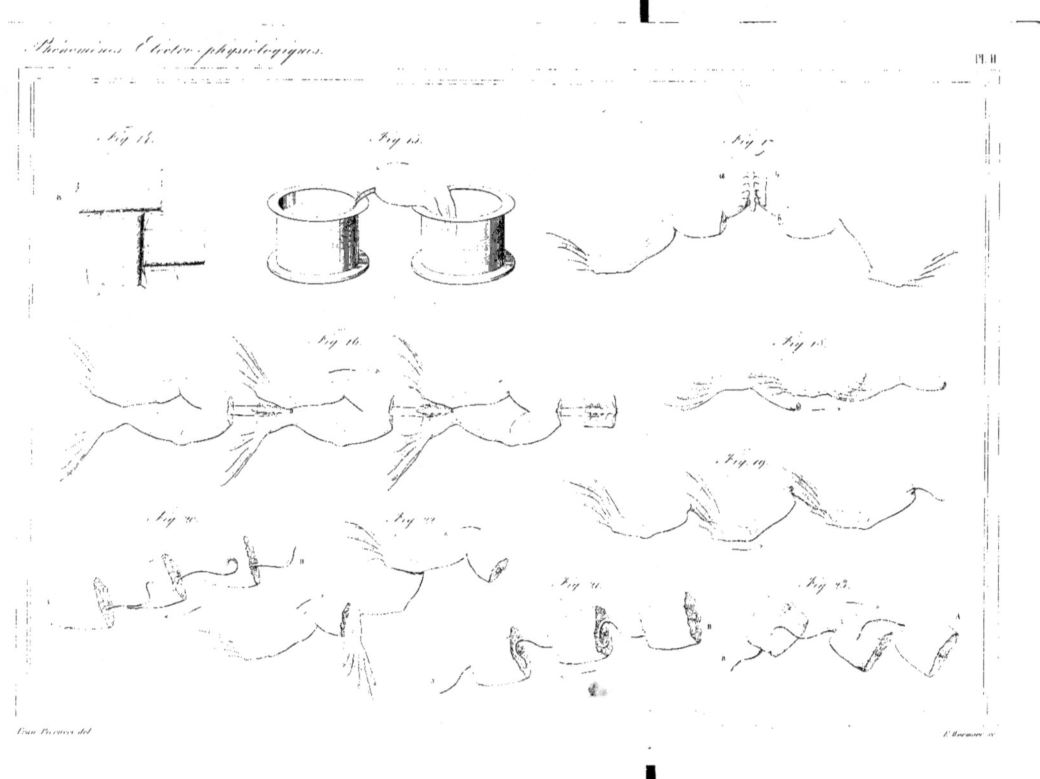

Fig. 14.
Fig. 15.
Fig. 17.
Fig. 16.
Fig. 18.
Fig. 19.
Fig. 20.
Fig. 21.
Fig. 22.
Fig. 23.

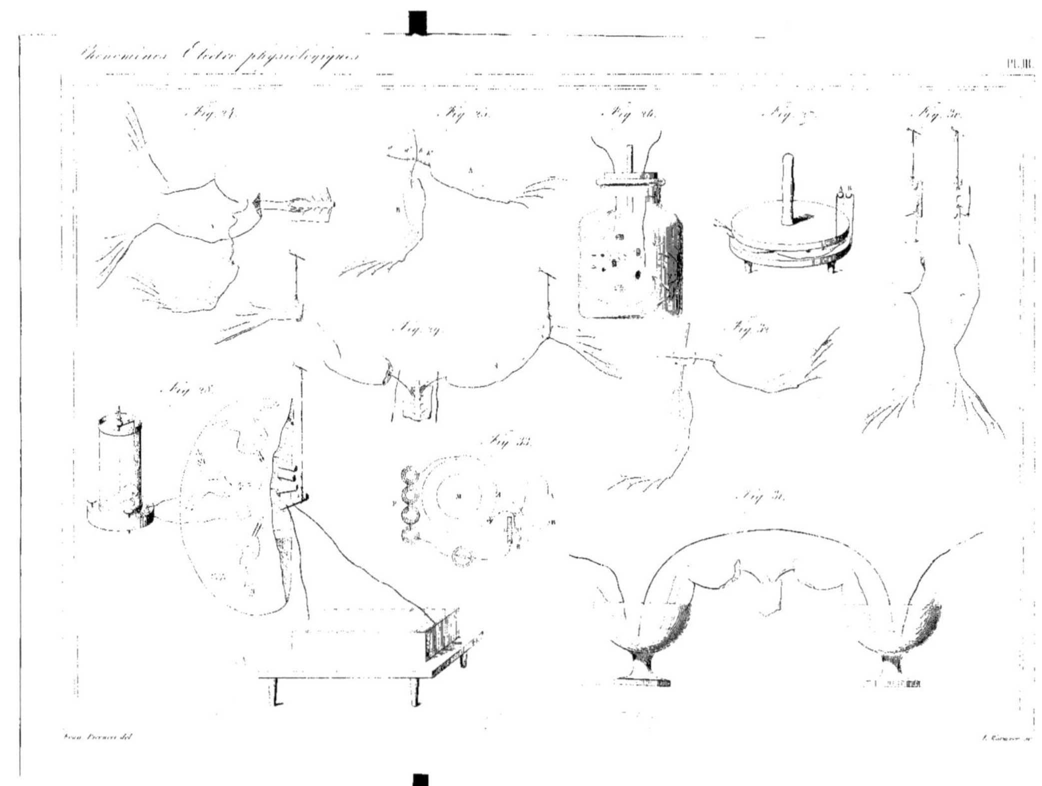
Fig. 23.
Fig. 25.
Fig. 26.
Fig. 27.
Fig. 30.
Fig. 24.
Fig. 29.
Fig. 28.
Fig. 31.
Fig. 32.
A
B